国家社科基金后期资助项目

出 版 说 明

后期资助项目是国家社科基金设立的一类重要项目，旨在鼓励广大社科研究者潜心治学，支持基础研究多出优秀成果。它是经过严格评审，从接近完成的科研成果中遴选立项的。为扩大后期资助项目的影响，更好地推动学术发展，促进成果转化，全国哲学社会科学规划办公室按照"统一设计、统一标识、统一版式、形成系列"的总体要求，组织出版国家社科基金后期资助项目成果。

全国哲学社会科学规划办公室

目　　录

前　　言

很多人进行理论研究总喜欢"追风"，因为这容易成为被关注的焦点。但理论本身是一个不断成长的大树，如果太多的研究力量都集中于耀眼的树冠上，而忽略了树干上存在的瓶颈问题，最终也许对理论之树本身毫无益处。因为若被一股强劲的西风拦腰吹倒，不管树冠多么庞大，还有什么意义呢？历史规律问题对于历史唯物主义来说，就是树干上存在的瓶颈问题。

今天捡起历史规律问题来研究，显然早已过时了，很多人已经不屑一顾。但这个问题毕竟还是一个问题，而且还是历史唯物主义中的核心问题之一，波普尔、悉尼·胡克等西方反马克思主义历史观的论证理由依旧摆在那里，像是打擂一样还在叫板。要捍卫历史唯物主义，就必须有人来应战。通过这本著作，我未必能够打倒对手，但是能够走到前台来就是一种精神，这种精神也许能够召唤出学术名家对此研究的兴趣。

一　研究历史规律问题的必要性

为什么说历史规律问题是历史唯物主义的瓶颈所在？

惯于以宏大叙事方式统观历史长河，是哲学考察历史的寻常特点，历史唯物主义也不例外。但要加强哲学与史学对话，历史唯物主义就必须走进史学研究视域中，使之成为史学研究的基本理论出发点和方法论，成为我们观察当代一切问题的立场、观点和方法。这就要求历史唯物主义史学功能不能单纯地满足于高度抽象的、客观的宏大叙事，还应该对历史人物的社会活动、对历史事件演变情节等鲜活的历史情形给出合理解释。但显然历史唯物主义在这方面还缺乏充足的理论准备，尽管经典作家曾经运用阶级分析法评析法兰西内战等具体的历史事件，但揭示出来的只是政治斗争与之背后的阶级利益冲突之间横向的必然关系，其阶级分析法难以用来洞见纵向的事变演化过程中的历史必然性。

在历史唯物主义镜头下的宏大叙事里面，我们读不出"写实"的历史过程和具体的人物活动。它往往展开的是这样一幅历史画面：这里虽有明确的时间顺序，但没有具体的情节演变过程；这里虽有人的实践活动但没有可用来讲述的生活情境；这里虽有深刻的逻辑转化环节，但没有连续而完整的故事经过……总之，这里虽然有丰富的事实，但没有展示个人业绩和事变情节的场面，它所勾勒出来的历史面貌不是基于事实本身的截图，而是线条画，以抽象化的社会实践来表达社会实践的抽象。按费尔南·布罗代尔所说，就是遵循着广阔、缓慢节奏的"局势历史"以及包容了所有的世纪，介于运动和静止之间，具有长期稳定的价值的"结构历史（即长时段历史）"。① 例如，马克思、恩格斯在《德意志意识形态》中对大工业化发展历程的阐述："在 17 世纪，商业和工场手工业不可阻挡地集中于一个国家——英国。这种集中逐渐地给这个国家创造了相对的世界市场，因而也造成了对这个国家的工场手工业产品的需求……它产生了大工业——把自然力用于工业目的，采用机器生产以及实行最广泛的分工。……大工业通过普遍的竞争迫使所有个人的全部精力处于高度紧张状态。……它建立了现代的大工业城市——它们的出现如雨后春笋——来代替自然形成的城市。……"② 通过马克思、恩格斯的论述，我们能够认识到大工业化形成、发展以及由此带来的社会急剧变化的历史转化过程，但在这里我们不能了解具体的一个资本家的发财故事、一个工厂的生产场面和一个城市走向繁荣的情景，一切历史真实都以其背后浓缩了的抽象方式表现出来。正如阿尔都塞指出的："这里既不存在形式的渐进的变异运动，也不存在具有命定'逻辑'的发展线索。"③ 这样的宏大叙事，把一切历史事变、英雄业绩都淹没在历史运动逻辑演化的长河之中，难以从高高在上的理论世界中走进现实的生活世界中来。

当然，历史唯物主义并非不去考察具体历史事件，历史事件往往是引起历史变迁的事实表达，对历史研究的重要性不言而喻。马克思在《路易·波拿巴的雾月十八日》、《法兰西内战》等著作中都是针对具体

---

① 〔法〕费尔南·布罗代尔：《论历史》，刘北成、周立红译，北京大学出版社 2008 年版，第 82 页。
② 《马克思恩格斯选集》（第 1 卷），人民出版社 1995 年版，第 113—114 页。
③ 〔法〕阿尔都塞、〔法〕巴里巴尔：《阅读〈资本论〉》，李其庆、冯文光译，中央编译出版社 2008 年版，第 276 页。

历史事件展开的评述，但"那里谈到的几乎都是政治斗争和政治事件所起的特殊作用"①，揭示出来的是政治斗争与之背后的阶级利益之间的必然联系。问题是，政治斗争与之背后起支配作用的由生产力决定的历史必然性之间是什么关系呢？或者说，在背后的历史必然性支配下，由当事人参与的激烈的政治斗争如何把历史事变演绎下来？对于这个问题，恩格斯虽然谈到政治斗争与经济运动对历史产生的作用不一样，强调经济运动起到的是"最强有力的、最本原的、最决定性的"②作用，但问题是，政治斗争、经济运动以及其他因素究竟以什么运行方式绞合在一起推动历史演进的？恩格斯本人对此曾做过自我批评："青年们有时过分看重经济方面，这有一部分是马克思和我应当负责的。我们在反驳我们的论敌时，常常不得不强调被他们否认的主要原则，并且不是始终都有时间、地点和机会来给其他参与相互作用的因素应有的重视。"③

这显然不利于我们用正确的方法考察历史事件、历史现象。我们往往直观地从社会经济、阶级基础、国际环境等各种客观条件出发探讨历史事件发生的原因和总结其成败经验，而关键性人物在主观上的创造性作用却被不假思索地遮蔽在客观必然性的阴影下，失去了考察的意义，这实际上只是做出了貌似唯物史观意义上的解释。片面强调人的主观作用是历史唯心主义观点，但片面强调客观条件的决定作用却不是历史唯物主义观点。具有偶然性、不可预知性和带有人的主观意志烙印，应该是历史唯物主义解释历史事件事先尊重的前提，唯有如此，唯心史观才能被彻底赶出认识论世界。

克服历史唯物主义史学功能方面的不足之处我们可以从马克思主义经典作家揭示历史唯物主义的特点中考察到问题产生的源头。

马克思、恩格斯是从实实在在的物质生活世界出发来阐述历史唯物主义的，"任何历史记载都应当从这些自然基础以及它们在历史进程中由于人们的活动而发生的变更出发。"④这容易造成一种错觉，既然马克思、恩格斯把现实的物质生产实践作为阐述历史唯物主义的出发点，那么，历史唯物主义必然沐浴在鲜活的历史绽放过程中，与之具有天然的、直接的内在统一性。出发点不一定就是事物展开过程所依赖的平台。事实上，马克思主义经典作家虽然植根于社会实践来洞见历史唯物

---

① 《马克思恩格斯选集》（第4卷），人民出版社1995年版，第704页。

② 同上书，第705页。

③ 同上书，第698页。

④ 《马克思恩格斯选集》（第1卷），人民出版社1995年版，第67页。

主义真理之光，实现了从事实层面到理论层面的第一次升华，但却未能充分实现从理论层面回归到事实层面的第二次升华，使得历史唯物主义理论只是抽象地反映出历史发展的内在逻辑和客观的阶级利益关系，正如恩格斯给约·布洛赫的书信中指出的：在这里，"一些事物和事变，它们的内部联系是如此疏远或者如此难于确定，以至我们可以认为这种联系并不存在，忘掉这种联系"①。马克思在研究《资本论》中也有类似的说明："这里涉及的人，只是经济范畴的人格化，是一定的阶级关系和利益的承担者。我的观点是把经济的社会形态的发展理解为一种自然史的过程。……同其他任何观点比起来，我的观点是更不能要个人对这些关系负责的。"②

正因为如此，阿尔都塞认为，尽管理论的总体性是对社会现实结构的表达，但构成结构的概念不能用来直接解释现实。也就是说，历史唯物主义虽然生成于社会现实，折射出现实社会的演化逻辑，但其抽象的理论本身除了用于那种可以直接展示历史必然性的宏大叙事外，难以用来直接解释活生生的历史现象、历史事件中的个人业绩和情节演变。对此，马克思曾经明确指出："一切生产阶段所共有的、被思维当作一般规定而确定下来的规定，是存在的，但是所谓一切生产的一般条件，不过是这些抽象要素，用这些要素不可能理解任何一个现实的历史的生产阶段。"③

恩格斯在其往来书信中多次强调不应该把历史唯物主义基本原理直接用来解读现实的历史发展过程。"对德国的许多青年著作家来说，'唯物主义'这个词大体上只是一个套语，他们把这个套语当作标签贴到各种事物上去，再不作进一步的研究，就是说，他们一把这个标签贴上去，就以为问题已经解决了。但是我们的历史观首先是进行研究工作的指南，并不是按照黑格尔学派的方式构造体系的诀窍。必须重新研究全部历史，必须详细研究各种社会形态存在的条件，然后设法从这些条件中找出相应的政治、私法、美学、哲学、宗教等等的观点。"④ "只要问题一关系到描述某个历史时期，即关系到实际的应用……就不容许有任何错误了。可惜人们往往以为，只要掌握了主要原理……那就算已经

---

① 《马克思恩格斯选集》（第 4 卷），人民出版社 1995 年版，第 696 页。

② 同上书，第 101—102 页。

③ 同上书，第 6 页。

④ 同上书，第 691—692 页。

充分地理解了新理论并且立刻就能够应用它了。"① 恩格斯晚年开始着重从主观视角出发、从史学意义上的社会现实出发诠释历史唯物主义，在坚持生产力优先性的前提下，充分强调了各种非经济因素的历史作用、历史人物的历史影响和历史发展的偶然性特征，并提出了著名的"合力论"。这对于纠正把历史唯物主义片面理解为"经济决定论"、"技术决定论"的错误认识起到了重要作用。但是，这对于解决历史唯物主义史学功能单面性问题，只是做了理论上的准备，尚需理论创新发展过程。

找到问题的源头只等于找到病灶之所在，要进一步分析病灶是如何形成的，还得从人的实践活动与历史必然性关系的困境中分析问题的成因。

从表层上分析原因，历史唯物主义之所以擅长宏大叙事，不擅长考察历史事变的具体情节，是因为远景考察历史长河，原本立体化的演进图景可以被抽象为曲线运动，而杰出人物和偶然事件对历史发展造成的影响都可以被浓缩在曲线上隐匿起来，从而能够直接从历史必然性角度看问题，"当我们从远距离的年代来观察一个民族的命运时，许多重大事情都被忽视，而伟人和平民间的差别也就微乎其微了。"② 但近景审视历史发展过程，事件当事人的行为选择和事变发展时的多种可能性都会跃然纸上，关键性人物主观上的能动作用是不能被淹没的，历史偶然性、不可预见性等是不能被省略的，因此，无法直接从历史必然性角度看问题。显然，历史唯物主义因为不能直接用来解释历史偶然性、不可预知性而不能近景审视历史发展过程，问题是历史唯物主义为什么会难以直接面对历史发展过程中的偶然性、不可预见性？

这就需要我们再深入一步，从人的实践活动与历史必然性关系（人与历史规律关系）问题上探讨原因。

历史发展之所以存在偶然性、不可预见性，主要原因在于历史主体选择性，也就是人在实践活动中的能动性。以往历史哲学都把历史必然性归结为人的实践活动之外或者之上的具有本体论意义上的概念之中，这样，历史发展背后的客观必然性与历史发展偶然性、不可预见性之间就只是单纯的外在辩证关系。换言之，因为历史发展的必然性和偶然性

---

① 《马克思恩格斯选集》（第 4 卷），人民出版社 1995 年版，第 698 页。
② 〔美〕悉尼·胡克：《历史中的英雄》，王清彬等译，上海人民出版社 2006 年版，第 96 页。

都有各自独立的源头，所以二者只存在简单的外在并列关系，而没有内在构成关系，这就回避了人的主观意志与历史必然性之间（人与历史规律之间）的内在逻辑直接对立的问题。

但马克思主义强调人类社会历史本质上是实践的，人的实践活动是历史绽放出来的根据，历史必然性作为历史运动的基本属性之一，自然不可能超越于人的实践活动之外或者凌驾于人的实践活动之上。正如波普尔（又作波普）的观点："无论是自然还是历史都不能告诉我们应该做什么，无论是自然的或历史的事实都不能为我们作出决定，它们不能决定我们将要选择的各种目的。正是我们把目的和意义赋予自然和历史。"① 这就意味着人的实践活动在创造历史的过程中，要同时生成两个直接对立面：由人的主观意识所赋予的社会发展偶然性、随机性与历史必然性所体现出来的不以人的意志为转移的"自然历史过程"，它们同根相生却水火不容、直接对立，从而构成了一个逻辑悖论。

显然，只要不能辩证梳理出人的实践活动与历史必然性对立统一关系，历史唯物主义就难以考察历史发展实际过程中的偶然性、不可预见性，也就无法克服历史唯物主义史学功能上的弊端。人们用客观条件（经济因素或阶级因素）、社会背景（时势、国际环境）等非主观的因素作为解释历史事件发生或成败的理由，可以说是在没有解决人的实践活动与历史必然性关系问题之前的权宜之计，虽然难免会存在事后说事的味道，不过，毕竟与历史唯心主义保持了原则上的区别。但错误终归是错误，在现实层面上，把人的能动作用以及由此造成的历史偶然性、不可预知性排除在逻辑论证外，不符合事实，也是对历史唯物主义本身的扭曲。

这就是说，要克服历史唯物主义史学功能方面的弊端，就需要解决人的实践活动与历史必然性关系问题。确切地说，是人的实践活动所赋予历史进程的主体选择性、偶然性、不可预知性与历史必然性辩证统一关系问题，这就需要考察历史唯物主义视角下历史规律到底是如何运行的。

但马克思在《〈政治经济学批判〉序言》中揭示出来的历史规律，由于抽掉了现实社会发展的时间和空间维度，只留下了贯穿历史进程背后的纯粹的逻辑演变过程，不能直接用来解释历史现象、历史事件的具

---

① 〔英〕波普尔：《开放社会及其敌人》（下卷），郑一明、李惠斌译，中国社会科学出版社1999年版，第417—418页。

体演变情节。为了阐明历史规律运行逻辑，马克思提出了许多概念，如生产力、生产关系、经济基础、上层建筑、生产方式等。尽管这些概念本身不是凭空臆造出来的东西，而是深刻折射出支撑现实社会运行的基本架构，但并非直接对应着现实社会上的具体事物。"马克思的概念并不是要反映、再现和仿造历史，而是要产生出对历史的认识：这些概念是结构的概念，正是这些结构决定了历史的结果。"① 应该说，马克思依据这些概念阐明了社会历史发展的一般性内在逻辑，而历史规律就是通过这一逻辑关系呈现出来，因此，马克思揭示出来的历史规律可以视为历史实际进程的"逻辑板"，由于抽掉了历史进程的具体内容，这恰恰不能直接用来解释具体的历史现象、历史事件。

历史规律是历史唯物主义核心范畴，要充分实现历史唯物主义从理论层面回归到事实层面的第二次升华，破解历史唯物主义史学功能方面的问题，考察历史规律运行方式是切入点和立足点。研究历史规律问题的重要性就在这里。

二　研究历史规律问题的四条路向

历史规律是历史唯物主义核心范畴之一，是区分历史决定论与非决定论的重要标志。对此研究，概括起来看，主要解决三个方面的问题：历史规律是否存在？历史规律是什么？历史规律如何运行（包括如何发挥制约作用）？这三个方面彼此不是孤立的，而是存在着内在联系性。由于对历史规律是什么的问题，主要集中于本体论、认识论方面的研究，缺乏对于历史规律运行逻辑方面的研究，使得历史规律的生成和运动问题至今难以获得突破性进展，从而导致历史规律史学功能方面的研究非常薄弱，许多理论难点问题都未能得到令人满意的破解；反过来，这又使得历史规律是否存在的问题一直争论不休。

继马克思、恩格斯之后，马克思主义对历史规律（历史必然性）问题大致经历了四种解释路向。首先，是以考茨基、伯恩施坦、普列汉诺夫等为代表的第二共产国际的解释路向。他们直观地认为，"两半"社会基本矛盾运动轨道般决定社会历史发展基本进程。这如同把历史必然

---

① 〔法〕阿尔都塞、〔法〕巴里巴尔：《阅读〈资本论〉》，李其庆、冯文光译，中央编译出版社 2008 年版，第 276 页。

性看成是一列火车，而从事实践活动的人不过是火车里面的乘客，横竖要被火车载往一个已经确定了的未来。因为这种解释路向的教条性在逻辑上阉割了人的能动性对历史进程的积极作用，难以避免地会陷入机会主义困境之中。由于难以与历史经验相契合、相印证，这条解释路向终究未能走下去。

其次，是以列宁为代表的第三共产国际的解释路向。列宁首先是一个革命家，因此，在他那里，理论研究不仅是为了获得理论上的成果，而是重点服务于革命实践需要。列宁没有拘泥于理论上的历史必然性优先原则，而是辩证地把人的能动作用作为推进历史必然性贯彻下去的前提，强调经济文化落后但社会矛盾较为集中的国家可以率先掀起革命运动。这如同把历史必然性看成是一面旗帜，它虽然具有不可移易的优先性，但它毕竟在人的手中，人的"活"的创造力不会因为"死"的社会基本条件限制而作茧自缚，在历史面前，社会实践才是第一位的。但是斯大林没有继承列宁的理论务实精神，而是越来越走向僵化、教条化，一方面把历史规律视为历史单线运动的理论根据，一方面以人民的名义把个人意志视为历史发展的航向标，这样，历史必然性与领袖个人意志统一起来，最终演化为个人崇拜。

再次，是以卢卡奇为先驱的西方马克思主义的解释路向。早期西方马克思主义者代表人物卢卡奇在很多方面与第二共产国际左翼代表人物罗莎·卢森堡的主张十分相近，反对把历史必然性"自然化"、"机械化"，认为历史的本质在于它是人类活动的产物，强调人的主观性、历史偶然性对历史进程的影响是不可约简的。卢卡奇认为，历史是实体，是人类社会实践的客观历史过程；历史又是主体，是人类自己的能动创造。安东尼奥·葛兰西立足于对实践哲学的阐释，强调人的实践活动对历史必然性形成的前提性、本源性。这如同把历史必然性视为通向未来的一条道路，如果没有创造历史的人的实践活动，这条道路是无意义的，但若有人的实践活动，必然要沿着这条道路创造历史。后来的法兰克福学派中的一些代表人物，如 A. 施密特等虽然间接论及了历史规律问题，但没有走更远，而大多数学者已经转向对现代化的批判、对人类理性的反思、对社会公正的考察等社会现实中的问题，因为两次世界大战给人类文明带来的灾难彻底击碎了构筑在理性之上的历史必然性逻辑推导出来的乌托邦。

最后，就是国内研究。改革开放以前，我们深受苏联哲学的影响，从本体论出发，把历史规律视为历史单线运动的理论根据，这在实证中的困境是显而易见的。改革开放以后，我们逐渐抛弃了历史单线论，由实体性哲学解释范式转向主体性哲学解释范式，对历史规律解释也从本体论视角扩展到认识论视角，注重对历史规律的内涵、特点、方法等具体问题的研究，提出了"可能性空间"说、选择规律说、统计规律说、主体运动规律说、混沌理论说等。实体性哲学解释范式与主体性哲学解释范式都强调"历史必然性"与"主体选择性"辩证统一，二者的主要区别在于：前者认为应在历史必然性框架下谈论主体选择性，而后者认为应在主体选择性基础上谈论历史必然性。但由于"人的有意识的活动如何产生不以人的意识为转移的历史规律"问题尚未获得突破性进展，主体选择性与历史必然性之间的逻辑链是断裂的，两种主张都难以贯彻到底，难以解决历史唯物主义"短于论事"现象。

当前有一个公认的解释范式——"可能性空间"说，常常被用来解释这个问题。这是一个带有历史宿命论味道的解释理由。它把规律视为有一定域值、扇域、空间的概念，在必然性、唯一性、确定性的"死墙面"上挖掘出一个容纳可能性、选择性、不确定性的"壁橱"出来，在逻辑上是说不通的。还有人提到了混沌理论，但它除了论证社会存在规律性外（姑且不论这种论证是否合适），在论证历史规律如何生成、如何运行问题上就难有建树了。因为不仅混沌理论本身对于从无序到有序的运行机制问题还有待深入研究，而且把这个理论成果从自然视域引申到社会视域中来也需要一个转化过程，二者不应该是直接对应的关系。

从研究着眼点上看，绝大多数研究成果都是撇开历史的时间活性抽象地看问题，囿于纯粹的理论世界偏爱"我怎么看问题"，即使是严密的逻辑和深刻的道理，也难以与活生生的现实社会直接接轨，这正是历史规律问题越来越被抛到旮旯受到冷落的原因。我们需要走到现实世界中来，需要从时间活性的背景中、从空间立体的舞台上着眼于"如何解决问题"上，从而把哲学视域下的理论观点直接置于史学逻辑的检验之下，让理论之花在现实中绽放。

当前，最需要解决的是什么问题呢？具体说来，就是"历史规律是如何在历史实际进程中生成和运行的"这一问题，"在确定'规律性'、'规律'、'自动性'的概念运用到历史事实上面去时，也应该从这些看法出发。问题并不在于发现'决定论的'形而上学的规律并且甚至不在于确定'万能的'因果律。问题在于查明怎样在历史发展的过程中形成以一定的规律性和自动性起着作用的相对'固定的'力量。"① 这个问题不能解决，主张历史唯物主义就会显得根基不牢、基石不固，因为波普尔的"五点论题"和"俄狄浦斯效应"、悉尼·胡克的英雄观、历史规律与人的能动作用关系问题等都会成为一个一个让我们难以回答的理论芒刺。

三　历史规律研究的不可行性与可行性

真正的马克思主义者理应承认社会历史发展存在客观规律性，因为这是"两个必然"的哲学根据。问题是，关于历史规律及其实现方式研究几乎到了这种地步：除了探索新的路径外，传统理论框架已经没有多少剩余的空间供我们延伸性探索了。

人们谈及历史规律研究，就想当然会认为这必然需要宏大叙事，如果把历史规律视为直接贯穿于历史实际进程这一层面之上的东西，确实需要宏大叙事，因为历史规律贯穿人类历史始末，没有什么社会现象、历史事件可以在其制约范围之外。但通过宏大叙事的方式阐释历史规律是困难的，在某种意义上可以说是办不到的。从历时态上看，偶然性、曲折性是历史演化的常态，在其中直接稀释出历史规律因子是不可能的。法国的贞德姑娘在战场上是怎样取得胜利的，拿破仑在滑铁卢战役中是如何遭到失败的，这从历史必然性中能够找到合理解释吗？从共时态上看，政治、经济、文学、传统道德、宗教、人口、艺术、环境等各个方面错综复杂地影响着历史进程，运用单一逻辑很难完整系统地概括出来，恩格斯曾指出："要从经济上说明每一个德意志小邦的过去和现在的存在……很难不闹出笑话来。"② 如果把共时态视野下的历史演化与历时态视野下的历史演化置于同一个坐标系中直接考察贯穿其中的历史规律，困难就更大了，我们会发现寸步难行，如同画一千个人、一万匹马表示"千军万马"的图画一样。

这说明在历史实际进程中直接谈论历史规律问题是不可行的，历史规律本不直接依存于现实的生活世界中，但反过来看，它又不可能远离现实钻到象牙之塔中自得其乐，"植根现实世界"是它不可置疑的逻辑

---

① 〔意〕安东尼奥·葛兰西：《狱中杂记》，葆煦译，人民出版社1983年版，第94页。
② 《马克思恩格斯选集》（第4卷），人民出版社1995年版，第696—697页。

前提，关键就在于它是如何依存现实世界却不囿于现实世界之中的，正如一个小孩虽然依存父母却能够拥有自由成长的环境一样，他（它）是如何做到的呢？

那么，历史规律是什么？

当我们从内容上谈论历史规律的时候，它似乎是一个系统；当我们从历史实际进程中谈论历史规律的时候，它似乎是一种本质意义上的必然联系；当我们从认识角度谈论历史规律的时候，它似乎是历史学家描述和归纳的结果；当我们谈论历史规律制约方式的时候，它似乎变成了一个超越人的能动性的"自在之物"。如果历史规律自成系统，它与历史实际进程是什么关系呢？如果它只是贯穿历史发展各个环节之间的联系，它如何具有"不以人的意志为转移的"必然性呢？如果它是"对多次出现的具有相似性的历史现象和过程的描述，以及对导致这些现象和过程出现的内在因素与外部联系的归纳总结"，如何确定这个认识过程就是对历史规律本身的正确把握，而不是错误的认识呢？显然，科学的认识方法和认识路径替代不了科学的认识结果。如果它是类似于"生产力、资金和环境"一样的自在之物制约人们实践活动，这与历史宿命论有什么不同呢？

马克思从内容上揭示出来的历史规律自成体系，实际上只是一种表达方式，不是说历史规律本身确实具有自洽的系统性。正如图画中的线条勾勒不过是作画的一种表达方式，现实是没有线条的。历史规律是一种联系，这没有错，但这样解释过于空泛。如果医生只知道病人有病而不能确定是什么病，实际上没有解决任何问题。同样的道理，用一种联系给历史规律下定义，虽然无懈可击，但联系为什么会转变为制约历史进程的必然性，对这个问题还是无从知晓。描述和归纳是认识历史规律通常的两种方法，这对于探索历史规律的历史学家来说可能是有效的认识方法，但对于他人理解历史规律来说，这不过是一种情景式的现象描述，没有把握事物本质规定，毕竟"历史规律是什么"虽然需要通过我们认识来把握，但不在我们认识过程之中。历史唯物主义强调物质生产是整个历史成长的基础，但是规律不是物质，也不是条件，我们不能把物质生产作为阐释历史规律的理由。规律是物质的属性，而不是物质本身，正如运动是物质的属性而不是物质本身一样。因此，我们不能把历史规律看成是与生产力、生产关系、生产方式、资金、技术、社会环境、实践活动等一样的实实在在的存在物。从逻辑上讲，一旦历史规律获得外在于人的实践活动的实体属性，人的实践活动便不可避免地披上了宿命论、机械决定论外衣，因为历史规律具有不可移易的必然性，人的实践活动是无法超越这一"佛掌"的。历史规律制约也不是历史条件制约，条件制约是前提性的限定，人的主观能动性可以超越它的限定，但规律制约是过程性的规导，人的主观能动性不可以超越它的规定。

总之，我们可以得出这些结论：（1）历史规律虽然依存于现实社会发展系统之中，但本身不是自洽性体系，不具有独立且自为的实体性。就是说，历史进程中的历史规律是自在的，但不是独立存在之物。（2）客观运行着的历史规律可以通过我们的认识进入我们的主观世界，但它到底是什么，不是我们怎么认识就能够得出结论的，从本体论的角度解释历史规律是必不可少的。（3）它制约人的实践活动，但不是在人的实践活动之外发挥制约作用，因为整个历史是人类实践活动的产物。（4）历史规律是什么的问题与历史规律如何发挥制约作用的问题不是只有外在关联而没有内在关联的两个问题，它们实际上是具有内在统一性的一个问题系列——认识到历史规律是什么，也就会洞见它如何发挥制约功能的神秘所在，它对历史进程的制约方式也就豁然显现，反过来，认识它的制约方式的特殊性，也就会认识到它本质上的特殊性，厘清它与人的能动性的内在关联性。

要彻底搞清楚历史规律是什么，需要我们深入追问，历史规律来自哪里？它不可能来自上帝、来自神，也不可能来自"天神意旨"、"理性"、"绝对精神"，更不可能来自"努斯"、来自"逻各斯"、来自"道"、"理"、"气"、"五行"，那么，我们是不是可以说它来自生产力、生产关系（经济基础）、上层建筑，或者来自生产方式？马克思虽然用这些概念阐述了历史规律的运行逻辑，但这些概念本身是历史规律借以表达的根据，而不是来源。如果我们说画像来源于画笔和颜料，恐怕只有小孩才认为是正确的。那么，是不是来源于社会基本矛盾运动？问题是社会基本矛盾运动本身又来源于哪里？如果说水彩画像来源于线条勾勒，显然没有解决问题。

历史唯物主义认为，人是历史的剧作者，历史规律不可能在人之外像上帝一样制约历史进程，它只能在人的实践活动之中生成并发挥制约作用，正如列宁所说，是为明智的活动提供基础。但人是在主观意志支配下从事实践活动的，显然我们不可能简单地把它归结为人的主观意志的产物，就是说，历史规律既不在人的主观意志之外生成，也不在人的主观意志之中存在，那么，它在哪里生成，又在哪里存在呢？

　　这里存在一个悖论，但我们只能从人的主观意志之中寻找源头。人的主观意志是二重的，一方面它是非理性的根源，另一方面它也是理性的根源。实践活动之所以具有目的性、计划性，就在于人的主观意志不是随心所欲，在社会中受到规定为人的社会性制约而有理性上的规定性。正如A. 施密特指出的："在黑格尔和马克思那里，劳动中所追求的目的、内容是受到限制的，二者在客观上受到所处理的材料与规律的限制，在主观上受到人的欲望与需要的结构的限制。关于后者，正如已说的，马克思详细地规定了人的目的的历史的和社会的基础，并使之具体化，这时他超过了黑格尔。"① 人的理性不一定必然导致实践活动遵循合理性路径创造历史，但是人们纠正错误、探索规律、遵守合乎逻辑的实践行为恰恰来自人固有的理性。而这种归于人的固有的理性不是上帝的恩赐，也不是自然本性的呈现，它不独立于人之外，而在人的实践活动之中，从源头上看，它不过是人从自然状态的生存方式进化为社会性生存方式的必然条件之一，正因为如此，历史规律只能在人从自然状态的生存方式进化为社会性生存方式之后才生成并发挥制约作用的。如果群体生活的类人猿也有规律的话，那不过是生存性规律，而不是创造性规律，而我们所指称的历史规律恰恰就是建立在人的能动作用之上的创造性规律。总之，人的主观意志是二重的，人的主观意志中的非理性是历史规律贯彻下去的敌人，所以历史规律不在人的主观意志之中，但是，人的主观意志在社会条件下是有理性的，这正是历史规律存在并发挥制约作用的源头。

　　既然历史规律来自于从事实践活动的人的能动性（人的主观意志中理性的一面的反映），也就说明历史规律不在人的实践活动之外，而在人的实践活动之中，这在逻辑上意味着人的实践活动在创造历史的过程中，要同时生成两个直接对立面：由人的主观意识所赋予的社会发展偶然性、随机性与历史必然性所体现出来的不以人的意志为转移的"自然历史过程"，它们同根相生却水火不容，那么考察历史规律在实践中如何运行的时候，就必须面对一个新的难题：人的主观意志与历史必然性之间直接对立的问题，也就是人与历史规律关系的问题。

　　如果认为历史规律自身的必然性直接贯穿于现实社会发展这一层面之上并发挥实质性制约作用，这是不可行的，因为这在逻辑上人的能动性、创造精神就被限定了。在历史必然性的支配之下，不管提出什么解

---

　　① 〔德〕A. 施密特：《马克思的自然概念》，欧力同、吴仲防译，商务印书馆1988年版，第103页。

释范式（如"可能性空间"说）为人的能动作用"预留空间"，恰似牢笼中的神仙，都不能摆脱宿命论之嫌。还有，在历史必然性光辉直接照耀下，在逻辑上将无法追究历史事件主要当事人的历史责任，因为他可以把"人祸"归结为"天灾"、"天命"，把人为罪恶归咎于历史应然。但如果认为历史规律远离现实社会发展这一层面虚拟存在，也是不可行的，因为历史规律不是在人的实践活动之外生成。这就是一个悖论，正是这个悖论使得人与历史规律关系问题一直未得到合理解释。

我们可以通过把前面谈到的诸多不可行性归纳一下，就会找到可行性的钥匙——历史规律不能直接依存在历史实际进程这一层面上，但可以在其背后贯穿下去，换一句话说，若历史演化轨迹螺旋一样上升运动，历史规律可以在中间直线式贯穿始末，因而既不在历史实际进程之中，也不在历史实际进程之外。自在的历史规律不具有自洽的系统性，但可以把整个历史实际进程作为自己存在的根据和实现的舞台，因此它的系统性就是整个历史实际进程的系统性，只不过抽掉了历史实际进程的时空属性，剩下纯粹的逻辑规定。历史规律不是实体之物，但也不是虚拟之物，它不在人的实践活动之外，也不在人的实践活动之中。这意味着，它本质上是一种属性，是人的实践活动中客观自在的一种属性，以一种逻辑必然性在人的实践活动背后贯穿下去，所以不在人的实践活动这一层面之间。当人们通过社会性实践活动创造历史的时候，各种各样的实践活动背后存在着各种各样的这样的逻辑必然性，它们制约着各种具体实践活动形成历史分力，结成平行四边形，由此汇聚成历史合力推动历史绽放，在历史合力背后那个贯穿历史始末的逻辑必然性就是历史规律。自在的历史规律不管我们是否认识到它，它都会自在地发挥制约作用，所以，我们的认识不能替代认识对象，我们对历史规律的认识是一码事，自在的历史规律是另一码事，二者不具有天然同一性。然而，虽然我们对历史规律的认识不管对与错，一旦融入我们实践活动之中就可能对历史实际进程产生影响，但却不是对历史规律那种不可移易的逻辑必然性产生直接影响，而是对历史规律实现方式产生影响，因为不是历史规律自身的逻辑，而是历史规律的实现方式以历史的实际进程为舞台。

四　本书的研究切入点和核心观点

从不可行性的对立面中发现可行性，可行性就会更加厚重；从理论难点和诘难的论证理由中获得启示，树立的新观点就会更加圆实。本书研究的切入点就是从理论难点和对历史唯物主义各种诘难的论证观点出发，从历史规律不可行性中探讨可行性。树立一种观点，不仅仅满足于自圆其说，而是要解决问题。关于历史规律的现存的问题有哪些呢？第一个问题，就是历史规律基本属性问题，它关系到自然规律与社会规律区别问题、关系到人与历史规律关系问题；第二个问题，就是人与历史规律关系问题，它关系到历史规律作用机制问题；第三个问题，就是历史规律作用机制问题，或者说，历史规律实现方式问题，它关系到历史规律（历史唯物主义）的史学功能问题；第四个问题，就是历史规律的史学功能问题，它关系到历史唯物主义解释力问题。所有这些问题都不是孤立的，而是有机的整体。存在这些问题正是诘难历史唯物主义者的攻击点，因此，把这些问题与诘难的论证理由统一起来作为树立新观点的奠基礼，有助于巩固根基，夯实基础，至少可以为其他人深入研究劈开一条切口。

当前，我们研究马克思主义，感觉"继承"有余而"发展"不足，以至于对很多问题，不能像西方马克思主义那样能够拓展开来研究。西方马克思主义研究路向不是我们的学习榜样，但他们敢于开拓的研究精神则需要我们镜鉴。我们研究马克思主义需要坚持原则，也需要有一种辩证的批判精神，囿于前者，则迁，沉迷后者，则惘，必须把二者有机结合起来。不是说马克思主义本身没有批判精神，它就是从批判精神中成长出来的，而是我们的研究需要有创新意义上的批判精神。在这里，批判不是否定，不是诘难，不是走到对立面去，而是扬弃，是继承与发展的统一。只有经过批判的锤炼，我们对马克思主义的信仰才能渗透到骨子中去，才是真正的"信"，而不是像对待圣经一样盲目的"信"，或者基于护身符的特殊动机虚假地"信"。

本书没有从物质生产或者生产力、生产关系、上层建筑、生产方式等马克思主义传统概念出发考察历史规律，从形式上看，这是一种"背叛"、"偏离"，但若没有跨前一步的批判精神，历史规律问题研究是不会有新突破的。物质生产或者生产力、生产关系、上层建筑、生产方式等概念是阐释历史规律内在运行逻辑的构成要素，是基石，但不是源点，正如身体是生命的基石却不是源点一样，没有身体肯定没有生命，但有身体不一定有生命。马克思借助生产力等基本概念揭示出历史规律内在运行逻辑，但历史规律的内在运行逻辑的生成理由却不应该从生产力、生产方式等基本概念中寻找，因为它们与历史规律本身一样是从现实的社会历史中获得的抽象，用抽象的概念解释抽象的范畴，最终还是走不出理论世界中的象牙之塔。有人曾经把生产力、生产关系（经济基础）、上层建筑构成的社会基本矛盾运动复合其他方面的因素作为社会有机体，在此基础上阐述历史规律起作用的客观机制，而把历史主体利益需要及其基础上的选择活动作为历史规律起作用的主体机制，两个机制放到一起，表面看来似乎就很完整地表达了历史规律实现方式问题。但深入追问，一个断裂性的问题隐含在其中：基于利益需要进行的选择活动为什么就会激发历史规律客观机制有效运作呢？我们的选择活动不过是历史规律起作用的逻辑起点，在现实性上，我们选择活动本身也同时会受到正在运行的历史规律制约，那么，历史规律一定是我们追逐利益行为的保护神吗？为什么不是黑煞星呢？如果把历史规律作用机制理解为一台发动机，人不是司机，不是发动机的操作者，人是发动机的一部分，而且是核心部分，在人之外，本没有一个独立运行的客观机制，人与发动机是一个整体。马克思对历史规律所做的描述，不是独立于人之外的客观运行机制，恰恰是在人的实践活动之上所作的客观视角下的历史运行逻辑阐释，人的社会性实践活动构成了整个逻辑的基础，只不过被抽象的逻辑遮蔽了。如同描述中国春运现象一样，看上去全是抽象的数字变化，但每一个数字后面都是一个个鲜活的人在活动。总之，关于历史规律问题的核心在于，人的社会性实践活动是如何孕育历史规律的客观运行逻辑并反过来制约人的社会性实践活动的？这才是我们要考察的目标，而不是想当然地把它们掰开为两个机制了事。

本书并没有撇开马克思关于从内容上揭示出来的历史规律"单独闹革命"的意思，相反，而是在承认社会基本矛盾运动规律以及社会形态更替规律的基础上，不是在抽象的理论世界中，而是在鲜活的生活世界中考察那种有机融合于正在绽放的历史运动过程中的、活着的历史规律。所以我们看不到具体的社会基本矛盾运动规律、社会形态更替规律的身影，正如一个人的血液循环融合在人体之中一样，我们看到的是历史必然性及其实现方式。

因此，本书的切入点是人的实践活动，而不是生产力。人的实践活动在理性的支配下具有目的性、计划性和创造性，是一种自觉的活动，这种自觉性既是实践活动对原有规定、现有秩序的超越的原因，也是实践活动对符合逻辑规定的东西的遵守和皈依的根据，是社会规律存在并发挥制约作用的理由。如果不考虑其他可能的外在因素，人的实践活动要具备两个要素：一是既得的现有条件要素，包括物质条件（如自然条件、经济条件等）、人的条件（如人力条件、精神条件等）以及其他各方面的社会条件，这是实践活动的根据、基础、出发点；二是付诸实践行动的目的追求，这是实践活动的价值、动因和落脚点。我们可以把实践活动过程理解为从既定的实践条件到所追求的实践目的之间的现实转化过程，简单地说，就是"条件—目的"现实转化过程。从理论上讲，两点之间的具体实现路径应该是多样的，但是在其背后，我们可以画出一条直线式的实现路径。我们说，这条线段就是贯穿这次实践活动过程中的本质联系，一旦我们把它的本质规定归纳出来，就是这次实践活动的社会规律。社会规律自身是一种逻辑规定，它需要通过人们实践活动才能贯彻下去，才能实现。因此，我们可以把社会规律定义为：通过实践活动贯彻下去的逻辑必然性。

整个社会规律是一个系统，可以分为多个层次，历史规律不是一般意义上的社会规律，它要具备两个基本特征：其一，它着眼历史发展的客观过程，其制约作用贯穿整个历程的始末，因此其所依赖的条件就是整个演变历程本身；其二，它属于自在的结果——反应性制约，不是能动的过程——功能性制约，因此它超越人的主观意志之外，不以人的意志为转移。相比而言，其他社会规律（一般意义上的社会规律）具备的两个基本特征是：其一，它面向社会实践活动，其制约作用随着实践活动的展开而绽放，因此所依赖的条件是当下既定的条件，一旦主要条件发生根本性变化，它就会发生变化；其二，它属于能动的功能性制约，是在人的能动性实践活动过程中存在并发挥作用，因此它对人的实践活动制约是内在的，其作用效果会受到人的主观意志的直接影响。我们把后者称之为实践规律。

我们的实践活动首先受到各种各样的实践规律制约，因为它们起到实质性的直接制约作用。在实践规律制约下，我们的实践活动构成无数交互作用的力，而历史规律内在的逻辑必然性恰恰就是它们构成的"平行四边形"中的矢量——历史合力的反映。因此，历史规律对具体历史进程的制约作用是逻辑性的，不是实质性的，最终要通过实践规律影响着的人的实践活动来完成。历史规律之所以会对现实社会发展产生制约作用，是因为它实际上为一个民族求生存谋发展这一根本性目标追求划定了总的逻辑线路，而具体的实践规律恰是这一总的逻辑线路在现实社会发展中不同层次、不同时期、不同环节的具体展开，二者辩证统一。

人们在实践活动过程中，不管是遵循还是违背实践规律，由此呈现出来的历史情境都将是历史规律的具体的实现过程。历史规律是不能违背的，也是不能取消的（除非社会本身崩溃了），历史的变迁不过是历史规律的实现方式，"自然规律是根本不能取消的。在不同的历史条件下能够发生变化的，只是这些规律借以实现的形式。"① 当我们从实际出发，遵循实践规律从事创造性的实践活动，整个历史就会沿着历史规律指向的逻辑线路前进，历史规律在场但不会出场，人类理想就会顺利实现，反之，当我们违背实践规律从事创造性的实践活动的时候，整个历史运动将会偏离历史规律指向的逻辑线路，历史规律就会出场，发挥制约作用，宣布自身坚定不移贯彻下去的逻辑必然性"神圣不可侵犯"，从而纠正历史运动偏差，保证朝向人类进步的理想继续前进。历史规律制约作用不是外在的保护网，而是内在的安全阀，它不是保障人们创造历史的实践活动不会出现重大错误，而是在出现大错误后通过客观结果的"惩罚"，推动人们主动纠正错误，使实践活动不会沿着错误方向走下去。也就是说，历史规律的逻辑必然性在实践贯彻过程中遭遇历史曲折性而受阻的时候，历史规律制约性表现出来，这种制约作用一直到历史实现转折、恢复到正常发展状态使其必然性能够继续顺利贯彻下去为止。所以，历史出现曲折性不是例外，而是历史规律表现出来的时候。

这说明，一个民族必须为自己的命运负责，历史唯物主义不是要人们相信历史必然性会在冥冥之中为社会发展划定一个不可更改的命运之弧，一切都是人能动性实践活动的结果。历史规律不在我们的之外制约我们的行为，我们对于社会现实的反思、觉醒、探索、开拓，当这一切汇聚成社会性力量时，历史规律就会翩翩而来。如果我们像非洲原始部落那样沉湎于对传统的崇拜和对自然的敬畏的时候，历史规律虽然没有远去，但它不会现身，而是沉睡在人们的自我意识之中。

不管是波普尔设定的两个藩篱"五点论题"和"俄狄浦斯效应"，还是悉尼·胡克的英雄观问题，以及其他方面的理论难题，如"人与历史规律关系"问题、"两个必然"与"两个决不会"的辩证统一性问题等，都能从中得到合理解释。更重要的是，可以为历史唯物主义的史学功能问题提供一种解释思路。

在历时态视角下，历史发展在历史事实层面上，表现为曲线运动方式。虽然从长历史角度看，是一个螺旋上升的过程，但波动的曲线运动包含着曲折、倒退、停滞等历史现象。但在历史事实层面背后的历史进

---

① 《马克思恩格斯选集》（第 4 卷），人民出版社 1995 年版，第 580 页。

步逻辑则通过直线式运动方式表达出来。它纯粹是抽象的逻辑规定，我们不能用来直接解释任何具体历史事件、历史现象。马克思所强调的五形态更替说（或者三形态更替说）实际上就是在历史事实层面背后的历史进步逻辑的内容表达，它不是要直接展示历史发展的实际图景，而是一种抽象的逻辑线路规定，具体到每一个民族的实际历史发展过程，未必会严格按照其逻辑环节展开，但其基本逻辑线路规定，终究是各个民族历史都要遵循的。

在共时态视角下，人类历史发展普遍规律不是要在所有的文明中完整贯彻下去，而是在竞争中胜利的那种文明的具体发展过程中贯彻下去，对于失败的文明则任其自生自灭。所以，人类社会发展普遍规律与文明的成长、衰落、停滞、崩溃等复杂发展形势是并行不悖的，并以后者为表现形式。

微观视角下历史规律的史学功能，主要考察历史事件中的偶然性和必然性。历史事件总的来说以偶然性表现出来，但在其背后受到二重必然性制约：在历史必然性能够被顺利贯彻下去的历史发展阶段，只有实践必然性贯穿在历史事件之中，历史必然性在场而不出场；但在历史必然性不能够被顺利贯彻下去的历史发展阶段，历史事件则通过直接贯彻实践必然性来实现历史必然性的逻辑规定。

本书希望实现以下三点学术研究价值：

在学理上，通过研究历史规律运行逻辑，有助于提升历史规律史学功能和理论难题的解释力。

在政治上，通过考察中国特色社会主义历史必然性，有助于增强社会主义必胜信念，增强社会主义意识形态的社会感召力。

在方法论上，有助于推动哲学与史学对话，对史学研究有一定哲学方法论上的指导意义。

第一章　有无规律之争

在国外，人们从哲学、历史学、政治学等多个学科对历史规律是否存在、如何存在等问题进行过激烈争论，由于历史决定论自身存在一些难题尚未解决，当前批判、否定存在历史规律的观点明显占据上风。在我国，基本上承认历史运动存在规律性，国内早期研究立足于苏联的实体性哲学范式，从本体论出发，视历史规律为既定的历史必然性，这在实证中的困境是显而易见的。改革开放以后，转向为主体性哲学范式，从认识论出发，注重对历史规律的内涵、特点、方法等具体问题的研究。近年来，加强哲学与史学对话，人们开始从实际问题出发，对历史规律问题进行更广泛的研究。

一　主张者的观点及其困境

不管是中国哲学还是古希腊哲学，都有人主张人类历史发展存在客观必然性，只不过他们要么以自然为根据，要么以神（上帝）为根据，属于从外在角度考察人类历史规律问题。维柯是第一个从现实的人性角度考察社会历史发展规律的。这是一个分水岭，继维柯之后，康德、黑格尔、孔德和密尔、斯宾塞、马克思和恩格斯、法国一些启蒙思想家（如孟德斯鸠、卢梭等）、19世纪的空想社会主义者（圣西门、傅立叶和欧文等）、"正统派"马克思主义者（如普列汉诺夫、考茨基、托洛茨基、布哈林等）、西方马克思主义者一些人（如卢卡奇、安东尼奥·葛兰西等）都曾主张社会发展存在规律性，并从不同角度做了阐述。我国国内基本上不反对存在历史规律，但对于历史规律的属性、类别、实现方式等问题研究存在很大分歧。更重要的是，直到今天，很多难点问题仍然没有解开，这为反对者的攻击提供了机会。

（一） 主张者的观点

维柯是近代历史哲学的创立者，他第一次从人性的角度而不再是从神性角度谈论历史必然性的根据。他认为，人类的历史是人类自己创造的而并非是"神定的一种秩序"，并强调社会历史具有必然性、规律性，而历史的必然性、规律性是以人类的共同本性为基础，即所有的民族都有共同的起源和特性，各民族的历史发展都必然要经历"神权"、"英雄"和"人权"三个阶段，最终达到文明。今天看来，维柯的观点显得很"粗糙"，但我们应该历史地看问题，他提出来的"天神意旨"概念实际上是一种植根于人的本性的普遍必然性，具有开创性意义。

法国启蒙思想家也探讨了社会历史的必然性、规律性。例如，孟德斯鸠从人与自然环境的相互关系出发揭示社会历史的必然性，他认为，不仅自然界的事物和人类社会必须服从一定的法则，即使上帝也不例外。而卢梭认为，社会历史具有内在联系，生产和技术的发展是社会历史发展的主要动因：历史进程不可逆转，而历史正是在对抗和矛盾中向着自己的对立面过渡。爱尔维修强调人是社会环境的产物，人的一切都是社会环境造成的。法国历史学家基佐等人，力图用财产关系说明政治制度，并且看到了阶级斗争对于推动历史发展的巨大杠杆作用。法国启蒙思想家们对历史必然性的探讨具有革命性和创建性，但是就理论的深度和系统性而言，无疑，他们不及康德、黑格尔。

康德对历史必然性的存在作了充分的肯定，并把它提高到规律的层面。他明确指出："无论人们根据形而上学的观点，对于意志自由可以形成怎么样的一种概念，然而它那表现，即人类的行为，却正如任何别的自然事件一样，总是为普遍的自然律所决定的。"① 康德认为，人类社会像自然界一样，大量偶然的、个别的现象服从总体上的必然性，这就是所谓的"大自然的计划"。康德相信："当每一个人都根据自己的心意并且往往是彼此互相冲突地在追求着自己的目标时，他们却不知不觉地是朝着他们自己所不认识的自然目标作为一个引导而前进着，是为了推进它而在努力着；而且这个自然的目标即使是为他们所认识，也对他们会是无足轻重的。"② 康德明确地把发展过程与规律联系在一起，指出人类的进步必定贯穿规律，历史规律也就是进步的规律、发展的

---

① 〔德〕康德：《历史理性批判文集》，何兆武译，商务印书馆 1990 年版，第 1 页。
② 同上书，第 2 页。

规律。

在黑格尔那里，上帝的化身就是理性，"'真正的善'、'普遍的真理'并非一个抽象概念，而是强有力的、能够实现自己的原则。这种'善'、'理性'的最具体的体现，就是上帝。""'理性'就是领悟上帝的神圣工作。"① 在他看来，世界历史就是上帝计划的付诸实现，也就是理性对世界历史的创造，这是一个"自由"意识进展的过程，包含着必然性，即规律性，"世界历史是自由意识的进展，我们必须将自由意识的这种发展看作是必然的"。②

康德与黑格尔虽然对历史规律的揭示较为深刻，但他们没有找到历史规律生成的真正源头：康德归因于"自然计划"，黑格尔则归因于"精神"、"自由意志"、"理性"，如同维柯的"天神意旨"一样，凭借一层神秘的外衣来洞见历史规律的真理之光。

19 世纪的空想社会主义者继承了法国学者的思想，圣西门、傅立叶和欧文借助物理学的发展来认识"社会运动的规律"，试图以人的自然存在为依据去理解和把握历史规律，把历史必然性、规律性的思想大大地向前推进了一步。首先，他们肯定了社会历史的发展具有内在的规律性。圣西门认为：人类社会的发展具有客观规律性，过去发生的一切和未来将要发生的一切，形成了一个级数，这个级数的前项是过去，末项是未来。傅立叶指出，社会运动的规律包括过去、现在和将来，社会的各个时期是服从于一般成长的规律的，人的内在情欲和外在的物质财富之间的矛盾运动构成了历史规律性，"社会的变革依生活的和经济的行为为转移"。③ 欧文强调：人类社会的发展是一个必然的历史过程，过去是不可避免的，它也是创造现在所必要的，正如现在是创造人类生存的未来形式所必要的一样。显然，19 世纪的空想社会主义者把历史规律与历史实际进程直接等同起来，难免有机械决定论色彩，而在这一点，孔德和密尔的观点具有代表性。

19 世纪是机械决定论占主导地位的世纪，许多科学家和哲学家相信自然界和人类社会的一切运动变化都遵循着严格的机械式的决定论的规律，认为通过经验观察和逻辑归纳，就能概括出那样的规律，宏观物质世界的一切运动和变化都能根据那样的规律做出精确的测定和预见。

---

① 〔德〕黑格尔：《历史哲学》，张作成、车仁维编译，北京出版社 2008 年版，第 16 页。
② 同上书，第 11 页。
③ 《傅立叶选集》（第 1 卷），商务印书馆 1982 年版，第 57 页。

在某种意义上，这是对近代自然科学发展的迷信，而没有认识到社会科学自身的特殊性。其中，有代表性的是孔德和密尔的机械决定论观点。他们力图建立"社会静力学"和"社会动力学"，相信运用所谓"求因果关系"的"密尔五法"，能够探寻出社会的"状态"及其发展演变的"共存规律"和"序列规律"，认为历史连续规律就是决定历史事件按其实际出现的顺序连续发生的规律。对此，波普尔在逻辑上给予了反驳："三个或三个以上有因果联系的具体事件的连续都不是按照任何一个自然规律来进行的。"① "密尔和他的历史决定论伙伴忽视趋势对原始条件的依赖性。"② 而悉尼·胡克通过实证对机械决定论进行的反驳也很有说服力。

斯宾塞提出社会进化论，认为社会像生物个体一样是一个有机体，生物有机体的不同器官有不同的机能，彼此互相协调，从而维持有机体的稳定。与此相似，一个社会也有不同的阶级，从事生产的阶级与主持调节（支配）的阶级职能不同；各个不同社会职能的阶级之间协调、均衡才使社会稳定。社会的进化服从于生物进化的规律，所有的社会都是以一种一致的、渐进的和进步的方式向前发展。英雄人物虽然影响历史进程，但他本身也是环境的产物，是社会进化的产物。因此，英雄人物只是一长串复杂的因果联系中的一个结果，解释一个事变发生的原因应该到历史人物背后的种种复杂条件的集合体当中去寻。依据他的社会进化论思想，他认为历史发展存在必然性。斯宾塞虽然承认历史进步性，但却借助生物进化规律来描述社会演化特征，从而简化了社会历史进步的曲折性、复杂性，难以用历时态解释历史事件发生、发展的过程，未能跳出机械决定论的窠臼。

马克思、恩格斯揭示出历史唯物主义，并在此基础上系统阐释了历史规律，把对历史规律问题研究提到一个崭新的高度，开创了一个新的研究视野。马克思在《关于费尔巴哈的提纲》和《德意志意识形态》（和恩格斯一起）中，从社会生产实践出发，提出了历史发展的客观物质性，并进而在《〈政治经济学批判〉序言》中揭示出历史发展规律。马克思不仅以此指导了《资本论》研究，揭示出资本主义政治经济运行机制，而且在《共产党宣言》、《1848 年至 1850 年的法兰西阶级斗

---

① 〔英〕波普尔：《历史决定论的贫困》，杜汝楫、邱仁宗译，华夏出版社 2009 年版，第92 页。
② 同上书，第101 页。

争》、《路易·波拿巴的雾月十八日》等著作中运用了阶级分析法，增强了历史规律的现实解释力。马克思就跨越"卡夫丁峡谷"问题还初步探讨了社会发展道路多样化的可能性，强调特定地区的历史规律有特定的适用范围，不应该机械地看待历史发展的规律性。恩格斯在《路德维希·费尔巴哈和德国古典哲学的终结》中论证了历史规律客观存在的根据，并且在其晚年的书信中提出了"合力论"，试图从主观视角出发、从史学意义上的社会实践出发诠释历史唯物主义，把对历史规律制约作用置于整个社会发展环节之中，避免造成经济决定论、技术决定论的误解。

继马克思、恩格斯之后，以考茨基、伯恩施坦、普列汉诺夫等代表的第二共产国际试图在承认经济（生产力）发展对历史进程具有直接的决定性的前提下对历史人物、历史事件给出合乎唯物主义历史观的解释。例如，普列汉诺夫采用了两分法解释历史事件：一面通过分析个人主观得失对历史事件影响来迎合历史经验的追问；另一方面通过强调"归根到底，一切都还是决定于社会发展进程和各种社会力量的对比关系"① 来体现唯物史观立场，但关键是这两个方面如何统一在同一个历史进程中，他没有能够给出合适的解释。因为在逻辑上，他们直观地把历史规律置于人的能动作用之上，这如同把历史必然性看成是一列火车，而从事实践活动的人不过是火车里面的乘客，横竖要被火车载往一个已经确定了的未来，难以摆脱历史宿命论的嫌疑，而在实践中却容易陷入机会主义困境之中。而第二共产国际左翼代表人物罗莎·卢森堡反对把历史必然性"自然化"、"机械化"，认为历史的本质在于它是人类活动的产物，强调人的主观性、历史偶然性对历史进程的影响是不可约简的。

以列宁为代表的第三共产国际没有拘泥于理论上的历史必然性优先原则，而是辩证地把人的能动作用作为推进历史必然性贯彻下去的前提，强调经济文化落后但社会矛盾较为集中的国家可以率先掀起革命运动。这如同把历史必然性看成是一面旗帜，它虽然具有不可移易的优先性，但毕竟它在人的手中，人的"活"的创造力不会因为"死"的社会基本条件限制而作茧自缚，在历史面前，社会实践才是第一位的。斯大林没有继承列宁的理论务实精神，而是越来越走向僵化、教条化，一

---

① 《普列汉诺夫哲学著作选集》（第2卷），生活·读书·新知三联书店1961年版，第369页。

方面把历史规律视为历史单线运动的理论根据，一方面以人民的名义把个人意志视为历史发展的航向标，这样，历史必然性与领袖个人意志统一起来，最终演化为个人崇拜。第三共产国际中另一个重要人物托洛茨基试图从理论上解决历史人物与历史必然性关系。他承认历史事变具有历史人物的个性痕迹，但是，他认为历史人物的个性只限于在比较不重要的变化上才有意义，而对于重大的历史变革，则决定于社会力量和经济力量。正如一个蒸汽锤能把无论是方铁或圆铁压成了钢板，在过分巨大而无可抵御的事变的打击下，任何阻力都被压得粉碎，而个性之间的界限将完全消失。

　　以卢卡奇为先驱的西方马克思主义反对第二共产国际教条式、庸俗化理解历史规律制约方式，强调人的能动性对历史进程、阶级意识对革命发展的积极作用。卢卡奇认为，历史是实体，是人类社会实践的客观历史过程；历史又是主体，是人类自己的能动创造，因此，历史规律是建立在人的实践活动基础之上的，只有通过辩证的总体观才能把握。安东尼奥·葛兰西立足于对实践哲学的阐释，强调人的实践活动对历史必然性形成的前提性、本源性。"原来历史的'必然性'的概念是同'规律性'和'合理性'的概念密切相联系的。'必然性'既可以在'抽象—思辨的'意义上去理解，也可以在'历史—具体的'意义上去理解。当存在着实在的和积极的前提，这种前提已经为人们所意识到而成为有效力的，在集体的意识面前提出具体的目的，并创造出一套具有'人民的成见'的力量的信念和思想的时候，才存在有必然性。"① A. 施密特在探讨马克思的自然概念中认为，人和自然的关系问题是马克思的社会理想中的关键性问题。在 A. 施密特看来，马克思主张人类即使建立了更理性的生活，最终并不能从自然的必然性里解放出来，只不过学会比以往更加强化同自然的联系而已。就是说，自由的王国不是只代替必然王国，而是把必然王国作为不可扬弃的要素保存在自己里面，"当自然所设定的劳动生产率不再是同样由自然所设定的人支配人的源泉时，当历史上发生的东西已经不能作为'自然发生的东西'而使自己永恒化时，生活依然被它的最一般的必然性所规定，即被人与自然的物质变换所规定。诚然，这种情况下的必然性在马克思看来，将是被控制的必然性，人已经不是处于人们之间的相互斗争之中，而将只处于同物

---

① 〔意〕安东尼奥·葛兰西：《狱中杂记》，葆煦译，人民出版社 1983 年版，第 95 页。

的自然相斗争的关系中"。① 总之，西方马克思主义者从庸俗化历史必然性的境界中挣脱出来，看到人的能动性对历史发展的积极作用，看到自然界对人的历史进步的条件限定性，这如同把历史必然性视为通向未来的一条道路，如果没有创造历史的人的实践活动，这条道路是无意义的，但若有人的实践活动，必然要沿着这条道路创造历史。但是，西方马克思主义毕竟越走越远，甚至放弃了对历史规律的承认。

在我国，基本上承认历史运动存在规律性，国内早期研究立足于苏联的实体性哲学范式，从本体论出发，主要依据斯大林哲学原理探讨历史规律存在与否的问题，改革开放以后，进入认识论研究的新阶段，解释范式开始从实体性哲学转向为主体性哲学，在很多方面获得发展。一元多线说、规律层次说、选择规律说、统计规律说、合规律与合目的说、混沌理论等被相继提出来，而在反驳波普尔时，"可能性空间"说获得广泛认同。近年来，人们开始从实际问题出发，加强哲学与史学对话，对历史规律问题进行更广泛研究。

当前主张社会历史发展有规律的论证理由，主要体现在三个方面：

一是认为社会历史领域存在着具有可重复性的东西。历史规律隐藏在社会历史事件的单一性的背后，体现社会历史事件背后的不以人们意志为转移的客观的因果联系。虽然社会历史事件不可重复，但是历史规律及其作用却具有可重复性，而且历史规律及其作用的这种可重复性正是通过一个个不可重复的历史事件表现出来的。

二是社会历史过程具有客观性。社会历史过程具有不以人的意志为转移的客观性，历史规律就内存于这一过程之中，它同样也具有不以人的意志为转移的客观性。强调社会历史过程和历史规律的客观性，并没有否认人在社会历史过程中的作用。社会历史发展过程既是一个合规律性的自然历史过程，又是合目的性的主体能动创造的过程，二者并行不悖。

三是人们可以根据规律认识对社会的未来发展进行预测。在社会历史领域，预言能够引发人们的行动，从而能避免、延缓或者加速被预言事件的实现。表面上看，这似乎说明了社会历史的发展完全是由人的主观愿望决定的，其实，这正是关于社会历史预言的一种特殊实现方式和社会历史发展的可预言性的一种具体体现。就是说，在社会历史领域

---

① 〔德〕A. 施密特：《马克思的自然概念》，欧力同、吴仲防译，商务印书馆1988年版，第87页。

中，人们能够根据有关预言采取相应的行动，预言所引发的这种趋利避
害的行为，不仅说明在社会历史领域中人们可以根据某种规律做出预
言，而且它本身就是预言起作用的表现。

这三个论证理由本身是没有问题的，问题在于论证的根据在哪里。
如果我们完全根据历史经验归纳出这些理论观点出来，理论说服力是不
够的。面对波普尔的"五点论题"和"俄狄浦斯效应"追问，容易造
成各执一词的争吵局面。"通常关于唯物史观的理解主要侧重于在宏观
上笼统地回答历史进程是否存在规律的问题，对历史规律的独特性缺乏
深刻的和足够的思考，往往忽略了历史规律的内在丰富性、差异性和多
样性。"①关于历史规律中的很多问题，如历史规律与人的活动之间的辩
证关系问题、历史规律的表现形式和运行机制问题、对马克思历史决定
论的辩证理解问题、对以波普为代表的否认历史规律的历史非决定论观
点的回应和反驳问题，等等，通过长期以来的学术讨论和研究，虽然提
出了很多有创建的看法，但仍然有很多难点需要继续深入研究。

（二）主张者面临的逻辑难题

几乎没有人怀疑，历史规律依存于社会实际进程之中并直接发挥实
实在在的制约作用，这恰恰在逻辑上不能解决人与历史规律关系问题，
最终造成实体性哲学解释范式与主体性哲学解释范式两难逻辑困境：前
者肯定了历史必然性优先原则，但人的能动作用却被绑缚了，结果容易
陷入庸俗唯物史观、机械决定论或者历史宿命论困境之中；后者肯定了
主体选择性、人的能动性对历史进程的作用力，但历史必然性所具有的
唯一性、确定性、可预见性、可重复性等基本属性却被阉割了，结果容
易陷入相对主义、唯意志论困境之中。不仅如此，认为历史发展存在规
律性的主张者还面临许多疑难问题。

第一，认识与被认识之间的"俄狄浦斯效应"问题。

我们没有揭示出历史规律的时候，它对历史进程自在地发挥制约作
用，"不为尧存，不为桀亡"。我们揭示出历史规律的时候，它对历史
进程仍然自在地发挥制约作用，"一个社会即使探索到了本身运动的自
然规律……它还是既不能跳过也不能用法令取消自然的发展阶段。"②
问题是，与认识自然规律不同，我们不是站在历史过程的外面去观察、

---

① 衣俊卿：《作为社会历史理论的文化哲学》，《哲学研究》2010 年第 2 期。
② 《马克思恩格斯选集》（第 2 卷），人民出版社 1995 年版，第 101 页。

认识、研究、发现并最终证明历史规律的，相反，我们置身于规律作用之中认识规律，我们对历史规律的实践探索过程不可能不对历史规律的制约作用产生影响，"正像在其他一切思维领域中一样，从现实世界抽象出来的规律，在一定的发展阶段上就和现实世界脱离，并且作为某种独立的东西，作为世界必须遵循的外来的规律而同现实世界相对立。"①

我们所认识的历史规律一旦对社会未来发展造成巨大影响，就会陷入波普尔提及的"俄狄浦斯效应"悖论之中。也就是说，通过我们所认识的历史规律进行历史预测，会通过预言的方式影响人们社会实践活动，进而干预历史运动，使之带上主观意志性，这与历史规律客观支配历史进程的观点自相矛盾。例如，马克思揭示出历史规律，由此得出资本主义必然灭亡、社会主义必然胜利的结论，这对无产阶级革命产生了直接的理论指导和精神鼓舞作用。那么，对于20世纪出现的国际共运，是马克思主义理论主观干预的结果还是历史规律客观制约的结果？若是前者，则违背了历史决定论原则；若是后者，则不符合历史经验。

当前主要从历史预测性方面着眼反驳"俄狄浦斯效应"问题，实际上没有抓住要害。波普尔提出的这个悖论关键在于预测对预测自身的影响力上，也就是预测一旦对预测对象产生影响，就无法保证预测的客观准确性了。对于马克思主义者来说，这确实是一个悖论：不承认、不认识历史规律，不是马克思主义者；承认并认识历史规律，就会破坏历史规律的客观支配作用，从而违反历史唯物主义基本原则。正如要验证死亡的感受，真正死亡的人不会说出这种感受，能说出这种感受的人没有真正死亡。

在社会实践中，这个悖论不仅不能回避，而且会随着历史进步逐渐显现出来。因为人们努力探索历史规律的目的就是要强化对历史进程的积极自觉性干预，这种自觉性干预必然会随着人们认识历史规律的深刻性、普遍性和掌握程度的提高而不断增强。如果按照恩格斯预言，未来社会将发展到这样的地步："人们自己的社会行动的规律……那时就将被人们熟练地运用，因而将听从人们的支配……至今一直统治着历史的客观的异己的力量，现在处于人们自己的控制之下了。"② 也就是历史规律已经完全被人们主观掌握并积极应用到社会实践中，意味着客观自在的历史规律对历史进程的支配作用彻底打上人们自觉意识的烙印，那

①《马克思恩格斯选集》（第3卷），人民出版社1995年版，第378页。
② 同上书，第634页。

时，已经不存在历史规律自发支配历史进程的状态了。只要社会发展在逻辑上能够达到这种状态，就说明历史规律直接客观预定历史进程的观点是不成立的。

总之，我们主观认识到的历史规律与客观自在的历史规律之间不仅是简单的反映被反映的静态关系，而是具有更实在的相关性。抽象地说，就是反映即是被反映的互动关系，或者说认识就是被认识的一部分。正如作画者就是画中人一样，历史的剧作者也是剧中人，探索以及应用历史规律的过程就是创造历史的过程，同时，也就是受到自在的历史规律客观制约的过程。在考察二者关系时，设定未被主观历史规律干预的"原初"历史发展状态是不现实的，因为一旦我们开始探索历史规律，不管它是不是对客观自在的历史规律的准确反映，这个探索过程就已经是历史进程的一部分了，自在历史规律不可避免地就会以这个被影响之后的历史发展状态为客观作用对象。而那个所谓的"原初"历史发展状态不过是观念上的假设而已，在现实生活中是不存在的。

问题是，当历史规律完全"处于人们自己的控制之下"的时候，历史规律如何保持对历史进程的客观制约作用？马克思主义历史决定论必须合理解释这个问题。

第二，历史多层次交错运动与历史规律线式制约的矛盾。

历史规律所体现出来的前因后果具有内在的必然性、唯一性，因此，在前后环节上不允许出现复合运动形式。那就意味着，在历史规律制约下，历史运动也应该是线式的递进过程。但是，现实的历史运动却相反。从历史经验上看，历史运动是多种因素复合构成的，"政治、法律、哲学、宗教、文学、艺术等等的发展是以经济发展为基础的。但是，它们又都相互作用并对经济基础发生作用"。①而历史纵向展开时，也不是一般理论所设定的那样是一个均质化线式延伸出去的过程，往往是由多重历史事件内外叠加、前后交错运动的结果。

这就使得在历史规律与历史规律制约下的历史运动之间出现了"一条线制约一大片"的逻辑矛盾：历史规律线式支配历史进程，而历史进程却是通过多层次交错运动表现出来。

有人提出统计规律说，认为历史规律就是历史偶然现象的重复性反映出来的概率分布趋势，是不是可以解释这个矛盾问题呢？统计学方法不失为揭示历史规律的一种科学方法，但它只是一种表层意义上的数据

① 《马克思恩格斯选集》（第4卷），人民出版社1995年版，第732页。

归纳，没有触及事物内部的制约机制问题，虽然可以通过这种方法，能够从"一大片"似的历史现象中得到"一条线"似的历史规律，反过来，却难以解释"一条线"的历史规律通过什么方式来制约"一大片"的社会发展现象问题。

从逻辑上说，应该是"一个规律制约一条线"、"多个规律制约多条线（一大片）"，而不是"一个规律制约多条线（一大片）"。那就是说，既然历史运动是多层次的，相应的起到支配作用的必然性（规律）也应该是多个。事实上，在现实生活中，确实存在很多社会规律，如价值规律、木桶效应、蛛网效应、马太效应、炒股中的"买高不买低"规律等。恩格斯也曾指出，价值规律之所以不具有直接的现实性，"部分地是由于它们所起的作用被其他规律同时起的作用打乱了"①。问题是，如果社会规律是多个，它们一起制约历史进程还存在历史必然性吗？显然，最终对整个历史进程发挥制约作用的规律只能归结为一个，正如恩格斯指出的："历史总是像自然过程一样地进行，而且实质上也是服从于同一运动规律的。"②如此说来，在现实生活中，应该有多个规律起作用，但制约整个历史运动的规律只能有一个，那么，多个规律与一个规律是什么关系呢？

对此唯一可行的解释就是历史规律与一般意义上的社会规律不是一层含义，而是两层含义：一是从现实条件出发在社会生活中直接发挥作用的各种具体规律，如价值规律、资本循环规律等；一是以囫囵整个历史为根据贯穿整个历史进程的历史规律。这样可以合理解释观察历史中存在的二重性现象：从近镜头看，因为在历史事实层面中包含着各种形式的具体规律，它们根据条件变化各自发挥着制约作用，多面重叠，从而使整个历史面貌呈现出偶然性来；而从远镜头看，整个历史进程受到单一的历史规律支配，在纵向上呈现出由"总的合力"推动着的复合统一体。但是，新问题又出现了：两个层次的规律之间是什么关系呢？如何统一于历史运动过程中？

第三，历史规律历时态运动特征与"可能性空间"说的横向制约机制之间的困境。

当前探讨历史规律的制约性问题，大多不是沿着历史进程历时态看问题，而是着眼静态的历史横切面，试图找到普适性的制约机制，

---

① 《马克思恩格斯选集》（第4卷），人民出版社1995年版，第745页。
② 同上书，第697页。

如此获得的解释理由不可避免地把历史视为一个同质延伸出去的抽象的运动过程，遮蔽了历史现实中的丰富性、曲折性、复杂性等基本特征，使理论之树死在干涸的思辨沙漠中，找不到走进生活绿洲的道路。其中，比较有代表性的就是"可能性空间"说。这是20世纪80年代出现的解释范式，在批驳波普尔的热潮中曾作为主要理论根据，目前，仍然广泛流行。按着这种解释，历史规律的展开不是一个实心的轴线，而是一个筒形的轴体；不是历史进程把历史规律包含在自己里面，而是历史规律把历史进程限定在自己里面；不是"现实的具体条件"影响历史趋势并进而影响历史规律的制约性，而是历史规律"凌驾"于"现实的具体条件"之上使之只能影响历史趋势。这样解释开来，在逻辑上，历史规律不仅拥有了凌驾于历史进程之上的"地位"，而且还为主体选择性预置了"可能性空间"，使历史演变只能在有限的范围内根据"现有的具体条件"表现出选择性，整体上在宿命论背景下展开。如果在历史绽放时刻，历史规律已经为历史进程规定了一个运行的"空间"，那么，在这个"空间"外面，人的实践行为被禁锢起来，但在"空间"里面，人的能动性又失去了历史规律的制约，就等于人在牢笼里做了神仙。

历史在绽放时刻，绝对不是固定在那种变成现实的路径之上，而是存在多种可能性。但这些"可能性"不是像"可能性空间"说那样预设为真实潜在的可能性，而是历史绽放时刻自然属性的表达，是我们反对历史目的论、历史宿命论、历史机械决定论的解释理由。因为历史在绽放时刻虽然在理论上存在多种可能性，但实际上它们并不真实地潜在，只有演变成现实的那种可能性才真实有意义的，所谓的其他可能性不过是一种解释意义上的表达。正如有人抱怨他父亲为什么不是李嘉诚、邵逸夫等富翁，在日常生活中，这不过是一种纯粹的意思表达，如果从逻辑上讲这个命题是不成立的，因为如果他的母亲没有与他的父亲结婚，而是与某个富翁结婚，那么生下的孩子就不是他本人了，他的这个抱怨不过是替那个没有机会出生的孩子说的，而不是为他本人说的。但我们往往想当然地、先验地认为，我们自己是固有的存在物，父母只不过给我们从潜在存在转化为现实存在的机会，因此不管父母如何结合，我们都会出生下来，这是个错觉，恰恰就是"可能性空间"说存在错误的地方。

我们之所以感觉横向存在的"可能性空间"说有道理，是因为对客观形势的主观判断往往成为转向现实性的先导，也就是人们在评估几种可能性中追求其中的一种可能性来从事创造历史的实践活动，而有的时候历史确实就是这样展开的。但是，从本质上说，人们对历史发展趋势的主观判断与能动选择是一码事，历史如何真实表现出来是另一码事。尚未变成现实的历史终究不是历史，二者虽然密切联系但毕竟不是同一的。历史真实表现出来的发展道路未必是人们当初判断的多种可能性的一种，很可能是"最后出现的结果就是谁都没有希望过的事物"。① 因为人们对历史发展趋势的主观判断与能动选择难免会出现相互对立的情况，历史只有通过"合力"，也就是通过彼此博弈才能变成现实。

显然，历史的舞台上没有彩排、没有预演，历史的"合力"运动到哪里，历史就在哪里展开。顺畅和扭曲、理性和荒谬，都是历史运动所具有的特性。尚未变成现实的历史终究不是历史，而已经变成现实的历史则不会从头再来。历史规律不是轨道、不是上帝，它是不能选择历史的，不管历史这样发生，还是那样演化，历史规律就只能以此为现实基础贯彻下去，因此，它必须面对丰富多样、交错复杂的历史现象、历史事件，历史规律的实现方式必须"能够把一切'特例'和'变异形态'纳入自己的解释范围之内"。②

不过，我们弃除"可能性空间"说的错误地方不论，历史在绽放时刻所具有的多种可能性现象与历史规律历时态运动特征之间确实存在矛盾性。既然历史绽放不是固定于一条线上的，历史规律所具有的必然性如何贯彻到底呢？

第四，历史规律不以人的意志为转移与违背历史规律将遭到惩罚的悖论。

"规律不以人的意志为转移，如果违背了规律就会遭到惩罚"这个命题对于自然规律来说不难理解，对于历史运动中的具体规律来说也容易解释，因为不管是自然规律还是历史运动中的具体规律，人们虽然不能违背它们自身，但可能会违背或破坏它们赖以发挥作用的现实条件，反过来对人们自身追求的目的不利。正如庞卓恒指出："习惯上所说的违背规律受到规律的惩罚，其实那不是规律在'惩罚'人，而是人自己没有创造规律要求的正向结果所必备的条件，就导致了反向的

---

① 《马克思恩格斯选集》（第4卷），人民出版社1995年版，第697页。
② 庞卓恒：《唯物史观与历史科学》，高等教育出版社1999年版，第46页。

结果。"①

但是，对于历史规律，这个命题则是一个悖论。历史规律是以历史运动既得状态为存在和发挥作用的舞台。也就是说，不管人们做出何种选择，不管人们主观意志如何，只要历史面貌以这样的方式或那样的方式呈现出来，都是历史规律出场的舞台。这就意味着，人们创造历史的实践活动无论如何不会违背历史规律，更谈不上遭到历史规律惩罚。但事实却并非如此。像袁世凯复辟、张勋复辟这些历史事件明显是违背历史规律的历史事件，而且它们最终结果也遭到了历史规律的惩罚。这该如何解释呢？更深一层认识，这个悖论也反映在历史规律制约性上：历史规律制约性表现为直线式的因果必然性，由此决定的历史进程也应该是直线式的运动轨迹，但历史为什么是曲折前进的呢？历史规律为什么会允许历史曲折性存在，又为什么要纠正历史曲折性使之回归到必然性趋势中来？

与此相类似的一个问题——"既然历史的进程不以人的意志为转移，那么人的意志的努力对于历史的进程便无能为力，也无所作为；努力也罢，不努力也罢，都是毫无意义的和不起作用的。但事实却又大谬不然。"② 实际上，这是人与历史规律关系问题中逻辑悖论的反映。

在此，我们可以这样看问题：如果我们创造历史的实践活动顺应了历史规律的客观要求，就不会受到"惩罚"；相反，如果我们创造历史的实践活动一旦违背历史规律的客观要求，就会受到"惩罚"，直到我们顺应历史规律的客观要求为止，所以，不能违背历史规律不是不能直接违背历史规律，而是违背历史规律之后就定然会被"纠正"过来。"历史规律一般的是以人们的活动对它的偏离作为实现的形式。"③ 但问题是，历史规律为什么能够"纠正"历史失误？这不会陷入历史目的论之中吗？

第五，历史规律源于理性，但理性与非理性一样可以导致非理性的后果。

不管是康德、黑格尔所理解的具有实体性的、自在的"理性"（reason）概念，还是仅仅视为人的基本属性之一的"理性"（rational）概念，到目前为止，还只能到"理性"中探讨历史规律生成的源头。

---

① 庞卓恒：《唯物史观与历史科学》，高等教育出版社 1999 年版，第 60 页。

② 何兆武：《社会形态与历史规律》，《历史研究》2000 年第 2 期。

③ 庄国雄：《唯物史观与历史规律的客观性》，《吉首大学学报》（社会科学版）2002 年第 23 卷第 4 期。

马克思主义也不能例外。马克思主义强调人是历史剧作者，人的实践活动是历史绽放的理由，而历史规律不过是历史进程中存在的一种客观属性，它不可能在历史之外或者之上，因而它不可能在人的实践活动之外或者之上，只能在其中。那就意味着历史规律所具有的必然性及其制约力只能在人的理性中找到最后的根据，除此之外，没有理由。如果我们简单地把人的主观意志进行二重分类：一方面它是非理性的，另一方面它也是理性的，而其中的理性恰恰就是历史规律生成的最基本的根据，这在纯粹的理论思辨上是说得通的。因为人作为类存在物互相规定为人并以社会性存在方式谋求类的演化，本质上就必然要求人不能完全按着自身的本能或者主观随意性参与社会活动，这时候理性便已经嵌入到人的主观意志中，即便是非理性行为，也不得不以理性为衡量尺度。但我们若如此热衷于通过理论思辨的方式谈论历史规律生成源头的时候，其实没有多少实际意义，因为这不过是对起点的解释，而在属于单个人自身的理性规定与形成于并贯穿在整个人类社会历史实际进程之中的历史规律之间，有一个巨大"黑箱"尚且没有揭示出来，如同发现精子和卵子结合便可以诞生有智慧生命与探索有智慧生命诞生密码一样，本不在同一个层面上看问题。

　　恰恰就是这个巨大的"黑箱"使我们不得不面对这样一个逻辑难题：不仅是人的非理性行为可以导致破坏性后果，事实上，社会越发展，越是基于人的理性选择而导致非理性后果。可悲的是，虽然社会越发展，人们越有可能从这种缘于理性的非理性后果中觉醒，但在"纠正"这一偏差中却总是显得无能为力。资本家追求利润最大化是一种理性选择，但却导致阶级剥削和经济危机，甚至把资本主义推到濒临崩溃的边缘。第二次世界大战前夕，西欧有多少政治人物意识到世界大战即将来临以及它可能带来的文明摧残呢？但阻止战争的社会力量却显得苍白无力，结果一个人的野心变成了一个民族的野心，一个民族的悲剧扩展到整个世界的悲剧。正如霍克海默和阿道尔诺指出的："经济生产力的提高，一方面为世界变得更加公正奠定了基础，另一方面又让机器和掌握机器的社会集团对其他人群享有绝对的支配权。在经济权力部门面前，个人变得一钱不值。社会对自然的暴力达到了前所未有的程度。一方面，个体在他使用的机器面前消失不见了，另一方面，个体又从机器那里得到了莫大的好处。随着财富的不断增加，大众变得更加易于支配和诱导。社会下层在提高物质生活水平的时候，付出的代价是社会地位的下降，这一点明显表现为精神不断媚俗化。"① "真实的历史是由真实的苦难编织而成的，而这苦难并不因为消除苦难的手段的增加而得到相应的减少。"② 今天的叙利亚内战双方都以理性的名义上演着非理性的人道悲剧，甚至可以说两种理性选择碰撞出非理性的火花。

这里的问题是，当人的理性成为造成非理性结果的原因时，人的理性如何演化为历史必然性来制约人自身的实践活动以期许人最终能够自觉纠正这种非理性结果，防止人类文明在非理性的狂躁中毁灭？人的理性是非理性对立面，因而可以阻止非理性的效应蔓延开去，但当理性成为理性对立面的时候，它如何实现自我反思以求克服自身的弱点？而对于历史规律来说，当作为历史规律源头的人的理性也可以演化为非理性的帮凶，那么，历史规律的客观必然性在哪里呢？在这样前提下，我们如何理解历史必然性呢？

总之，关于历史规律问题，有很多难题尚且需要解释，正因为如此，否定存在历史规律者在当今西方逐渐占了上风。研究历史规律问题，我们不要掩耳盗铃，坐井观天，而应该充分了解批评者的观点，才能使创新研究避免片面性。

二 批判者的观点及其启示

在整个 19 世纪，寻找普遍的世界历史、探求社会历史发展的普遍规律成为当时西方思辨的历史哲学的主旨，历史决定论可谓高歌猛进。但 19 世纪末 20 世纪初以后，西方历史哲学出现了从思辨的历史哲学向分析的或批判的历史哲学的转向，否认社会历史发展规律的倾向逐渐占了上风，并且成为现代西方分析的或批判的历史哲学在这一问题上的主导思潮，历史决定论被冷落了。兰克、狄尔泰、文德尔班、李凯尔特、克罗齐、柯林武德、悉尼·胡克、波普尔等近现代西方分析的或批判的历史哲学家都从各自立场出发否认社会历史发展的规律。

（一）史学批判及其启示

严格地说，西方很多史学理论都不是直接卷入历史规律存在与否之

① 〔德〕霍克海默、〔德〕阿道尔诺：《启蒙辩证法——哲学断片》，渠敬东、曹卫东译，上海人民出版社 2006 年版，"前言"部分第 3—4 页。
② 同上书，第 32 页。

争的，但它们理论本身包含着对历史存在规律性的拒斥，我们探讨他们的理论，主要目的不是给予反驳，而是从中获得启示，为我们创新研究积聚厚势。

客观主义史学创始人兰克认为，史学家的任务是据事直书，不偏不倚，如实客观，通过对史料进行批判检验，去伪存真，重现历史，由此历史学可以被抬入科学之列。他们力图从纯粹客观角度考证历史事实，主观上消极地放弃了而事实上又不可能完全放弃的对历史事件的解释，对历史发展的规律避而不谈。

但他们强调史学家应该避免按照个人主观价值倾向性研究历史事实，这对考察历史发展规律性是必要的，因为只有从客观立场上认识历史事件，探讨贯穿其中历史必然性问题才会避免"事后说事"所造成的主观片面性——即总是以历史发展实际呈现出来的客观结果作为历史必然性贯穿下去的理由，如果曹操在赤壁之战中胜利了，就认为曹操实现国家统一是历史发展的必然结果，但实际结果却是曹操失败了，于是反过来说三国出现是历史的必然。中国共产党革命胜利了，就想当然地认为"只有共产党才能救中国"是历史的必然，似乎中国共产党革命胜利是先验的，而不是实践的。历史必然性确实是在已经演变成真实结果的那种可能性中贯穿下去，但这并不意味着历史发展不存在其他可能性，在这里，我们必须站在客观视角上审视历史事件的发生发展，承认当事人的主观能动性、历史发展偶然性对历史进程的影响。换言之，我们只有承认蒋介石也有打败毛泽东的可能性，而不是把毛泽东的胜利简单归结为历史先定的必然，毛泽东对于革命的贡献、党和人民奋斗和牺牲精神才会得到充分彰显，而"只有共产党才能救中国"所包含的历史必然性只有在此基础上进行解释，才是全面的。

狄尔泰最初属于新康德主义，后转向生命哲学，致力于所谓"历史理性的批判"，主张"历史的相对主义"。认为哲学的中心问题是生命。通过个人"生活的体验"和对生命同情的"理解"，就可认识到文化或历史即生命的体现。在狄尔泰看来，历史是已经逝去的东西，而且是一个精神世界，因而无法用客观主义的方法和自然科学的精确性来研究和把握，历史科学唯一可行的方法只能是"体验"、"理解"；在作为精神世界的历史中，不存在客观历史及其"规律"，至少是不能认识客观历史及其规律。

狄尔泰只看到了事件史，而没有看到文明成果史，事件是演化的，文明成果是演进的。今天的生产力、科学、文化等各个方面的文明成果都不是横空出世的产物，它们是各个民族世世代代创造、演进和交往的结果。事件史虽然总是处在消逝状态中，但它绝不是"死亡"、不是"灯灭"，从整个人类历史来看，事件史包裹着文明成果史的演进，而文明成果史背后贯穿着历史必然性。正如恩格斯在《论住宅》一文中写道："27 年以前，我（在《英国工人阶级状况》一书中）正好对 18 世纪英国所发生的劳动者被逐出自己家园的过程的主要特征进行过描写……我能想到把这种可能是完全必然的历史发展过程看作一种退步，后退得'比野蛮人还低下'吗？决不能。1872 年的英国无产者的发展程度比 1772 年的有自己的'家园'的农村织工不知要高出多少。"①但狄尔泰强调对生命的关注，有助于我们克服片面强调历史规律的客观性、物质性的不足，促使我们从人作为历史的主体的需要出发考察历史规律生成的原因。

　　文德尔班认为，哲学绝不能脱离价值观念，因为它始终受价值观念的强烈影响，哲学问题就是价值问题。他把世界分为"事实世界"和"价值世界"，与此相应，他把知识也分为"事实知识"和"价值知识"。前者的命题都属普通的逻辑判断，后者的命题不属于普通的逻辑判断，它们表述的是评价主体与被评价对象之间的关系，所涉及的是主体对于对象的评价和态度，即主体的意志和情感。但两者之间又有联系。事实命题从属于价值命题，并受价值观念的影响；任何知识都离不开价值，都要以价值为标准。文德尔班以此为理论根据，认为社会历史科学就是关于价值世界的科学，其目的仅在于描述特殊的历史事件并对之做出评价。他由此否认社会历史的客观规律，否认社会历史科学的任务是揭示历史规律。

　　就历史事件而言，纯粹意义上的事实命题，即使是存在的，也是无意义的。换言之，事实命题的另一面就应该是价值命题。反过来，没有任何事实为根据的纯粹的价值命题即使是存在的，也是无意义的，换言之，价值命题的另一面就应该是事实命题。价值命题不具有优先性，而应该以事实命题为基础。历史规律是建立在事实命题基础之上的，但它不是价值命题的对立面，我们对历史规律的认识和把握最终要服务于社会实践的需要。当我们透过历史事件的发展过程探讨其得失成败经验教训时，一方面体现着我们的价值取向、价值判断，另一方面也必须尊重历史事实，否则，就会犯错误。历史评价是价值评价，也是事实评价，

①　《马克思恩格斯选集》（第 3 卷），人民出版社 1995 年版，第 149—150 页。

偏离或者背离历史事实的价值评价是伪评价（当然，伪评价不一定没有社会意义，但是这已经不是建立在史学意义上的历史评价，很多情况下，它已经悄悄变成了道德评价，正如把历史上的关羽评价为忠义典范一样，彰显道德意义的重要性已遮蔽了其史学意义重要性）。之所以一种历史事实可以有不同的、甚至对立的价值评价，就在于价值的多元性，但所有的价值评价终究要建立在事实基础之上。我们可以认为关羽忠义英武，也可以认为关羽傲慢自负，但投降曹操、败走麦城的史实是不能在价值评价中抹杀掉的。历史规律是在历史事件背后通过事实命题折射出来，我们发现历史规律并以此指导实践活动的时候，或者我们认识到我们实践活动违背历史规律而遭遇曲折的时候，进入我们认识领域之中的历史规律（即主观存在的历史规律）就成为价值命题的源泉。文德尔班抽象地强调事实命题从属于价值命题是片面的，但文德尔班的观点有助于我们辩证地看待历史事件的评价，即使评价是中肯的、客观的，但它不是事实命题，不是事件背后的历史规律的全面反映。

李凯尔特追随文德尔班试图把康德的先验哲学运用于社会历史领域，他进一步发展了文德尔班的基本观点，认为历史科学的兴趣在于个别的东西，运用的是"个别化"的方法，以便记述特殊的事件，而历史的个别性不允许用普遍化的方法来探讨历史的本质和规律，而只能用价值的观点来确定历史事件的重要性和意义。对此，李凯尔特给出的理由是，既然历史科学的任务在于记述个别的历史事件，那么历史学家就必须掌握一个标准，以便筛选历史材料，把本质的东西挑选出来，把非本质的东西抛掉。这个标准就是价值。李凯尔特反对唯物史观把"经济生活"看成是历史的本质，"这根本不是一种经验的、与价值相联系的历史科学，而是一种以粗暴的和非批判的方式臆造出来的历史哲学"。① 他认为，唯物史观由于把经济生活看成是"本质的"，从而那种对经济生活来说具有意义的事物变成了唯一真实的存在，其他方面都变成了纯粹的"反映"，这是一种完全形而上学的观点。"任何企图把一切现象同被当作唯一的本质成分的经济史联系起来的做法，必然被归入迄今为止所进行的最随心所欲的历史解释之列。"②

李凯尔特没有认识到历史规律虽然是历史的本质、历史的一般的反

---

① 〔德〕李凯尔特：《文化科学与自然科学》，涂纪亮译，商务印书馆 1986 年版，第100—101 页。

② 同上书，第 102 页。

映，但它的价值不是囿于历史的一般，而是通过历史的具体、历史的现实反映出来。就是说，我们认识历史规律，目的在于指导具体实践活动，是在具体的、现实的历史绽放中实现其价值。个别本是一般的个别，历史的个别性本是历史规律制约下的个别性，借口记述历史的个别性来否定探讨历史的本质和规律必要性，借口历史的个别性不允许用普遍化的方法来探讨历史的本质和规律，正如借口认识具体的单个人的属性就反对认识人的共性一样，是虚假的逻辑推定，实际上二者本是辩证统一的关系。但李凯尔特对于单纯把经济生活看成是历史的本质的批判，有助于我们避免片面地从经济角度解读历史唯物主义，解读历史规律。

柯林武德则从另一个角度否定社会历史存在规律性。他不同意李凯尔特把历史学归结为"个别事件的科学"的观点。他说："历史的本质并不在于它是由个体事实所组成的，不管这些事实可能多么有价值，而是在于从一个事实导致另一个事实的那种过程或发展。"① 但是他强调，历史不存在主要因素、次要因素之别，在历史进程中，每一个因素都同样重要，因此他也否定经济因素对于历史发展的本质规定性。他指出：如果马克思主义从经济方面对历史进行解释，"经济事实是具有根本重要性的唯一事实，因而构成历史的真正骨骼，那简直是哲学上的大错"。② 柯林武德的"历史无骨骼"观点从逻辑上否定了历史发展存在规律性。

柯林武德反对决定历史发展的要素存在主次之分，实际上等于把非洲一些原始部落的文明与现代文明成果等量齐观，这是不符合历史常识的。我们认为，单纯追求工业化是不对的，但是没有工业化的那种天然的"自娱自乐"的文明也是不可取的，因为它在强调人与自然和谐的同时也包含着人对自然的妥协，包含着对人的进取精神的抹杀。经济因素高于其他因素恰恰在于它是人类生存、发展的基石，是人类积极进取、争取自由的基本前提。当然，这不是说应该一头独大，其他因素对人类历史发展的影响也是不能忽略的，两点论与重点论的辩证统一才是历史唯物主义观点，柯林武德的"历史无骨骼"观点只承认两点论，否定重点论有其片面性。另外，历史规律存在与否和是否承认经济因素

---

① 〔英〕柯林武德：《历史的观念》，何兆武等译，北京大学出版社 2010 年增补版，第170 页。
② 《现代西方历史哲学译文集》，张文杰等编译，上海译文出版社 1984 年版，第 154 页。

是历史发展的决定因素二者不同一，历史唯物主义虽然强调经济因素对历史发展的基础性作用，但这不是历史规律存在的唯一理由。

不过，柯林武德提出来的"一切历史都是思想史"，还是值得我们反思的。在柯林武德看来，只看到历史事件的外部性——可以用身体和他们的运动来加以描述的一切事物——是不够的，还应该看到历史事件的内部性——深入事件的内部，了解历史人物的内心思想。显然，历史的过程不是单纯事件的过程，而是行动的过程，在行动过程背后存在当事人的思想活动过程。尽管再现历史事件的当事人的思想（撇开情感、情绪的那种纯粹理性推理的思想）是困难的，但却是我们认识历史事件不可或缺的一部分。如果我们要从历史主体视角认识历史规律的成因和作用方式，认识处于历史事件关键环节中的历史人物的思想活动就是必需的，至少这是不可忽略的地方。

克罗齐将历史看成"运动中的哲学"，他认为在历史学中没有什么"一劳永逸的蓝图"，或者终极计划，而且"历史科学"的说法就是一个笑话。在克罗齐看来，历史知识、历史资料并不是客观的，每一代人总是从自己时代的需要和价值观念出发去研究过去的历史；在这个过程中，历史学家不可避免地要把自己的当代价值观念和知识结构渗透到历史事件中，使之带上主观色彩。既然不存在客观历史，那么，探求历史规律也就无意义了。他说："'先收集事实，然后按照因果关系把它们联系起来'；这就是决定论概念中所表现的历史学家的工作方法。……但是，把一件事实当作另一件事实的原因，形成一串因果链条的结果是尽人皆知的：我们就这样开始了一种无限的倒退，我们决不能找到与我们辛勤地套成的链条相联结的最后的原因或多种原因。"①

克罗齐有一句名言"一切历史都是当代史"，这一命题一方面强调了当代价值、现实意义是历史研究应具有的特性之一，另一方面也具有片面性。按照克罗齐的观点，只有现实生活的需要和兴趣才能促使人们去研究过去，人们又总是根据当代知识结构和价值观念去研究、认识和评价历史的，并以此否定历史存在规律性。克罗齐的理论是建立在对历史的认识特点上，并以此认为历史本身无任何规律可循，这实际上遵循了从思维到物的认识路线，认为我们怎么认识历史历史就应该是什么，历史是通过我们认识来书写的，不具有自身的客观规定性，这与唯物主义历史观背道而驰。当然这句名言对于历史规律研究来说，也包含着可

---

① 〔意〕克罗齐：《历史学的理论和实际》，商务印书馆1982年版，第46—47页。

借鉴的地方。我们研究历史规律既非验证其有，也非力挺其真，而是要满足当下社会实践的需要。历史规律只有通过已经发生的历史才能呈现出来，但是，一旦进入我们的认识视野，它的价值就不在过去，而是在当下和未来，也就是说，我们是为了现时和未来才认识历史规律的。

（二）哲学批判及其启示

研究历史规律问题，必须面对波普尔对历史决定论进行的强有力的批判。国内曾经对波普尔的两个论断展开了激烈的反批判，但对这两个论断的回击显然难以令人信服。另外，悉尼·胡克的英雄史观对历史决定论的批判也非常有力度，他在《历史中的英雄》中虽然没有全面否定唯物主义历史观的基本原则，但通过实证研究充分肯定了历史人物在特定的历史时期起到了至关重要的作用，实际上是主张英雄决定论。我们若换一个角度看，透过他们的批判从中获得一些重要启示，对于历史规律研究颇有裨益。

波普尔历史哲学主要体现在《历史决定论的贫困》、《开放社会及其敌人》和《开放的宇宙》等著作上。一般认为，"三个世界"理论①是其本体论根基，"证伪主义方法论"是其方法论依据，而其主要内容突出表现在对"历史决定论"概念、历史规律、历史预测以及"渐进社会工程"等问题的系列而独特的看法上。波普尔站在历史决定论的对立面，从探讨"历史决定论"概念出发，反对社会历史发展具有规律性，从而否定了历史具有可预测性，并认为历史发展只能是局部的、渐进的，从而提出了"渐进的社会工程"观点。

波普尔认为历史决定论者企图借助经典物理学的方法揭示隐藏在历史进程中的"节奏"、"模式"乃至"规律"，并以此来达到历史预言的目的。在波普尔看来，预测和预言是有区别的，预测具有精确性和条件性，而预言是一种非精确性的、无条件的假预测。历史决定论把规律和趋势相混同，把"历史规律"看作是一种"绝对的趋势"，因为它断言

---

① 波普尔的"三个世界"的理论，是把宇宙现象分为三个世界，其中世界1是物理世界，包括物理对象和状态；世界2是精神世界，包括心理素质、意识状态、主观经验等；世界3是客观知识世界，包括一切见诸客观物质的精神产品，如语言、神学、文学艺术、科学以及技术装备等。这三个世界都是实在的，世界3与世界1、世界2一样，在对象和增长方面具有自主性，它只是在起源上是人造的，但它一旦产生后就开始了自己的生命。世界1和世界2相互作用，世界2和世界3也相互作用，世界3与世界1则通过世界2相互作用。

的社会发展总趋势是一种概括性的命题，是不依赖任何条件的必然发展过程。所以，历史决定论者所谓的"历史预测"实质上是一种预言，是无条件的假预测。波普尔通过例举"俄狄浦斯效应"，指出历史决定论中的"历史预测"会通过预言的方式反过来影响、引导人们按着所谓的历史规律推动历史前进，由此说明历史决定论中的历史规律并不是纯粹的必然性存在，不是真正的规律。

不仅如此，他还通过"纯粹的逻辑理由"来证明预测历史的不可能性：（1）人类历史进程受人类知识增长的强烈影响。（2）我们不可能用合理的或科学的方法来预测我们的科学知识的增长。（3）所以我们不能预测人类历史的未来进程。（4）这就是说，我们必须摒弃理论历史学的可能性，即摈弃与理论物理学相当的历史社会科学的可能性。没有一种科学的历史发展理论能作为预测的根据。（5）所以历史决定论方法的基本目的是错误的；历史决定论不能成立。波普尔认为，马克思主义相信历史预言是研究社会问题的科学方式，将揭示社会经济运动的规律作为历史预测的根据，对人类历史的发展，企图做出大规模的、长远的历史预测。这预测是无法检验的，是无条件的，是一种乌托邦的预言。

波普尔的观点立场是我们要反驳的，但当我们只是为了反驳波普尔的观点而著述行文的时候，实际上除了表明立场外，对发展历史唯物主义没有多少实际意义，因为波普尔不会反反驳，真理和谬误之间的模糊关系也就只能止步于争论伊始。我们首先应该从中获得启示，以便磨尖我们的武器。

第一，试图在社会发展现实情境中直接稀释出必然性因子是不可行的。不仅社会发展受到不可预知的科学知识增长的强烈影响，而且社会成员之间的利益冲突、阶级斗争、外在势力的干预、自然灾害的影响、历史重要人物的主观抉择等各种因素都能够使社会发展充满不可预知性，试图在历史所呈现出来的具体面貌这一层面中直接考察历史规律存在的理由，是不可行的。历史中的确定性因素不会给不确定性因素规定路径、设置围栏，不确定因素不会在确定性因素的时空式束缚下勾勒历史面貌。"无论是自然还是历史都不能告诉我们应该做什么，无论是自然的或历史的事实都不能为我们作出决定，它们不能决定我们将要选择的各种目的。正是我们把目的和意义赋予自然和历史。"①

————————

① 〔英〕波普尔：《开放社会及其敌人》（下卷），郑一明、李惠斌译，中国社会科学出版社 1999 年版，第 417—418 页。

很多人极力探讨社会发展现实情境中的必然性因子（如生产力、生产关系、经济基础、上层建筑等），用来反驳波普尔几乎是没有意义的，因为最终得不出一个结论能够彻底驳斥"社会历史发展是一个独一无二的过程"这一论断。波普尔的逻辑论证实际上为我们进行反驳设置一个思维路径上的陷阱：从"社会历史发展是一个独一无二的过程"中直接得出不存在历史规律结论，诱导我们从社会现象、历史事件中直接考察历史规律存在的理由。结果我们所有的努力都只停留在"防御"上，而不是"进攻"上。我们只能单方面强调社会历史发展存在规律的种种理由，而不能深刻地揭示出在"社会历史发展是一个独一无二的过程"这一前提下，历史规律是如何生成并发挥制约作用的。要想彻底解决问题，必须重新审视历史规律与社会历史运动的关系，而不是简单地把历史规律作为贯穿社会历史发展整个过程的一种属性、一种特征。

第二，探讨历史规律的重复性问题，不应该在社会发展的现实情境中直接寻找理由。社会历史发展是一个独一无二的过程，直接从这里考察历史规律的重复性的理由是困难的。有人试图从历史事件之间的相似性来说明历史规律的重复性，这显然有些牵强附会。历史事件之间的相似性与历史规律作用的重复性之间定然有因果逻辑关系吗？不一定。赤壁之战和淝水之战都是以少胜多的著名战例，有很多相似性，是不是意味着它们是历史规律重复作用的结果呢？从失败一方来看，赤壁之战的失败在于不习水战和士兵多传染病，而淝水之战的失败在于内部矛盾重重。现象的相似性未必意味着本质的重复性。中国历史上四大美女通过美色影响政治颇具相似性，但谁会认为四大美女的本质是一样的呢？从蒋介石那里看，皖南事变是四一二反革命政变的故技重演，但从共产党这里看，四一二反革命政变的悲剧结果没有在皖南事变中再次发生，那么，这是不是历史规律重复作用的结果呢？历史事件之间的相似性只是主观抽象比较的结果，实质上无论社会条件、社会背景、发生的经过和结果都是独一无二的，从中难以得出历史规律的重复性理由来。换言之，既然社会发展的现实情境是一个独一无二的过程，那么它只能是历史规律重复性的表现理由，而不能成为历史规律的重复性的理由。

也有人指出，历史规律是社会历史的深层结构，它隐藏在社会历史事件的单一性的背后，体现社会历史事件背后的不以人们意志为转移的客观的因果联系。虽然社会历史事件不可重复，但是历史规律及其作用却具有可重复性，而且历史规律及其作用的这种可重复性正是通过一个个不可重复的历史事件表现出来的。这里的问题是，处在背后的可重复的历史规律所"操纵"的社会历史事件为什么具有不可重复性？反过来，不可重复性的历史事件如何才能表现历史规律的重复性？只有能够回答这个问题，这一认识才有说服力。

第三，不要把历史规律笼统地理解为某种趋势、某种倾向。我们可以把社会发展趋势理解为历史规律的表现形式，或者说，"一个规律可以断定在某种情况下（原始条件）发现某种趋势；还有，在一个趋势已被如此解释之后，可以提出一个相应于该趋势的规律"①，但不要把历史规律直接定义为具有某种属性的社会发展趋势，关于二者的区别，波普尔的论述是比较深刻的："断定在特定时间和空间有某种趋势存在的命题是一个单称的历史命题，而不是一个普遍的规律。这种逻辑情况的实际意义是值得考虑的。我们可以根据规律来做出科学预测，但我们不能仅仅根据趋势的存在来做出科学的预测。"②

也许有人引用恩格斯的观点：历史规律"没有它的现实性，它仅仅处于一种倾向、一种近似的、平均的东西之中，而不是直接的现实中"。③ 由此认为历史规律就是一种倾向、一种趋势。只要稍稍分析一下恩格斯的语句含义就会发现，恩格斯没有指明历史规律是一种倾向，而是强调历史规律通过一种倾向、一种近似的、平均的东西表现出来。这与波普尔的观点并不矛盾。

第四，不要试图通过规律来预测那种具有时空特征的具体的社会未来发展情境。根据发展趋势进行的预测不是历史决定论所要强调的那种必然性、唯一性预测，它只是根据现有条件进行的笼统的、可能性的预测，实际结果出现偏差、甚至失误都不影响这种认识未知问题的方法的科学性。但规律预测是一种必然性预测，出现任何偏差都证明它是不成立的。要达到这一点，就不要试图通过历史规律对未来那种具有时空属性的实在性情景进行预测，相反，只能对未来进行抽象的逻辑性预测。例如，一个运动员，在个人能力、比赛机会、个人素质等各个方面都具备夺冠的前提下，根据规律预测，只能是"他必然会成为冠军"。在这里，没有关于在哪一次比赛中会夺得冠军、在什么样的情况下能够夺得冠军等等具体内容上的规定。而根据趋势预测，就会涉及预测的具体内容，我们将研究具体某一次比赛中的对手情况、场地状况、裁判特点、

---

① 〔英〕波普尔：《历史决定论的贫困》，杜汝楫、邱仁宗译，华夏出版社2009年版，第91页。
② 同上书，第91页。
③ 《马克思恩格斯选集》（第4卷），人民出版社1995年版，第745页。

观众情形、该运动员自身状态等等各方面的情况，然后进行夺冠概率预测。趋势预测是一种有条件、有内容的情景预测，而规律预测只是逻辑预测，它所预测的结果是没有任何时空属性的，所以根据它的预测结果对于我们实践活动产生的影响主要是精神性的，而不是实在性的。波普尔否认历史规律预测性，实际上他批判的只是趋势预测，认为历史决定论把趋势预测当成规律预测。一旦我们把二者区别开，波普尔的理由就不成立了。

　　总之，从波普尔的观点中，我们认识到，历史规律不是历史运动中的某个构成要素，从历史发展的具体过程之中，从历史事件、历史现象之中，无法稀释出规律的因子。换言之，历史规律的必然性贯穿社会发展的具体进程之中，但只是对这一具体进程的基本取向给予抽象的逻辑规定，不直接"插手"这一具体进程的演化面貌，不赋予这一具体进程任何实在性的规定，即不规定什么时间、什么人、什么方式、什么事件、社会呈现什么面貌，它的制约作用是间接的，而非直接的。

　　悉尼·胡克承认人类创造自己的历史。不过，他既反对英雄史观，也反对历史决定论。从根本上说，胡克是一个多元决定论者。他不否定时势对英雄产生的影响，但认为英雄有时会对历史起决定作用。也就是说，历史并不是一个严格按照历史必然性逻辑支配下进行的规律性运动过程。"历史上的必然性，正如同与之连续的自然界的必然性一样，两者都具有束缚力，只是不具有逻辑上的强制性。历史上的必然性所以区别于自然界必然性的地方在于：它们部分地还具有目的性，它们包含着一种意义，牵连到人们所认为'有价值的'或'可取的'东西。"① 因此，人的个性、主观性等偶然因素对历史的发展具有重大意义。在他看来，当历史客观形势发展到容许今后发展道路具有选择性，或者说历史到了十字路口的时候，主要当事人（英雄人物）活动就会对历史产生决定作用，历史就会受到偶然性的巨大影响。

　　总的来说，悉尼·胡克英雄观给我们最大的启示就是：在考察历史事件的时候，必须对于人的能动性作用给予充分的重视。波普尔曾指责历史决定论因对客观历史规律和人类不可摆脱的命运或进化程序的承诺，而没有给人留下任何自由选择的余地。悉尼·胡克的观点在某种意义上，则是对历史决定论存在的这一问题的强调。影响事变的主客观条

---

① 〔美〕悉尼·胡克：《历史中的英雄》，王清彬等译，上海人民出版社 2006 年版，第102—103 页。

件（时势）与当事人的能动性是决定事变的两个决定性因素，不要单纯地、直观地把二者割裂开分别作为区分唯物主义历史观与唯心主义历史观的根据。判定是否从唯物主义历史观出发评析历史事件的根据，不在于评价者是否对当时具备的客观条件给予客观的认识和充分的尊重，而在于评价者能否认识到当事人是否对当时具备的客观条件、社会基础给予客观的认识和充分的尊重。我们作为评价者看到促使历史事件演变的客观条件，不等于历史事件的当事人也能看到、利用这些客观条件，如果没有历史事件当事人的参与，历史演变就未必与客观条件指向一致。新民主主义革命时期，中国共产党不管是物质基础还是人力资源都比国民党差得多，但共产党怎么会由弱变强并最终取得胜利呢？如果撇开当事人主观能动性上的得失，单纯强调经济基础、社会条件的重要性，难免不是对唯物主义历史观的教条理解。

总而言之，哲学批判是尖刻的，但其带来的启示也是深刻的，以子之矛攻子之盾，才是上策。我们对于历史规律研究立足在批判者的肩膀上，才会立得高、看得远。

第二章 关于历史规律的斯芬克斯之谜

历史发展的客观规律性与主体选择性关系、历史必然性与偶然性关系、历史领域中的自由和必然的关系等这些问题，究其实质都可归结为"人与历史规律关系"的问题，展开来说，就是历史发展必然性如何在人的能动性实践活动过程中存在并发挥制约作用的问题。这可以追溯到古代朴素的决定论观念中对"人与自然关系"问题以及"人与神关系"问题探讨，后来逐渐演化为"人与理性关系"问题考察，再后来才变成"人与历史规律关系"问题研究，这个历史演化过程反映出对破解人既是历史的剧作者又是剧中人这一迷局的孜孜不懈的追求。

马克思主义第一次从实践中阐释历史决定论，拂去了笼罩在历史必然性之上的逻各斯、努斯、上帝、天神意旨、理性等神秘面纱，"人与历史规律关系"问题也就凸显出来。从普列汉诺夫到布哈林，都试图对此做出合理解释，尽管他们更重视历史人物的能动作用和历史事件的偶然性，但是由于坚持认为经济（生产力）发展对历史进程的直接决定性，在逻辑上，就不可避免陷入历史机械决定论困境中。国内主要从两个方面研究历史规律问题：一个是把历史规律的客观机制和主观机制并列起来说明问题，实际上是将提出问题的前提直接当作结论来解释，因而遮蔽了问题本身；一个则转向主体性哲学研究框架，强调人的能动作用和社会发展道路的多样性。这个问题一直没有得到解决，值得我们反思。

一 "人与历史规律关系"问题溯源

"人与历史规律关系"问题，从历史渊源上看，可以追溯到"人与理性的关系"问题，再往深远一点追溯，也可以联系到古代关于"人与自然关系"、"人与神关系"问题的探讨。虽然它们基于不同的理论根据，差别很大，但都是要解决同一个问题：历史必然性从何而来？在以往人们的认识逻辑中，历史必然性的来源，如逻各斯、努斯（也译作"心灵"）、神、理性等具有先验性、自在性，具有实体性功能，在人的社会实践活动之外制约人的社会行为活动，因此可以在人之外谈论人与历史规律的关系。这种思维惯性一直延续下来，直到历史唯物主义诞生，才第一次面对新的挑战——历史唯物主义强调人是历史剧作者，历史必然性在人的实践活动之中存在，"人与历史规律关系"问题凸显出来。

（一）"人与自然关系"和"人与神关系"

历史决定论认为社会发展存在着普遍的、必然的因果关系，历史不是主观意志的产物，但它必须回答当人凭借自己的意志从事社会活动的时候，这种必然的因果联系从何产生？何以能够支配人的行为选择？

生产力越落后，人对自然界依赖性越强，人对社会的理解就越具有直观性，对于社会历史发展中的因果必然性，就容易被归结为某种超越于人之外的力量，这在古代朴素唯物主义那里就形成了人与自然关系问题，也就是从自然界那里寻找支配社会发展乃至整个世界的理由，而在古代唯心主义那里就形成了人与神关系问题，也就是把决定历史发展的因果必然性直接归结为神。

在古希腊哲学中，赫拉克利特认为世界的本原就是一团"活火"，有分寸地燃烧，有分寸地熄灭，而导致这种规律性运行的原因就是"逻各斯"。"逻各斯"是创世界的种子，也是确定了的周期的尺度。因此，社会历史发展过程中的因果必然性可以直接从"逻各斯"那里得到解释。但是，赫拉克利特主张世界从火来又复归于火，循环生灭，这运用到社会历史发展上必然是循环论。德谟克利特把万物的始基归结为"原子"和"虚空"，用原子在虚空中的运动解释万物的生成与毁灭。他把原子在虚空中的"旋涡运动"称之为"必然性"，并认为万事万物都具有因果规律，否定存在偶然性。在他看来，人所存在的世界，无非是其中正在变化的一个，因此，在逻辑上社会发展中也遵循这种因果必然性。在中国则是五行学说，把自然结构、运行和人的命运都归结为五种元素相生相克，有规律地运行。另外，道家学派的"道"也是根据自然法则为社会中的人的实践活动树立行为准则。

古代自然哲学家把人和人类社会直接看成是自然世界的一部分，通过探索自然界的本原和运行规律来解释人与社会运动的关系，因此没有认识到社会运动的特殊性，没有揭示出人与社会运动关系的复杂性。在希腊哲学中，首次探讨自由与必然矛盾问题的是道德哲学。在探讨人们是不是要对自己的行为负道义责任的时候，触及人的行为有没有自由性的问题。如果认为人的一切行为都是被因果必然性所决定，那么谈论人的道德责任问题就毫无意义；反过来，如果强调人应该为自己的行为承担道义责任，就需要肯定人有选择和决定自己行为自由的权利。显然，在自然因果决定论中由于完全排除了偶然性，不能解答这一矛盾问题，如果道德哲学坚持人应该承担道义责任，就需要重新解释自然因果决定论。伊壁鸠鲁认为，必然性属于自然哲学范畴，自由属于道德哲学范畴，我们的行为是自由的，这种自由就形成了使我们承受褒贬的责任。他反驳他的反对者说，我们的行为不是，或者说不仅仅是由构成我们身体的原子的行动决定的，而是由"发展"决定的。显然，伊壁鸠鲁的观点已经显示出某种摆脱自然因果决定论的张力。

古希腊道德哲学已经认识到人和人类社会的特殊性，但一旦承认人的自由性，就必须面对这样一个问题：在各种因果必然性关系中如何解释人具有自我选择、自我决定的自由权？或者说，人的自由权的后面如何会存在因果必然性？

纯粹的、无意识的自然界无法直接为人有意识的自由行为主动规定必然性，必须有一种有意识的力量才具备这种自主地规定他人命运的能力，这就是神！奥古斯丁通过上帝与人的关系解释了人的自由选择性与客观必然性的辩证关系。他在《论自由意志》中强调：如果上帝决定了我们的善良意志，我们怎么还能是自由的呢？奥古斯丁认为，上帝预知我们的意志，但这不是支配我们的意志，因为上帝之知（严格说来不是预知）是永恒而无时间限制的。神的全知与意志的自由选择是可以兼备的。虽然拯救是上帝预定的，但这不是让我们被动地接受神恩。……意愿有去做某事的动力，那正是因为"想要某事"。……只有当人的意志为神的恩典这种善所吸引时，恩典才会对人起作用。意愿总是趋向目的，所以意愿本身便包含了对目的的赞成。意愿是行动的型相，而不是对外界刺激的反应。如果说神恩是不可抗拒的，那并不是说神迫使我们接受恩典，而是人们"行其所欲行"的结果……心甘情愿乃是意志接受恩典的方式所必需的。在他看来，人是自由的，人的自由可以使人向善，也可以使人向恶，当人在善的驱使下主动付诸行动的时候，实际上就是神的恩典，因此他强调，"自由不仅仅是上帝的许可，更是人情愿去做并主动付诸实施的行为。罪是拥有意志自由的代价，而拥有意志自由是行为正直的必要条件"。① 他还对神的预知与人意志的自由选择之间的关系作了解释。他认为，上帝是全知的，但他不是按着时间顺序认知社会中发生的事件，上帝在时间之外，将时间性事件统统作为当下的事件来理解。因此，确切地说，他知道而非预知尚未发生的事件。

托马斯·阿奎那认为上帝是万事万物的始因，是世界这个生生不息因果链的第一推动。现世的一切事物都是可以存在、也可以不存在的不确定之物，或者说是一种偶然性或可能性。而偶然性和可能性的东西只有借助必然的东西才能转化为现实的存在，这个必然的存在就是上帝。包括人在内的一切存在物的存在和活动都在履行上帝早期制订好的计划，因此，社会活动中那种支配人的因果必然性完全可以归因于上帝。

不管是奥古斯丁还是托马斯·阿奎那都在论证逻辑上给人的自由行为留下空间，试图在符合人的一般生活常识前提下通过神来对历史必然性问题给出合理解释。从这里，我们认识到"可能性空间"说的理论渊源。实际上，"可能性空间"说可以追溯到古希腊哲学漫步学派亚历山大的"天意"论。亚历山大认为尘世仅仅是宇宙的一部分，实际上需要天意的关怀。但天意扩展到尘世仅仅是保存自然种类的永恒性，天意不会干涉个人的生活。也就是说，天意赋予个人生活的自由空间，使得现实世界中的丑恶、不幸等复杂社会现象在遵循理性必然性的前提下得到合理解释。后来，到了西方经院哲学时期，为了解释上帝意志下的宿命论和人们自由意志之间的矛盾问题，明确提出了"可能性空间"概念：上帝并没有剥夺人的自由意志，他不过事先为人类决策者可能做出的选择设置一个范围。这个概念后来演化为今天解释人与历史规律关系问题的重要范式。

对自然必然性的崇拜转变为对神的敬畏，相信有灵世界主宰宇宙，支配人类社会，在某种意义上，反映出对人自身能动性的肯定，只不过在解释具有自由选择权的人为什么会受制于某种神秘的因果必然性时，把原本属于人自身的能动性中的理性因素外化为一种完全超越于人之上的神秘力量，即神，通过人与神的关系来解释自由与必然之间的矛盾性问题，正如安德烈·内埃指出的："上帝的目的就是一种对人类的目的，是一种要在人之中并且通过人类意志活动而体现的目的。"②

---

① 汪子嵩等：《希腊哲学史 2》，人民出版社 1993 年版，第 477 页。
② 〔法〕路易·加迪、胡建平：《文化与时间》，郑乐平译，浙江人民出版社 1988 年版，第 54 页。

在哲学发展史上，人们对神的理解越来越从遥远的天国接近凡尘世界，并最终转化到对理性的思考。例如，苏格拉底提出了"理性神"，强调神不是完全超越于人的生存尺度的自我存在物，而是依存于追求善的目的的特定存在物，是理性的化身。而维柯的天神的意旨则完全根源于现世界，"从人类精神界，亦即民政界或民族世界去显示出天神的意旨"①。他甚至在《新科学》中对神的本原做了透彻的揭示："神话故事性的历史使我们认识到这个时代的特点之一就是神和人都住在地上。……当时希腊人还处在世界的童年时代，受到一些最可怕的宗教的沉重压力，碰到某些人类需要或效益时，就感觉到要从宗教得到援助或安慰，就形成了这种想象，把他们所看到或想象到的一切，甚至他们自己所做的一切，都归为神。"② 到了康德、黑格尔那里，虽然全能的上帝一直受到敬畏，但是理论核心已经被"理性"所取代，对现实的生活世界投入了更直接、更深刻的思考。

这就是说，对于历史必然性这个问题，不管是归结为自然法则还是归结为神的计划，其实都来自于现实的社会运动规律，实际上就是在探讨人与历史规律关系，不过是戴上了宿命论的面纱而已。恩格斯曾指出："在这里，历史哲学、法哲学、宗教哲学等等也都是以哲学家头脑中臆造的联系来代替应当在事变中去证实的现实的联系，把全部历史及其各个部分都看作观念的逐渐实现。这样看来，历史是不自觉地、但必然是为了实现某种预定的理想目的而努力……这样，人们就用一种新的——不自觉的或逐渐自觉的——神秘的天意来代替现实的、尚未知道的联系。因此，在这里也完全像在自然领域里一样，应该通过发现现实的联系来清除这种臆造的人为的联系；这一任务，归根到底，就是要发现那些作为支配规律在人类社会的历史上起作用的一般运动规律。"③

（二）"人与理性关系"

理性原本应该是人的基本属性之一，人的能动性之所以具有目的性、计划性，就是因为人具备了超越本能的理性因素。但当考察人与理性关系、把理性作为制约人的必然性的原因的时候，在逻辑上理性就不在简单隶属于人的自然属性，而是拥有了某种神秘的外在独立性，具备

---

① 〔意〕维柯：《新科学》，朱光潜译，人民出版社 2008 年版，第 3 页。
② 同上书，第 55 页。
③ 《马克思恩格斯选集》（第 4 卷），人民出版社 1995 年版，第 246—247 页。

了实体功能，要么来自自然，要么来自神，要么来自绝对精神。

在赫拉克利特看来，逻各斯不仅是世界的本原，而且具有"规范性的尺度"，是世界规律性运动的体现。人是世界的一部分，逻各斯必然为人所共有。既然逻各斯是规范世界的法则、尺度，那么在人那里，逻各斯就是理性，就是制约人的行为的客观必然性。"对这个永恒存在的逻各斯，人们无论是在听到之前还是初次听到之时都不会领会；因为尽管万物根据这个逻各斯生成，但人们在经验按照本性划分每一样事物并说明这是如何时所指出的无论是话语还是实践时，却像是初学者。但是它使别的人们想不起他们醒时所做的事，恰如它使他们想不起睡时所做的事一样。"①古希腊哲学家阿克萨格拉认为，努斯是世界运动的推动者，是万事万物存在的原因，在逻辑上，努斯就是理性，是制约人的必然性的理由。

赫拉克利特和阿克萨格拉的主张是指自然理性，苏格拉底则以人为中心提出了"理性神"概念。在苏格拉底看来，既然万物是由努斯安排的，努斯一定要使它成为善的好的，这才是一切事物的生成、消灭和存在的原因。因此，善是人生的最高目的，是理性的根据。在苏格拉底的理论认识逻辑中，与其说理性神规划、支配现实的人的向善行为选择，不如说人是在主动追求善的行为过程中实现与神的理智的沟通，神不过是一种追求至善目的的实践理性。"人对于他自己应当做的特殊事务是独立的决定者"，"这是以个人精神的证明代替神谕。"② 苏格拉底提出了"向善目的论"，"善是我们一切行为的目的，其他一切事情都是为了善而进行的，并不是为了其他目的而行善。"③ 苏格拉底虽然把神的属性从天上拉到人间来，用理性给予界定，但他未能真正从人的实践活动中考察理性的源泉，而是通过"善"这个具有特殊含义和属性的范畴（既有道德意义也有本体论意义）规定人的理性行为的动因。他认为，无人自愿为恶，趋善避恶是人的本性，④ 这显然不能说明现实社会复杂的人性现象。如果一切都按照理性的目的安排，人类社会发展将是完美无缺了，但实际情况并不是这样。

---

① 〔英〕泰勒主编：《劳特里奇哲学史》（十卷本），第一卷，《从开端到柏拉图》，韩东晖等译，中国人民大学出版社 2003 年版，第 109 页。

② 〔德〕黑格尔：《哲学讲演录》（第 2 卷），贺麟等译，商务印书馆 1997 年版，第 76、89 页。

③ 引自汪子嵩等《希腊哲学史》（2），人民出版社 1993 年版，第 442 页。

④ 同上书，第 445 页。

柏拉图发展了苏格拉底的"向善目的论",提出了"理性目的论",试图解释现实世界为什么会偏离理念世界的规定。他认为,现实世界中属于质料的运动形式的必然性是理性所赋予现实世界的目的必然性的障碍,正是由于受到现实世界中的必然性引导,人们在遵循创世理性预期的必然性进行实践活动时才会出现"迷误",与理念世界发生偏差。柏拉图认识到支配整个社会历史发展的那种必然性不会被现实社会直接表现出来,但对于现实中存在的追名逐利、贪得无厌等非善的社会现象,只作为理性的纯粹对立物来看待,因此并没有把理性完全植根到现实世界中来。

维柯第一次从人们追求利益的现实世界入手解释理性实现的理由。他认为,是人的理性和激情的结合才创造出一个现实的民政世界来,而天神意旨就在这个过程中完成理性安排。"人类本性有一个主要特点,这就是人的社会性。在提供这一特性之中,天神是以这种方式来安排和处理人类事务或制度的:人类既已由于原始罪孽而从完整的正义堕落下来,就几乎经常做出不同于正义而且往往是违反正义的事——因此,为着私人的利益,人们宁愿像野兽一样孤独地生活着……不把自己结成社会而遵守人的社会性。本书要阐明的就是:这种社会生活方式才符合人类的真正的民政的本性……天神意旨在这方面的安排所具有的理性就是我们的这门科学所需要探讨的主要课题。"① 维柯已经认识到社会发展的必然性来自于人们的利益性实践活动,并将其归结为"天神意旨"。在维柯那里,天神意旨不是上帝的意志,而是对社会发展规律的形象表述。但是他无法说明或者没有说明这种必然性是如何从人们的利益追求过程中产生的,是如何制约人们的社会行为的。

康德吸收并发展了维柯的思想,强调自然律,即自然理性,是通过人们追求现实的各自目标的实践过程中不知不觉实现的。"当每一个人都根据自己的心意并且往往是彼此互相冲突地在追求着自己的目标时,他们却不知不觉地是朝着他们自己所不认识的自然目标作为一个引导而前进着,是为了推进它而在努力着;而且这个自然的目标即使是为他们所认识,也对他们会是无足轻重的。"② 康德进一步指出,人们对现实利益的追求所激发的创造力是历史发展的原因,也是自然理性得以实现的根据。"大自然的历史是由善开始的,因为它是上帝的创作;自由的

---

① 〔意〕维柯:《新科学》,朱光潜译,人民出版社2008年版,第4页。
② 〔德〕康德:《历史理性批判文集》,何兆武译,商务印书馆1990年版,第2页。

历史则是由恶开始的，因为它是人的创作。"① "人类若是也像他们所畜牧的羊群那样温驯，就难以为自己的生存创造出比自己的家畜所具有的更大的价值来了……让我们感谢大自然之有这种不合群性，有这种竞相猜忌的虚荣心，有这种贪得无厌的占有欲和统治欲吧！没有这些东西，人道之中的全部优越的自然禀赋就会永远沉睡而得不到发展。"②

但康德仍然把理性视为人之外的、独立存在的东西来看待。黑格尔则前进了一步，他把理性看成是事物（包括人自身）内部的规定，是"万物的精华和真相"，因此，理性不是在人之外、而是在人之内发挥制约作用。他认为，人是理性和热情的复合体现，"人类自身具有'理性'"。③ 人是通过需要、本能、兴趣和热情追求现实的目标来参与理性活动的。"这些伟大人物之所以伟大，是因为他们主导并完成了某种伟大的东西。这是因为他们适应了时代的需要，而非纯粹的幻想。"④ 但在他关于理性与热情关系的认识中，理性被赋予了自主自觉的主体格属性，在逻辑上仍存在于人的具体实践活动之外。"热情的特殊利益和普遍原则的展开，是不可分离的。普遍事物是特殊事物的否定所产生的结果。特殊事物间的斗争，造成彼此的损失。普遍的观念并不卷入这危险的对立与斗争当中。它驱使热情为自己工作，热情从这种推动中发展了自己的存在，热情受到损失、遭到祸患，这可称为'理性的狡计'：'观念'自己不受生灭无常的惩罚，而由个人的热情来承受这种后果。"⑤

从"人与自然关系"问题到"人与神关系"问题，再到"人与理性的关系"问题，人们对历史必然性的探讨，可以说实现了从外在于人、完全凌驾于人之上到接近于人、反映人的自由性，再到内在于人、通过人的物质利益活动来体现的转化过程。最初探讨的逻各斯、努斯等范畴着眼于纯粹的自然必然性，完全凌驾于人的自由性之上。后来人们在对神主宰的必然性研究中开始关照人的自由性，但直到苏格拉底提出"理性神"，人的自由性在某种意义上才赢得了主动精神。维柯的"天神意旨"是人们开始直面现实世界，从物欲追逐、私利斗争的社会现象中探索历史必然性理由的标志，康德、黑格尔全面推进了这一研究路

---

① 〔德〕康德：《历史理性批判文集》，何兆武译，商务印书馆1990年版，第68页。
② 同上书，第7—8页。
③ 〔德〕黑格尔：《历史哲学》，张作成、车仁维编译，北京出版社2008年版，第16页。
④ 同上书，第15页。
⑤ 同上。

径，从"自然理性"到"人的理性"，越来越明晰地强调人自身才是理性、是历史必然性的实现根据。但是，他们终究不是从人的实践活动之中谈论历史必然性与人的关系，这就回避了一个逻辑上的困境：如果历史必然性来源于人的实践活动之中，它如何反过来制约人的实践活动本身呢？既然历史必然性生成根源不在人的实践活动之中，那么，实践活动中的人的主观意志性、能动性（以及由此导致的社会发展偶然性、随机性）与历史必然性之间就可以构成简单的二元并列关系，由此设定探讨二者辩证关系这一命题，就不会存在内生性逻辑直接对立问题。正如我们可以设定研究水和土的混合物这个命题，但若设定研究冰块和浮云混合物这个命题，其命题本身真伪性就需要讨论了。

二 "人与历史规律关系"问题研究概况及其困境

马克思主义第一次从人的实践活动中阐释历史观，拂去了笼罩在历史必然性之上的逻各斯、努斯、上帝、天神意旨、理性等神秘面纱，强调人是历史剧作者，历史规律只能在人的社会性实践活动中生成并发挥作用，"人与历史规律关系"问题便成了"具有基础性、根本性和前沿性的问题"。① 从恩格斯的马克思主义"正统派"，再到国内学者都试图解决这个问题，但到目前为止，一直没有给出令人满意的解释理由。可以说，这是一个关于历史规律问题的斯芬克斯之谜。

（一）唯物史观中的一个难题

历史唯物主义一直贯穿着这样两条平行线：一条线强调"人是历史的剧作者"，历史发展具有偶然性、单程性、可能性，"极为相似的事变发生在不同的历史环境中就会引起了完全不同的结果"②；另一条线强调"人是历史的剧中人"，"历史总是像一种自然过程一样地进行，而且实质上也是服从于同一个运动规律的"③。问题是，二者如何统一起来？或者说，人的有意识的活动如何产生不以人的意识为转移的历史规律？这就是人与历史规律关系问题。

---

① 杨耕：《历史决定论：历史的考察和现状分析》，《求是学刊》2002 年第 11 期。
② 《马克思恩格斯选集》（第 3 卷），人民出版社 1995 年版，第 342 页。
③ 《马克思恩格斯选集》（第 4 卷），人民出版社 1995 年版，第 697 页。

　　这个问题是伴随马克思、恩格斯创立唯物史观过程中出现的。

　　马克思、恩格斯主要是从客观视角出发揭示历史唯物主义的，这样便于从唯心史观的包围中突围，把唯物史观树立起来。

　　尽管把"现实的人"作为揭示历史唯物主义的基本前提，但马克思、恩格斯没有从具有主观性的人的行为方式出发，而是从纯粹客观性的生产方式出发、从客观视角出发考察历史唯物主义。马克思在《关于费尔巴哈的提纲》和《德意志意识形态》（和恩格斯一起）中，从社会生产实践出发，提出了历史发展的客观物质性："历史不外是各个世代的依次交替，每一代人都利用以前各代遗留下来的材料、资金和生产力；由于这个缘故，每一代一方面在完全改变了的环境下继续从事所继承的活动，另一方面又通过完全改变了的活动来变更旧的环境。"①进而马克思在《〈政治经济学批判〉序言》中揭示出历史规律的基本内容。这从研究视角看，人的实践活动只是所研究的问题的根据、前提，不是逻辑论证的出发点、起始点，现实的、具体的历史运动过程是如何通过人们创造性实践活动而表现出偶然性、复杂性这个问题被排除在研究视角之外了，"一些事物和事变，它们的内部联系是如此疏远或者如此难于确定，以至我们可以认为这种联系并不存在，忘掉这种联系"。②事实上，马克思在研究《资本论》中也是从纯粹客观角度论述资本主义经济运行机制问题，"这里涉及的人，只是经济范畴的人格化，是一定的阶级关系和利益的承担者。我的观点是把经济的社会形态的发展理解为一种自然史的过程。……同其他任何观点比起来，我的观点是更不能要个人对这些关系负责的"。③

　　虽然马克思在《1848年至1850年的法兰西阶级斗争》、《路易·波拿巴的雾月十八日》等著作中对具体的历史人物、历史事件做了研究，但"那里谈到的几乎都是政治斗争和政治事件所起的特殊作用"④，马克思主要运用阶级分析法，谈论历史人物、历史事件背后的阶级利益在客观上所起到的决定作用，而基本上未触及人自身的能动性对事态的影响这一方面。马克思、恩格斯认为："一切历史上的斗争，无论是在政治、宗教、哲学的领域中进行的，还是在其他意识形态领域中进行的，实际上只是或多或少明显地表现了各社会阶级的斗争。而这些阶级的存

---

①　《马克思恩格斯选集》（第1卷），人民出版社1995年版，第88页。
②　《马克思恩格斯选集》（第4卷），人民出版社1995年版，第696页。
③　《马克思恩格斯选集》（第2卷），人民出版社1995年版，第101—102页。
④　《马克思恩格斯选集》（第4卷），人民出版社1995年版，第704页。

在以及它们之间的冲突，又为它们的经济状况的发展程度、它们的生产的性质和方式以及由生产所决定的交换的性质和方式所制约。"①

马克思的东方社会理论虽然强调俄国农村公社未来命运不应该拘泥于西欧各国的历史经验，人的能动性对历史道路的选择具有创造作用，但马克思只是提出了跨越"卡夫丁峡谷"的可能性，就历史发展规律与主体选择性的内在关联问题没有进行深入探讨。恩格斯在《路德维希·费尔巴哈和德国古典哲学的终结》中尽管也强调"人是历史的剧作者"，但他只是阐释了在人的行为动机背后生产力起支配作用的问题，论证了历史唯物主义科学性，没有进一步考察人在追求自己预期的目的的行为过程中到底是如何生成历史规律的。在这里，人的能动作用被直接当作探讨历史必然性的一个条件，一个根据，而不是在考察它对历史事件、历史现象具体施与什么样的影响的基础上来探讨历史必然性问题，因此，总的来说，还是从客观视角看问题。

偏重于客观视角研究，直接从抽象的、客观的生产方式中揭示历史唯物主义，使得从人的能动性到历史规律性之间的转化环节处于"黑箱"状态之中，这成了历史唯物主义的一个软肋。

恩格斯认识到了历史唯物主义史学功能上的局限性，在其晚年的书信中开始着重从主观视角出发、也就是从人的主观能动性出发阐释历史唯物主义，非经济因素的历史作用、历史人物的历史影响和历史发展的偶然性得到关注，并提出了著名的"合力论"。在此，恩格斯主要阐释了这样几个观点：第一，历史是许多人的单个意志相互冲突中产生出来的，是"合力"作用的结果。第二，对于历史发展，经济因素起最终的决定作用，"在这里通过各种偶然性而得到实现的必然性，归根到底仍然是经济的必然性"②，但政治、法律、哲学、宗教、道德等各个因素都起作用，"这里没有什么是绝对的，一切都是相对的"。③ 第三，很多社会现象产生原因是多方面的，有的不适用直接以经济必然性来解释。"要从经济上说明每一个德意志小邦的过去和现在的存在，或者要从经济上说明那种把苏台德山脉至陶努斯山所形成的地理划分扩大成为贯穿全德意志的真正裂痕的高地德意志语的变音的起源，那么，很难不闹出笑话来。"④ 有人认为恩格斯的"合力论"解决了这个问题。"合力

① 《马克思恩格斯选集》（第 1 卷），人民出版社 1995 年版，第 583 页。
② 《马克思恩格斯选集》（第 4 卷），人民出版社 1995 年版，第 733 页。
③ 同上书，第 705 页。
④ 同上书，第 697 页。

论"着眼于人的意志所具有的能动性，指出推动历史前进的不仅是生产力的作用，而是各种因素交叉作用的结果，是人们追求各自愿望最终形成"合力"作用的结果。但恩格斯只是说明了"合力"产生的根据，却没有进一步说明在人们的意志交叉作用中如何产生"合力"的逻辑过程。正如杨耕所说："恩格斯的'合力论'只是一个形象比喻，只是一种现象描述，并没有揭示人的有意识的活动产生客观的历史规律的内在机制。"①

在恩格斯之后，马克思主义"正统派"试图解决历史唯物主义这个软肋，但结果是不成功的。

普列汉诺夫一方面从历史经验出发，承认并详加分析了历史人物、偶然事变对历史进程的影响；另一方面在事变原因分析上，直接将其归因于经济的生产方式。它的主要假设是：一个事变的原因的原因的原因就是这一事变本身的原因，而终极原因就是生产方式。因此，事变的一切和一切事变都可以通过这种"原因传递"的逻辑方式最终从生产方式那里找到理由。生产方式对于一个具体历史事变的影响至多只是必要条件，但在他的逻辑链条中，直截了当地变成了充分原因。在这个问题上，恩格斯早已明确指出："并非只有经济状况才是原因，才是积极的，其余一切都不过是消极的结果。"②

托洛茨基认为，历史事变受到历史人物的主观因素影响，具有个性特征。但是，他强调历史人物赋予历史事变的个性烙印是有限的，对历史事变影响大小取决于推动事变的社会力量和经济力量的大小，二者成反比。也就是说，当推动事变的社会客观力量有限的时候，历史人物的个人力量所起的作用就会凸显出来；反之，当社会力量和经济力量足够强大，正如一个蒸汽锤能把无论是方铁或圆铁压成了钢板，在过分巨大而无可抵御的力量打击之下，任何阻力都被压得粉碎，历史事变中的个性特征就越显得微不足道了。显然，这种看法只是从某一方面、某一阶段的具体历史经验中归纳出来，不具有普遍的解释力。因为这种看法把社会力量和经济力量是否强大作为一个既定的前提条件，在此基础上考察历史人物对历史事变影响的大小，是对唯物史观所强调的生产力因素作了直观而机械的理解。生产力（社会经济力量）对历史发展所起到

① 杨耕：《历史决定论：历史的考察和现状分析》，《求是学刊》2002 年第 11 期。
② 《马克思恩格斯选集》（第 1 卷），人民出版社 1995 年版，第 732 页。

的作用"是最强有力的、最本原的、最有决定性的"①，但却是一种内在的、深层次的反映，不是直接而实质的反映，在现实意义上，"整个伟大的发展过程是在相互作用的形式中进行的，这里没有什么是绝对的，一切都是相对的"。② 就是说，历史发展是一个前后连续不断复合式的运动过程，每一个因素都处在影响和被影响的中间环节上，社会力量和经济力量会影响历史人物的决策，而在历史运动环节中，历史人物的决策同样也会影响社会力量和经济力量的形成和演变，在这一点上，托洛茨基的观点显然失于片面性。

斯大林从实用主义角度解释这个问题，坚持经济（生产力）发展对历史进程的直接决定性，把个人选择与人民群众选择等同起来，再把人民群众的选择与历史必然性等同起来，然后把历史必然性与历史单线式发展等同起来，从而实现了人的能动性与历史规律之间的统一性。这实际上陷入了机械决定论之中，人民群众的实践活动（人的能动作用）表面上被置于极高的地位，但在单线式的历史必然性面前却变成了纯粹的表现工具，"在这一前提下，人类主体的历史能动作用从逻辑上被归结于无"。③

为什么"人与历史规律关系"问题伴随着唯物史观的创立而出现呢？以往哲学都把历史必然性直接归结为人的实践活动之外或者凌驾于人的实践活动之上的某种自存的因素，从而规避了人的主观能动作用与历史必然性之间内生性的逻辑关系问题。然而，马克思主义强调，人是历史的剧作者，"人们总是通过每一个人追求他自己的、自觉预期的目的来创造他们的历史"④，人类社会历史本质上是实践的，历史必然性作为历史运动的基本属性之一，自然不可能超越于人的实践活动之外或者凌驾于人的实践活动之上，这就意味着人的实践活动在创造历史的过程中，要同时生成两个方面：由人的主观意志所导致的社会发展新异性、曲折性与历史必然性所体现出来的"自然历史过程"，而历史规律又是历史必然性存在的理由，人的能动作用是社会发展新异性的根据，由此便出现了人与历史规律的关系问题。

这个问题没有解决，使得我们解读马克思主义经典著作有很多问题

① 《马克思恩格斯选集》（第4卷），人民出版社1995年版，第705页。

② 同上。

③ 王南湜：《我们可以在何种意义上谈论历史规律与人的能动作用》，《学术月刊》2006年第5期。

④ 《马克思恩格斯选集》（第4卷），人民出版社1995年版，第248页。

存在争议。例如，在《不列颠在印度的统治》中，马克思提出了这样一个在解读上一直存在争议的论断："的确，英国在印度斯坦造成社会革命完全是受极卑鄙的利益所驱使，而且谋取这些利益的方式也很愚蠢。但问题不在这里。问题在于如果亚洲的社会状态没有一个根本的革命，人类能不能实现自己的命运？如果不能，那么，英国不管干了多少罪行，它造成这个革命毕竟充当了历史的不自觉的工具。"① 显然，直接用社会发展必然性来解释，在逻辑上就是印度人民遭受的痛苦是印度实现社会革命所难以避免的结果，因此，英国殖民者所犯的种种罪行，都应该得到宽宥。这就意味着历史规律所规定的历史必然性成了剥削有理、殖民有功的理论根据，这是不对的。有人用历史二重尺度来解释，也难免会陷入类似的价值困境之中。还比如，就俄国农村公社制度能否跨越"卡夫丁峡谷"问题，如果强调工业较不发达的国家必然要步工业较发达的国家的后尘，重复经历工业较发达的国家的历程，那么，这就意味着俄国人民必须遭受西方曾经遭受过的资本主义发展初期的苦难。这对于正处在社会大变革时代的俄国人民来说，唯物主义历史观不仅没有起到鼓舞人民革命的作用，反而成为"社会新栋梁"反对人民革命的借口。正因为如此，马克思通过设定前提条件的方式来肯定跨越"卡夫丁峡谷"的可能性，"这种农村公社是俄国社会新生的支点；可是要是它能够发挥这种作用，首先必须排除从各方面向它袭来的破坏性影响，然后保证它具备自然发展的正常条件"。② 从而在逻辑上维护了历史唯物主义作为人民革命思想武器的基本原则，避免陷入革命理论与革命实践的冲突之中。但从根本上说，由于没有解决人与历史规律的关系问题，马克思给维·伊·查苏利奇的回答给学术研究留下了悬念——到底要具备什么样的条件，或者说发展到什么程度，历史必然性才能为未来确定结果？后来列宁领导的俄国革命取得成功，却没有迎来马克思、恩格斯设定的国际条件——"假如俄国革命将成为西方无产阶级革命的信号而双方互相补充的话，那么现今的俄国土地公有制便能成为共产主义发展的起点"③，结果引起了一国能否建成社会主义的争论——这个争论在理论层面上就是人的能动作用与历史必然性的关系争论。显然，这个争论并没有在理论上取得结果，只在政治实践中画了句号，人

---

① 《马克思恩格斯选集》（第1卷），人民出版社1995年版，第766页。
② 《马克思恩格斯选集》（第3卷），人民出版社1995年版，第775页。
③ 《马克思恩格斯选集》（第1卷），人民出版社1995年版，第251页。

与历史规律的关系问题依然是一个问题。

（二）该命题的逻辑困境与真伪辨析

在现实社会发展这一平台上，一方面人们通过实践活动能动地、创造地推动历史进程，使历史绽放具有新异性、非规定性；另一方面整个历史进程却又受到历史规律制约而具有不以人的意志为转移的必然性，如果不去考究二者内在根源上的逻辑问题，这可以简单地将其归结为必然性与偶然性辩证关系，但若去考究两支树权源于同一主干这一事实，就不可避免地要面对因果性逻辑悖论问题——如果人们实践活动具有彻底的能动性、创造性，为什么当且仅当通过人们实践活动创造历史的时候，还会存在不以人的意志为转移的客观规律呢？如果历史进程直接受到历史规律制约，如何保证人的实践活动不会因之而丧失能动性、创造性？事实上，假设每一个历史事件，每一个历史现象都是在历史规律直接支配下发生和演进的，无论如何人的能动作用、创造精神就被限定了，不管提出什么范式，都不能摆脱宿命论之嫌。因为从直接的逻辑关系上讲，人自身的行为选择是主观的、能动的，而历史规律则是客观的、必然的，二者在同一论证视界中具有直接对立性，不能相提并论。这一逻辑悖论投射到历史经验中来，就更清楚了——如果历史进程完全在历史规律这一理性的光辉照耀之下，人的能动作用只有承接性的表现功能，没有背叛精神，为什么还会发生袁世凯窃取辛亥革命胜利成果的历史事件呢？为什么德国人民会允许希特勒登上政治舞台呢？进一步追问，如果这些事件可以直接归因于历史必然性，袁世凯、希特勒该不该承担历史责任呢？

但把问题反过来看，如果认为历史进程并非受制于历史规律的支配作用（或者说，"历史规律"只属于理论世界范畴），虽然人的能动作用得到了充分体现，但唯物史观的彻底性就会受到质疑。因为在历史唯物主义看来，历史事件发生发展过程，既不是完全由人们主观臆断、自由选择的结果，也不是完全由历史必然性轨道般设定的结果，而是应该体现辩证法精神：一方面，人是历史剧作者，每一个历史事件都是人们实践活动的结果；另一方面，人是历史剧中人，历史规律贯穿社会发展始终，所有的历史事件都在其制约之下，没有例外。问题是，如此泾渭分明的两个方面如何才能实现辩证统一？

正因为存在这一逻辑困境，试图在同一逻辑平台上直接阐释人与历史规律关系的努力都会遇到挑战。

在传统解读中，有人止步于用抽象的两两对比的并列式二分法探讨历史必然性与历史偶然性关系、历史必然性与历史选择性关系，实际上没有深入触及这个命题的实质内核，因为这种解释范式首先假定社会发展存在逻辑二重性：一方面"人是历史的剧作者"，另一方面"人是历史的剧中人"，但问题恰恰是社会发展为什么会同时存在这样的逻辑二重性？正如马克思在《1844年经济学哲学手稿》里所说："他把应当加以推论的东西……假定为事实、事件。"①

也有人把历史规律的成因简单地、直接归结为社会基本矛盾运动，理由也是不充分的。首先，社会基本矛盾运动本身就是客观视角下的认识成果，其次，社会基本矛盾每一次得到解决，都可以确定一个社会发展方向，但是不能由此保证社会基本矛盾次次解决所对应的各个发展方向始终沿着一个总的方向前进。有的学者直截了当地认为，社会基本矛盾规律实际上支配人们的思想和行为，并最终地决定他们如何去创造历史和创造什么样的历史。马克思、恩格斯似乎并没有这样绝对地看问题。在《德意志意识形态》中，他们在批判唯心史观时明确反对"后期历史是前期历史的目的"的观点，指出："前期历史的'使命'、'目的'、'萌芽'、'观念'等词所表示的东西，终究不过是从后期历史中得出的抽象，不过是从前期历史对后期历史发生的积极影响中得出的抽象。"② 也就是说，虽然"每一代都利用以前各代遗留下来的材料、资金和生产力""继续从事所继承的活动"，但是，前期历史不能规定出将要"创造什么样的历史"，即前期历史的社会基本矛盾的解决不能预定后期历史发展的状态，尽管后期历史如何发展、怎样发展确实是在这个基础上实现的。正如马克思所说："极为相似的事变发生在不同的历史环境中就会引起完全不同的结果。"③ 可以说，马克思揭示出来的社会基本矛盾运动作为一种辩证循环性的运行机制描述，只是纯粹的理论逻辑，既没有时间活性，也没有空间活性，其本身尚且是客观视角下的产物，如何能作为历史规律的成因呢？

当前主要有两种解释理由：第一是直接引用量子力学中的统计规律，弱化历史决定论，来弥合决定论与人的能动作用之间互相冲突的关系。与其相似，国内很多学者也先后提出了主体运动规律、选择规律、

① 《马克思恩格斯选集》（第1卷），人民出版社1995年版，第40页。
② 同上书，第88页。
③ 《马克思恩格斯选集》（第3卷），人民出版社1995年版，第342页。

统计规律之说①，试图通过重新界定历史规律的内涵，纠正长期以来对其机械式、教条式理解，实现与历史经验相契合，解决历史规律与人的能动作用统一性问题。这一研究路径虽然有助于我们消除把历史规律片面理解为因果必然律，但是，认为历史规律不具有因果必然性，完全是一种概率性的、几率选择性的规律的解释也是片面的，会直接动摇马克思主义理论根基。因为由因果必然律所支撑的历史唯物主义，是马克思两大发现即唯物史观和剩余价值理论的根基，不容置疑。

第二种观点则是现在社会普遍认同的"可能性空间"说。"在主体性哲学讨论中引入的可能性空间理论，则使得对于历史规律与人的活动的关系问题的讨论，在理论层次上跃升到一个新的水平。"②但把历史规律理解为像圆柱体一样把事物罩在其空间里面运行，没有超越机械决定论，却隐含着历史宿命论。因为从宏观上看，历史规律所塑造出来的可能性空间已经为历史发展规定了最终结果，人的能动性是不能改变这一预定结论的。这恰似乘坐火车，不管乘客在火车里面如何自由行动，都是无意义的，火车注定要把乘客载往远方。

还有学者提出了混沌理论。③混沌理论旨在强调无序状态在一定条件下能够体现出有序状态，以此来证明社会发展存在规律性。社会运动系统被直接定义或理解为无序性、有序性、随机性、非线性等概念，是需要讨论的。但关键问题是，它不能证明有序状态是如何从无序状态中转化而来的，也就意味着不能证明"人的有意识的活动如何产生不以人的意识为转移的历史规律"这个问题。

另外，还有一个论断值得讨论——历史发展合规律性与合目的性相统一。第一，既然历史发展合规律性，为什么会出现袁世凯称帝、张勋复辟这些背离时代潮流的历史事件？第二，如果社会是由两大对立阶级构成，那么，历史发展合乎哪个阶级的目的性？难道是阶级斗争中的"胜者"？还是居于统治地位的那个阶级？今天的叙利亚社会发展是合乎巴沙尔政权代表的政治集团的目的性还是反对派的目的性？第三，合

---

① 例如：阎孟伟《统计规律与因果决定论》，《哲学研究》1991 年第 3 期；陆剑杰《历史创造活动中的选择机制》，《中国社会科学》1991 年第 6 期；王清明《马克思主义的唯物史观与历史决定论》，《马克思主义研究》2003 年第 2 期。

② 王南湜：《我们可以在何种意义上谈论历史规律与人的能动作用》，《学术月刊》2006 年第 5 期。

③ 例如，谭扬芳、黄欣荣《从混沌理论看波普尔对历史决定论的批判》，《马克思主义与现实》2005 年第 2 期；百利鹏《理解人类的命运：从规律性假设到复杂性假设》，《学术月刊》2008 年第 11 期。

规律性与合目的性如何才能实现统一？第四，如果历史发展处在合规律性与合目的性双重理性光辉直接照耀之下，为什么还有曲折、倒退、停滞、毁灭等社会现象？

对于人与历史规律关系问题，尽管学术界有过讨论，但一直没有得出统一认识。王南湜教授认为，这是一个假命题，"无论在何种意义上，我们都不能合理地谈论历史规律与人的能动作用的关系问题"①，理由就是"历史规律"属于理论世界范畴，而"人的能动作用"属于现实的生活世界范畴，二者不能相提并论。

"人与历史规律关系"到底是真命题还是假命题？

王南湜教授的这个结论表面看来很突兀，有些人甚至进行了直接反驳，但若深入思考，王教授的观点不是空穴来风，自有其合理之处。不过，若把"历史规律"仅仅视为理论世界范畴，这就消解了现实的实践世界中的客观规律性，那么历史唯物主义的理论基础和实践意义都将会受到弱化，这是值得商榷的。

关键是我们从哪个角度看这个问题。

历史规律是在现实世界的背后而不是直接在现实世界中起作用，"历史事件似乎总的说来同样是由偶然性支配着的。但是，在表面上是偶然性在起作用的地方，这种偶然性始终是受内部的隐藏着的规律支配的。"② 所以，我们不能够直接在现实世界中合理谈论历史规律，如果直接立足于现实世界谈论人与历史规律关系问题，这确实是一个假命题。任何试图把历史规律作为一种实实在在的客观力量直接嵌入到现实的生活世界中来的解释范式都是行不通的，因为唯物史观认为，人是历史的剧作者，人的实践活动是创造历史的源泉，在人的实践活动之外，没有任何自在自为的客观力量制约历史进程。

但历史规律并非仅仅囿于纯粹的理论世界。在现实世界中，虽然历史规律以一种抽象的逻辑方式存在，但它是真实存在并发挥客观制约作用的客观现象。这种客观现象不在人的实践活动之外，而在人的实践活动之中，它不是人的能动作用的对立物，而是其衍生出来的行为规范。就是说，人的能动作用既是社会发展新异性、曲折性的原因，也是社会发展规律性、必然性的根据。如果我们把社会发展体系比喻为一台机

---

① 王南湜：《我们可以在何种意义上谈论历史规律与人的能动作用》，《学术月刊》2006年第5期。

② 《马克思恩格斯选集》（第4卷），人民出版社1995年版，第247页。

器，人的因素不仅是这台机器的构成要件之一（主观条件），而且还是这台机器运转起来的理由——是社会历史从既定状态运动起来的施动者，是历史生成的唯一活的要素。"历史什么事情也没有做……创造这一切、拥有这一切并为这一切而斗争的，不是'历史'，而正是人，现实的、活生生的人。……历史不过是追求着自己目的的人的活动而已。"①正因如此，历史规律实际上就是"人们自己的社会行动的规律"②。因此，要合理谈论人与历史规律关系问题，不是要把二者视为两个并列式因素谈论如何支配、推动历史进程的问题，而是探讨人的能动作用如何孕育出历史规律的问题，只有这个问题解释清楚了，人与历史规律关系问题才算是真命题。

直接从人的能动性实践活动中谈论历史规律生成和发挥制约作用之源，是否有悖于历史唯物主义基本原则？恰恰产生这顾虑本身就是对历史唯物主义进行教条理解的反映。唯物史观强调社会历史发展的客观物质性，不是"见物不见人"，不是要排除人的因素，使二者对立起来，相反，所有反映社会存在的哲学范畴，如生产力、生产关系、地理环境等，其本身都是因为包含着或关联着人的因素，才对社会历史发展具有基础性作用。唯心史观理解历史的错误不在于强调历史人物在历史中的作用，而在于"见人不见物"，片面强调历史人物脱离社会物质条件、仅凭个人主观意志来创造历史。唯物史观本应该强调人们是从"生产力、资金和社会交往形式的总和"③ 这一现实基础出发，基于社会实践需要而进行创造历史的活动，因此从内在统一角度审视"人与历史规律关系"是理所应当的，但问题是到底如何解决这个问题。

当前解决这个问题遇到的瓶颈给我们提供了一个重大启示：既然人与历史规律不能在同一平台上直接发生逻辑关系，就意味着历史规律不直接在历史现象、历史实际进程这一层面上（这是人的实践活动的现实产物），而是在其背后发挥制约作用，但现实的历史运动又不可能没有必然性存在，这说明制约历史运动的客观必然性应该存在二重性。如果从制约历史运动的二重必然性出发解释历史规律问题，不仅"人与历史规律关系"问题的瓶颈迎刃而解，关于历史规律的实现方式及其解释力的不足也会豁然开朗。

---

① 《马克思恩格斯全集》（第 2 卷），人民出版社 1957 年版，第 118—119 页。
② 《马克思恩格斯选集》（第 3 卷），人民出版社 1995 年版，第 634 页。
③ 《马克思恩格斯选集》（第 1 卷），人民出版社 1995 年版，第 93 页。

第三章 实践规律：现实生活层面上的
社会规律

历史规律不是一般意义上的社会规律。西方很多历史唯物主义批判者不是要否定像市场规律、人口规律等这样的经济意义上或社会意义上的社会规律，而是否定那种能够决定一个民族历史命运的历史发展意义上的社会规律。我们在研究历史规律的时候，一般很少把历史规律从一般意义上的社会规律中区分出来，有时甚至把社会规律与历史规律直接等同起来，那些经济意义上或社会意义上的社会规律就被排除在研究视野之外了。本书运用了"实践规律"概念就是为了在"社会规律"这一统领性的集合概念下，厘清历史规律与经济意义上或社会意义上的社会规律的差别和联系，以便于考察二者在塑造历史面貌、制约历史进程中所起到的不同作用和效果。

从一般意义上讲，社会规律就是通过实践活动贯彻下去的逻辑必然性。当然，不是所有贯穿实践活动中的逻辑必然性都属于社会规律，必须具备客观必然性、重复性和预见性三个基本属性的逻辑必然性才属于社会规律。社会规律可以从不同角度分为多种类别、多个层次，而其中的实践规律（历史规律之外的其他社会规律）就是现实生活层面上的社会规律。相比历史规律而言，它的制约作用具有条件性、目的性、功能性、相对性四个特征，这为我们破解历史规律及其实现方式奠定了理论基础。

一 社会规律的性质与层次性

社会规律是与自然规律相对应的概念，表明只有借助人们实践活动才能实现，存在主观制约客观的关系，这是社会规律不同于自然规律的特点，也是解读社会规律的难点。可以说，何为社会规律，它有什么性质和功能，如何发挥制约作用，一直是需要深入研究的问题。历史规律不是一般意义上的社会规律，我们只有首先认识社会规律，才能深入认识历史规律。

（一）何为社会规律？

什么是社会规律？一般认为，社会规律就是通过人们的活动表现出来的社会生活过程诸现象间的本质的、必然的、稳定的联系。它与自然规律相比，有什么特别之处？在施密特看来："可以把社会看成总是面对它的与自然规律相同一的规律的，可是社会的每一历史结构规定着人对自然规律的揭示形式，规定着自然规律的作用方式与适用范围，而且，也还规定着人对这些规律的理解程度和社会利用的程度。"①从一般意义上看，社会规律与自然规律最大的区别在于，它是通过抱有一定目的和意图的人的有意识的活动实现的。"人们总是通过每一个人追求他自己的、自觉预期的目的来创造他们的历史"②，必然存在主观制约客观的关系，因此，其内在逻辑规定与其实现方式（表现方式）不像自然规律那样是天然统一的。不管是东海之水还是长江之水，它们在自然状态下都会不折不扣地贯彻"水往低处流"这一必然性，但社会规律不同，任何两个人即使在同一社会环境中都会通过不同的人生轨迹反映出"人向高处走"这一逻辑上的必然规定来。就是说，由于存在主观制约客观的关系，社会规律内在逻辑规定掩映在缤纷复杂的社会现象、社会事例之中，二者不具有直接同一性。我们可以透过现象看本质，可以通过统计方法、经验归纳法揭示社会现象背后的社会规律，但是，社会规律不直接在社会现象层面上存在，社会规律是规律，它是必然的、统一的、客观的；社会现象是现象，它是偶然的、多样的、具有主观性，二者不能相提并论。就是说，社会规律逻辑上的统一性并非直接在现实生活中，"规律没有它的现实性，它仅仅处于一种倾向、一种近似的、平均的东西之中，而不是直接的现实中"。③统计规律说错在把揭示社会规律的方法直接视为社会规律本身的属性，似乎社会规律本身就具有概率性，就具有容纳例外现象的属性，必然性的东西怎么能够容纳

---

① 〔德〕A. 施密特：《马克思的自然概念》，欧力同、吴仲昉译，商务印书馆 1988 年版，第 100 页。
② 《马克思恩格斯选集》（第 4 卷），人民出版社 1995 年版，第 248 页。
③ 同上书，第 745 页。

例外呢？而波普尔正是基于这一矛盾性来批判历史决定论的。

但是，社会规律逻辑上的统一性与社会现象上的多样性是辩证统一的，社会现象上的多样性恰恰是社会规律逻辑上的统一性的表现形式。我们通常把恋爱分为青年人恋爱、中年人恋爱、老年人恋爱三种模式，如果认为这是统一的恋爱规律，但在具体的现实生活中，绝大多数人穷其一生都不会把这三种模式完整贯穿下来，而会表现出这样或那样的特殊性。不过，除非极为特殊现象，一般意义上的特殊性都能从统一的恋爱规律中找到对应的解释理由，只不过不是全面、完整地投射到统一的恋爱规律中来。

问题是，社会规律内在逻辑规定性是如何通过多样的社会现象表现出来？

我们知道，规律就是事物运动发展中的本质的、必然的、稳定的联系，以此类推，社会规律就是社会运动发展诸现象间、诸环节中的本质的、必然的、稳定的联系。问题是，这种联系到底是什么？马克思主义认为，没有任何外在力量推动历史发展，人的实践活动是社会运动发展、历史绽放的唯一根据。因此，社会规律客观存在和发挥制约作用的理由，只能从人的实践活动过程中得到解释。

社会规律是怎么出现的？如果一种原则经过一系列相似的实践活动证明是科学有效的，它就有可能是社会规律（当然未必一定就是社会规律）。虽然从揭示过程上看，这个原则可能是我们从实践中总结出来的，也可能是我们先验规定的，总之是主观认识的结果。但是成为社会规律的这个原则本身绝对不是主观的产物，它是客观自在的，不管我们认识不认识，只要条件具备，它都起制约作用。一般意义上的原则规定与上升为社会规律的原则规定本质区别就在这里。问题是，既然实践活动是我们主观意志下支配的结果，为什么实践活动中的社会规律不受我们主观臆断左右呢？

人的实践活动不是盲目的本能性活动，它具有目的性、计划性和创造性，是一种自觉的活动。一方面，这种自觉性包含着自由意志或者创新精神，体现出对现有秩序、原有规定的超越，从而赋予了社会发展的新异性、创造性；另一方面，这种自觉性还包含着规范意识或者理性精神，体现出对符合逻辑规定的东西的遵守和皈依，从而赋予了社会发展的内在逻辑必然性。而后者恰恰是我们探讨社会规律内在逻辑必然性的根据。

如果不考虑其他可能的外在因素，人的实践活动要具备两个要素：

一是既得的现有条件要素，包括物质条件（如自然条件、经济条件等）、人的条件（如人力条件、精神条件等）以及其他各方面的社会条件，这是实践活动的根据、基础、出发点；二是付诸实践行动的目的追求，这是实践活动的价值、动因和落脚点。我们可以把实践活动理解为从既定的实践条件到所追求的实践目的之间的现实转化过程，简单地说，就是"条件—目的"现实转化过程。从理论上讲，两点之间的具体实现路径应该是多样的，但是在其背后，我们可以画出一条直线式的实现路径。这条最优化的实现路径可能是现实的（因为现实路径与逻辑规定的路径实现了重合），但往往只是纯粹抽象的、逻辑意义上的规定性。我们说，这条线段就是贯穿这次实践活动过程中的本质联系，一旦我们把它的本质规定归纳出来，就是这次实践活动的社会规律（如图3—1）。

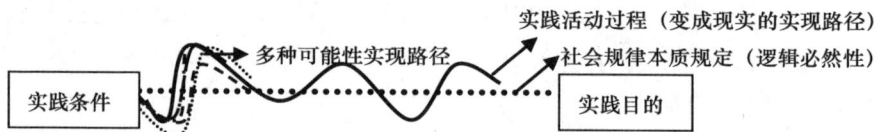

图 3—1

　　这个逻辑必然性线路对于追求那种目的的实践活动来说，只是纯粹抽象的、原则性的存在。用数学语言来描述，就是一条直线，而不是那种具体的、现实的、可直接付诸实践的实现途径、实现方案（尽管二者可以有重合现象）。也就是说，你不能把这条抽象的、原则性的因果逻辑线路当成实际行动指南。例如，"农村包围城市、武装夺取政权"就是新民主主义革命取得胜利的那条合乎理性的、最佳的、原则性的因果逻辑线路——革命道路规律，但这只是一种抽象的原则，在土地革命时期、解放战争时期分别以不同的革命实践方式贯彻下来。土地革命时期，我们党创建了三位一体的工农武装割据斗争形式；解放战争时期，我们党提出了"让开大路、占领两厢"的军事斗争策略。可见，规律是统一的，但规律的贯彻方式（实现方式）却根据形势变化而灵活多样。

　　另外，这个逻辑必然性线路是自然而然存在的，不管我们是否认识到，只要具备实践活动所依赖的条件（包括主观条件、客观条件）和实践活动所追求的目的这两个要素，一旦开始从事追求这一目的的实践活动，它就会客观存在并发挥作用。正如资本家要追求利润最大化，就必然会进行剩余价值生产，剩余价值规律就会客观起作用，这不会以资本家个人道德品格为转移。

还有，这个逻辑必然性线路不具有上帝或理性所具有的那种神秘的主动规范力或实在的强制力，相反，我们对它的遵循、受到它的制约取决于我们自身的目的追求，受到它的"惩罚"也取决于我们自身目的的追求遭遇曲折性或失败结果。这其中道理很简单，它是我们实现目的所理应选择的可行性路径的内在逻辑规定。我们要实现目的，必须沿着它的逻辑必然性规定进行某种可能性选择，否则，就会南辕北辙。例如，一个大学生并不喜欢某一课程，但还是"被迫"去上课了，谁强迫这个大学生做了他自己不愿意做的事情呢？不是老师，而是他对毕业成绩的目的追求。显然，上课听讲与毕业成绩之间所存在的那种因果逻辑性，只对追求较好毕业成绩的大学生起到制约作用，如果对可能的挂科结果持无所谓态度，这个逻辑必然性将不会有任何制约作用。

最后，这一逻辑必然性即可能是现实存在并在实践中贯彻的，也可能仅仅作为"自在性"的东西，没有被实际贯彻。就是说，这一逻辑规定是抽象的，但沿着这一逻辑规定的实际路径可以是多重的①，但不管选择哪一条路径、甚至放弃可行性路径，都是人的能动性的反映。换言之，这一逻辑规定存在并发挥作用，取决于人的能动性；而偏离、违背这一逻辑规定贯彻要求，也取决于人的能动性。成也萧何，败也萧何，人的能动性是唯一理由，因此，人应该为事变负责。本没有什么独立的历史必然性为当事人承担历史责任。

这里有一个问题需要说明，如果没有被实际贯彻，这一逻辑必然性是否存在呢？如果我去火车站没有沿着直线距离走，而是南辕北辙，去了相反的方向，可以说，就我实践行为本身来说，没有实际产生从出发点到火车站之间的必然性线路，但是从确定的实践条件到实践目的关联性来说，从出发点到火车站之间的必然性线路是客观存在的，只不过是抽象的存在，需要通过具体实践活动才能现实地存在。因为它没有在实践中贯彻下来，即违背了规律，它带来的惩罚就是没有到实现到达火车站这一目标。显然，很多时候，我们考察社会必然性，往往从实际的实

---

① 这不是"可能性空间"的理由，因为必然性不是在多重可能性外面设置一个"空间"，而是在里面设置一个"中轴线"，逻辑必然性对可能性制约，不是外在的圈定，而是内在的制约。

践活动过程中是否直接承载社会必然性作为解释理由，似乎社会必然性只在正确的实践选择中存在，错误的实践选择不包含社会必然性，这是不全面的。错误的实践选择一样折射出其中的社会必然性，这恰恰是我们总结失败教训的根据。

揭示出社会规律内在逻辑规定性，再来考察它与社会现象的关系，就豁然开朗了。

在实践活动发生之前，我们可以根据现有条件做出多种可能性选择。不管是理性的选择，还是感性的选择；不管是完全自由意志下的选择，还是被迫做出的选择；不管是博弈性质的选择，还是排他性的选择；总之，一旦做出选择，实践活动就这样发生了，所谓的其他可能性都不过是没有现实意义的东西。而这种承载实践活动的选择是否合理，是否符合逻辑，是不确定的，因为不仅选择本身的好坏是不确定的，而且实践活动过程中也会不断受到各种附加因素影响，使得当初选择的科学性被不断销蚀，正所谓人算不如天算。这就意味着实践活动的结果不是先验的，不是固定不变的。但是，这不是否定社会规律存在的理由。社会规律不是要规定人们如何做出选择，它是一种逻辑规定，如果你不按着它的矢量规定去选择实践活动方式，你的实践目的就会落空——尽管这也是一种实践活动的结果——但恰恰"没有实现实践目的"这一必然结果就是社会规律的"惩罚"。当我们为了避免这种"惩罚"而自觉地按照社会规律的逻辑必然性的客观要求采取实践活动方式的时候，社会规律便发挥了制约作用，这就是我们常说的"按照客观规律办事"。

总而言之，社会规律不具有先验规定性，我们做出任何选择，一旦变成现实就是社会现象、社会事件，因此偶然性是其常态，在其背后的社会规律之所以发挥制约作用，就在于错误的已成为社会现象的选择必然达不到实践目的，正确的已成为社会现象的选择必然能够达到实践目的。如果你想达到实践目的，就必然会贯彻正确的选择，纠正错误的选择，因而表现为社会规律起制约作用。因此，社会现象的多样性与社会规律的统一性是辩证统一的，社会规律的内在逻辑的客观必然性与其外在表现形式的多样性、偶然性是统一的。

例如，在古代，传说诸葛孔明、徐茂公、吴用、刘伯温等料事如神，其实他们所遵循的就是这一原则：如果你想达到实践活动的目的，就必然要贯彻其中的逻辑必然性，而沿着这一逻辑线路做出某种最大可能性的预定，成功的概率就会很高了。但即使是自然现象也有例外，社会现象更是千变万化，例外是难免的。但例外不是社会规律没起作用，而是它改变了原来的社会规律起作用的客观条件而已。在《三国演义》中，诸葛孔明设计火困曹操，眼看大功告成，但天降大雨，功亏一篑。

在这里，需要特别指出的是，我们可以认为，社会规律就是贯穿社会实践活动中的逻辑必然性，但不能反过来认为，凡是贯穿社会实践活动中的逻辑必然性就是社会规律。正如我们可以说"人是能够直立行走的动物"，但不能反过来说，"能够直立行走的动物就是人"。能够上升为规律的逻辑必然性必须具备规律的基本属性——客观必然性、重复性、预见性。

（二）社会规律的层次性

如果我们认为，社会规律就是贯穿社会实践活动中的逻辑必然性，那么，在现实生活中的各个方面都存在这样或那样的社会规律。可以说，社会规律就在我们日常生活中，我们自觉不自觉地、有意无意地要受到其制约，受到其惩罚。

例如，对于学生的学习，我们强调学习方法的重要性。因为那些经过实践证明科学有效的学习方法往往就是学习过程中的规律，它在实践中是通向学习好这一目标的逻辑规定。这种逻辑规定是我们通过学习经验积累总结出来的，但它本身不是主观的东西。在学习过程中，不管你是不是遵循它，它都会起到客观制约作用——遵循它，你学习好；违背它，你学习不好。

这就意味着，我们可以从多个角度对社会规律进行分层。

如果按照主体视角，社会规律可分为"个人—群体—社会"三个层次。反映个人实践活动的社会规律，如到菜市场买菜时所遵循的"便宜没好货好货不便宜"原则；反映某个特定群体实践活动的社会规律，如"刘易斯拐点"理论、资本主义剩余价值规律、党的执政规律等；反映整个社会实践活动的社会规律，如社会主义建设规律、资本主义发展规律等。

如果按照空间视角，社会规律可分为"个体—局部—整体"三个层次，或者"民族国家——整个人类社会"两个层次。如西方"经济人"假说针对的是社会单个人的实践活动过程中的价值选择规律，房地产业交易、股票交易所遵循的"买高不买低"规律只限定在竞价商品领域，其他领域不存在这个规律。而库兹涅茨的"倒 U 假说"（库兹涅茨曲线）则体现的是整个社会向现代化发展演变规律。另外，那些贯穿民族国家的社会发展规律不同于贯穿整个人类社会发展的普遍规律。由于各民族的传统文化、基本国情、国内外形势不同，那些贯穿民族国家的社会发展规律具有民族特色、实践特色，彼此不应该整齐划一。华盛顿共识反映的是美国发展模式，不管是中国还是印度都应该有自己独特的民族发展模式。而"农村包围城市、武装夺取政权"规律是中国特殊革命条件的客观反映，如果被其他国家照搬过去，未必有效。但反映整个人类社会发展规律，如社会基本矛盾运动规律、社会形态更替规律则具有普遍意义。

如果按照由浅入深的逻辑关系视角，社会规律可分为"现象—本质"两个层次。有人指出，"合久必分分久必合"是中国历史发展规律，其实这只是现象层面归纳出来的规律。若深层次看，本质层面看，社会基本矛盾运动规律才是其内在原因。

这里有一个疑问，现象层面归纳出来的规律性认识算不算社会规律？因为任何规律都具有内在逻辑规定和外在表现方式，而在现象层面上，如何具备内在逻辑规定性？严格意义上讲，在纯粹现象层面上归纳出来的可重复的共性不是规律，而是规律性的现象，是现象中的共性。但它在我们认识世界中却能够起到规律所具有的属性和功能。例如，"天下乌鸦一般黑"，这是纯粹归纳出来的规律性认识。如果我们不能揭示导致乌鸦一般黑的内在逻辑根据，就不能解释出现白乌鸦的个别现象，这个规律性的认识也就会受到质疑。但是，在一个特定范围内，在一个认识浅层上，"天下乌鸦一般黑"能够作为一条规律指导我们认识乌鸦的外在特征。正是从这个意义上讲，现象层面上的规律性的认识也可以视为规律，因为它为我们探索内在的本质意义上的规律提供了帮助，很多社会规律认识都是源于对现象层面的共性的逻辑考察。库兹涅茨曲线实际上就是现象层面统计出来的社会规律，在特定范围内它是科学的，是我们需要认识和遵循的社会规律。

如果按照时间视角，社会规律可分为"阶段性—总体性"两个层次。例如，只有在商品经济历史时期，才有市场规律；"农村包围城市、武装夺取政权"规律只是在中国新民主主义革命时期才存在并发挥作用。而生产力规律、社会基本矛盾运动规律贯穿人类历史始终，人类社会的任何历史时期都会受到这些总体性规律的制约。

这些分类法也许缺乏科学性，很多地方都需要进一步讨论。不过，我们旨在说明，社会规律是可以通过不同角度进行层次划分的，历史规律只是社会规律中某个层次上的范畴，或者说，历史规律不是社会规律的全部，它与其他属性的规律在不同层次上共同构成社会规律集合。有人认为，社会规律就是历史规律，历史规律就是社会规律，二者是同一个概念。仅从一般经验上看，这就说不通。"买高不买低"是股票交易市场规律，它对历史进程到底产生多大程度上的直接影响是值得考究的，把它有限的制约功能与社会基本矛盾运动规律的历史制约作用相提并论，肯定不妥。

事实上，波普尔也认为历史规律不是一般意义上的社会规律，"真正的社会规律必须是'普遍'有效的。然而这只能意味着，它们适用于整个人类历史，包括它的一切时间，而不是仅适用于某些时期"。① 但波普尔否定存在这样的普遍的历史规律，理由是："其有效性不限于某个时期的那种社会齐一性是没有的。因此唯一普遍有效的社会规律就只能是把前后相继的时期连接起来的规律。它们必定是决定从一个时期过渡到另一个时期的历史发展规律。"② 不过，波普尔承认存在"社会学规律"，即"社会生活的自然规律"。以他的解释："我所想到的却是近代经济学理论所提出的那种规律。例如，国际贸易理论，贸易循环理论。这些规律和其他重要的社会学规律是与社会建构的作用相联系的。"③

波普尔的观点姑且不论，但透过他的语境，给我一个重要的启示：整个社会规律可以分为两类——一个是"决定从一个时期过渡到另一个时期的历史发展规律"，一个是"社会生活的自然规律"。不仅要想到"诸如柏拉图等历史决定论者感兴趣的所谓演化规律"，还应该想到"经济规律"、"社会学规律"等一般意义上的社会规律。问题是，我们如何把历史规律从其他社会规律中区分出来？

我们认为，社会规律可分为两个方面：一是直接贯穿人们社会实践活动这一层面上的社会规律，二是在人们实践活动这一层面背后贯彻下去并发挥间接作用的社会规律。

第一方面社会规律又分为两个类别：直接贯穿人的生活世界的社会规律（即在那些微观视角下直接反映个人现实生活中的社会规律，如"便宜没好货"、"笨鸟先飞早入林"等谚语包含的哲理）和贯穿于社会性实践活动的社会规律（即从社会历史角度反映人们社会实践活动的规

---

① 〔英〕波普尔：《历史决定论的贫困》，杜汝楫、邱仁宗译，华夏出版社2009年版，第33页。

② 同上。

③ 〔英〕波普尔：《开放社会及其敌人》，杜汝楫、戴雅民译，山西高校联合出版社1992年版，第70页。

律）。为了方便说明问题，我们可以把有别于历史规律的其他社会规律（一般意义上的社会规律）统称为"实践规律"，其意蕴在于人们实践活动过程中的社会规律。从全面角度看，实践规律的内涵包括所有这方面的社会规律，但显然那些反映人们创造社会历史的实践活动过程中的社会规律对历史发展的影响较大，而那些直接反映个人现实生活中的社会规律对整个历史发展的影响微不足道。本文"实践规律"内涵主要指前者，虽然后者也包含在内。

第二方面社会规律也可分为两个类别：在人的生活世界背后贯穿到底的社会规律和在社会历史背后贯彻到底的社会规律。后者即历史规律，又可分为三个类型：专指特定历史时期的历史规律（历时态看）和贯穿某一个具体民族历史的特殊的历史规律（共时态看），以及在世界上所有民族都普遍存在的社会规律（共时态看）。我们谈到的历史规律一般指称这三个类型，在此主要强调后两个类型的历史规律。

这种分类法是否合适，需要给出一个解释理由——何以认定在社会实践活动背后必然存在历史规律？或者说，在实践规律背后就必然存在历史规律？

如果直接在社会现实层面上，或者在实际的历史运动层面上讨论历史规律的有无问题，波普尔的反驳理由是非常充分的——只有历时态上完全齐一性的社会才能顺利地把历史规律逻辑必然性直接贯彻下来，但这样理想的社会历史是不存在的，偶然性、曲折性是社会历史发展的常态。但不是所有的规律都必然直接作用于事物之上，规律背后也会有规律。这是我们深刻把握事物运动本质、探讨事物运动背后共性特征的理由。人类历史发展也是如此。例如，中国近代历史中，每一个重大历史事件，如太平天国运动、戊戌变法、辛亥革命、新民主主义革命等，都直接贯彻着不同的逻辑必然性（它们通过我们总结其经验教训反映出来），但把这些进步性历史事件贯穿起来，会发现它们背后存在一条总的逻辑必然性——探索实现民族独立、国家统一之路；如果把新中国成立后的社会主义建设时期以及改革开放时期也归纳进来，会发现在这条背后的逻辑必然性后面还有一条更大的逻辑必然性——探索民族复兴之路。这一条逻辑必然性后面有没有还要大的逻辑必然性呢？当然有，但只有从更久远的历史长河中才能看到。从发展的角度看，这样一层层递进的逻辑必然性最终归向于马克思主义所强调的生产力进步规律和社会形态更替规律中来，即历史规律。历史规律不是直接作用于社会实践层面上的一般意义上的社会规律，而是它们背后的规律，是逻辑背后的逻辑。当然，历史规律不直接作用于现实社会的发展，不等于不对社会发展起制约作用，只不过这种作用是间接的、逻辑意义上的。

那么，到底该如何把历史规律从社会规律中界定出来？有一种解释理由即社会规律之所以有层次性，是因为任何具体的社会规律都有条件性，都是在实践活动的"条件—目的"现实转化过程中存在并发挥作用，所以都有特定的作用范围。如果超越这一范围，不管是空间超越还是时间跨越，都不会在这个社会规律制约之下了。例如，春运规律只限定在春节前后，在这个时间段之外就不起作用了。在经济学中，马太效应、蛛网效应、木桶效应等都有其特定的适用范围，在其范围之外，这些效应是不存在的。"经济人"假说是建立在商品经济社会条件之上的，在共产主义社会，它不再有实践意义。那么，如果某个社会规律制约的空间范围足够大，大到足以制约整个社会，而它的时间范围足够长，长到足以贯穿整个社会发展始末，是不是就是历史规律呢？不能这样从形式上理解问题。虽然与一般意义上的社会规律相比，历史规律具有类似的特征，但不能以时空条件大小作为辨识历史规律的理由，这种解释理由是不成立的，正如不能以身高胖瘦为尺度衡量一个人能力大小一样。

我们认为，历史规律要具备两个基本特征：第一，它着眼历史发展的客观过程，其制约作用贯穿整个历程的始末，因此其所依赖的条件就是整个演变历程本身；第二，它属于自在的结果—反应性制约①，不是能动的过程—功能性制约②，因此它超越人的主观意志之外，不以人的意志为转移。相比而言，其他社会规律（一般意义上的社会规律）具备的两个基本特征是：第一，它面向社会实践活动，其制约作用随着实践活动的展开而绽放，因此所依赖的条件是当下既定的条件，一旦主要条件发生根本性变化，它就会发生变化；第二，它属于能动的功能性制约，是在人的能动性实践活动过程中存在并发挥作用，因此它对人的实

---

① 即从事物实际运行的背后依据贯彻的客观效果做出是否发挥制约作用的反应，如果已经被顺利贯彻下来，该规律不会出场，但若贯彻受阻会出场发挥制约作用。生产力对生产关系制约作用就是如此。如果生产关系适应生产力发展，生产力"自得其乐"；如果生产关系不适应生产力发展，生产力就会冲破原有生产关系束缚，通过确立新的生产关系为自身发展开辟道路。这个问题将在下两章展开阐述。

② 即从事物实际运行过程中直接发挥制约作用。我们日常生活中的社会规律基本上属于这种制约方式。例如在环形跑道上赛跑遵循沿着内圈内侧跑的规律，显然它只在比赛过程中对运动员起作用，如果退出比赛或者比赛结束了，它的直接制约性也就消失了。

践活动制约是内在的，其作用效果会受到人的主观意志的直接影响。如果按着这些特征辨识历史规律和其他社会规律，会发现它们之间既有区别，也可辩证转化。

当然，历史规律不是固定的一个具体的概念。它既不是一般意义上的社会规律，也不是具有确定性规定的、永恒不变的概念，辩证地看，它是可以转化的。例如，社会基本矛盾运动规律属于典型的历史规律，但这是从它具有的纯粹客观意义上的结果性制约属性来界定的。如果我们认识到了这个规律并积极应用到实践中来，这个直接进入实践领域的"历史规律"就不再是原来纯粹意义上的历史规律，原来的社会基本矛盾运动规律依旧自在性存在并发挥着制约作用，而主观认识的社会基本矛盾运动规律已经成为我们实践活动的一部分，它所发挥的是功能上的制约作用，因而属于一般意义上的社会规律了。

另外，历史规律未必一定贯穿人类历史始终，但在它制约范围内，它必然要贯彻到底。例如，"农村包围城市、武装夺取政权"规律，从历史角度看，它贯穿新民主主义革命这一历史时期，客观上制约革命历程上的得失成败，我们认为，这是阶段性的历史规律。但当我们党以此为依据确定具体的革命行动方案时，它实际上不再是历史规律，而是一般意义上的社会规律了，这时候它直接在我们革命实践活动中发挥制约作用。

关于历史规律概念，在下文中将给予详细阐释，在这里只是说明它与其他社会规律不同的地方，说明它的特殊性。

二　实践规律的基本属性与制约功能

社会规律可分为历史规律和实践规律两大类型。实践规律是在社会实践层面上直接起实质性制约作用的社会规律，是历史规律借以表达在场和出场的现实根据。在现实性上，我们直接探索、遵循或者违背的都是实践规律，而我们对实践规律的把握和能动性的发挥则是历史规律贯彻下去的理由。所以，研究实践规律的基本属性和制约功能，对认识历史规律及其实现方式意义重大。

（一）实践规律基本属性

我们如何理解实践规律呢？简单说来，就是通过实践活动贯彻下去的逻辑必然性。任何一种规律，都应具备必然性、重复性和预见性三个基本属性。实践规律，这种与我们日常生活息息相关的社会规律也应该具有必然性、重复性和预见性。

"必然性"是由因果逻辑关系所规定的一种坚定不移要贯彻下去的态势。因此，考察实践规律的必然性首先需要探讨实践规律存在不存在因果逻辑关系。

上文指出，实践条件与实践目的之间存在一条逻辑意义上的线段，从理论上讲，这条线段就是实践条件这个"因"与要达到目的这个"果"之间的逻辑关系，但实际上不这样简单。因为实践条件在没有实践活动之前是"死"的，它与目的之间的逻辑关系只是观念上的存在，不具有现实性。只有通过实实在在的实践活动本身，这一因果逻辑关系才由静止的"位能"变成可贯彻下去的"势能"，但问题是，实践活动未必会遵循这一因果逻辑关系设定的线路展开，那些偏离、改变的现象是常见的，否则就不会有错误一说。如果实践结果没有体现实践规律的客观必然性要求，是不是意味着不存在实践规律的必然性呢？当实践条件和实践目的确立起来的时候，对于实践活动来说，贯穿其中的实践规律的必然性就已经客观存在了，但它不是实体性存在物，正如物质的重心一样。在具体实践过程中，实践活动是不是把它贯彻下来，它能不能借助实践活动从台后走向前台来，都不影响它自身客观存在，因为没有把它贯彻下来从而受到没有达到实践目的的"惩罚"就是它的表现形式。没有努力学习，结果没有考上大学，不是正好反映出"天道酬勤"的逻辑必然性吗？"人有多大胆，地有多大产"造成的失败，不正是农业生产存在客观规律性（内在逻辑必然性）的反映吗？

但是，实践规律的必然性是一种条件限定下的必然性。就是说，一旦所追求的实践目的具备了相关条件，条件与目的之间就会存在逻辑必然性，而具体的实践活动过程只有沿着这一逻辑必然性规定的发展趋势展开才能达到目的。如炒股规律反映出来的买高不买低趋势、市场规律反映出来的商品的平均价格和价值相一致趋势、剩余价值规律反映出来的贫富差距不断加大趋势、"农村包围城市、武装夺取政权"规律反映出来的革命形势波浪式前进的趋势等。不过，如果具体条件变了或是实践活动本身增加了条件、减少了条件，或者实践目的变了，原来的逻辑必然性也就会相应变化，甚至完全更新。

如果一名高中生具备了考大学的所有学习条件（社会、学校、教师、家庭等客观条件，学生本人的智力水平、努力精神、基本功底等主观条件），那么，在学习条件与考大学这一目的之间就存在某种逻辑必然性——适应这个高中生的科学的学习方式，如果能够沿着它所规定的线路学习，考大学的目的就有实现的必然趋势，而在实践中，这种趋势的现实性有多大，取决于实际学习过程与最理想的学习方式所规定的线路的重合程度。但是，如果这名高中生病倒了、厌学了、死亡了等出现足以动摇原来的基本学习条件的新境况，自然，这一逻辑必然性也就变化了，甚至消失了。如果这名高中生不再追求考大学目的，而是改为进城打工，原来的逻辑必然性也会中断，因为在打工条件与打工目的之间又会建立起新的逻辑必然性。社会上有些人干什么都很出色，而有些人干什么都很差，究其原因就在于前者善于捕捉贯穿实践活动过程中的那些逻辑必然性，使自己的实践活动总是以最经济、最便捷、最有效的方式追求实践目的，后者则常常兜圈子，碌碌无为。

我们一直探索中国特色社会主义发展规律，实际上就是从我国现有的社会主义初级阶段基本国情出发，探索贯彻社会主义初级阶段基本路线的逻辑必然性。确立市场经济体制，提出科学发展观，构建社会主义和谐社会，提倡协同创新等都是这一逻辑必然性的具体反映。

如何理解实践规律的重复性呢？"重复性"是指社会规律一旦具备必要的条件，就会再次发挥相同或者相似的制约作用，不以人的主观意志为转移。具体实践活动是多种多样的，贯彻其中的逻辑必然性也应该是多种多样的。那么，如何理解其中的"重复性"呢？世界上找不到两片相同的叶子，但不能说世界上所有叶子都没有共性。现实生活中不可能存在完全相同的两个实践活动，但不能说没有内在本质相同的两个实践活动。

只要基本条件和基本目的相同或相近，贯彻期间的逻辑必然性就会重复起作用。古代封建王朝的基本国体和政体大致相同、相近，贯彻期间的逻辑必然性就会重复起作用，结果出现兴亡更替现象。下面我们分别从共时态和历时态两个角度看问题。

从共时态看，实践规律的重复性在于当基本条件和基本目的相同或相近情况下，贯彻期间的逻辑必然性会同时发挥制约作用。所有实行资本主义制度的国家，都存在剩余价值规律。原因就是：一方面追求利润最大化是资本家的共同本性，另一方面资本主义生产方式具有本质上的共性，二者结合，剩余价值规律就会在不同的资本主义国家存在并发挥作用。正如马克思在给《祖国纪事》杂志编辑部的信中说："俄国一旦倒进资本主义怀抱以后，它就会和尘世间的其他民族一样地受那些铁面无情的规律的支配。"① 可以说，实践规律的重复性在于：不管哪一个国家、哪一个历史时期，在追求的目标的本质相同情况下，只要在本质上具备了某个实践规律所需要的条件，该规律的制约作用就会重复出现，尽管制约作用在具体内容和形式上是不重复的。正如春风吹绿万物是可重复的自然规律，但各种植物品种不同、地区不同，绿的具体时间和具体方式也会不同，这种多样化是不可重复的。

从历时态上看，实践规律的重复性在于当具备了基本条件和基本目的，贯彻期间的逻辑必然性会先后重复发挥制约作用。此时遵循，此时受益，彼时遵循，彼时受益；相反，此时违背，此时受损，彼时违背，彼时受损。例如，一个社会的生产力发展在一个质的规定范围内，就会有与之相适应的某种抽象的逻辑必然性，它的作用是可重复的。具体表现为：此时遵循则此时受益，彼时遵循则彼时受益，此时违背则此时受损，彼时违背则彼时受损。中国生产力发展水平客观上决定了处在商品经济阶段，这是不能逾越的历史发展阶段，商品经济规律必然发挥作用。而我们最初却选择了计划经济体制，结果造成经济发展困境。当我们通过改革开放，开创了中国特色社会主义发展道路，充分尊重了市场规律，就取得了 30 多年的发展成就。

我们总结历史经验教训，就是要透过历史现象认识其本质层面上共性的东西、原则性的东西，以便为将来提供借鉴，这实际上就是贯穿其中的内在必然性可重复性的反映。毛泽东曾指出："一切带原则性的军事规律，……都是前人或今人做的关于过去战争经验的总结。"② 如果任何历史事件都是绝对意义上的独一无二，从中"不能提出普遍规律，不能用普通名词来描述这种因果联系"③，我们何必要研究一个历史事件的得失成败、考察一种文明的兴衰浮沉呢？尽管历史事件本身是不能重复的，但贯穿历史事件中的逻辑必然性具有可重复性，才使得总结历史事件的经验教训成为可能。换言之，人们是根据现有条件追求特定的目的的实践活动过程中演绎历史事件的，而从现有条件到实践目的之间客观存在那种最有可能促使历史事件获得成功的逻辑必然性，它是抽象的本质规定，我们可以通过总结历史事件本身的经验教训得到某种程度上的认识，为未来避免失败、获得成功提供借鉴、启示。就是说，我们

① 《马克思恩格斯选集》（第 3 卷），人民出版社 1995 年版，第 341 页。
② 《毛泽东选集》（第 1 卷），人民出版社 1991 年版，第 181 页。
③ 〔英〕波普尔：《历史决定论的贫困》，杜汝楫、邱仁宗译，上海人民出版社 2009 年版，第 9 页。

总结历史经验教训，实际上就是要获得或者接近获得那种逻辑必然性的认识。因为面向未来，它是可以重复的。

需要强调的是，人是具有能动性的，未必会严格贯彻实践活动中的逻辑必然性，理论上的重复性在人的能动性面前未必真实出现。蒋介石在皖南事变中故技重施，试图重演"四一二"反革命政变。但是在我们党的积极应对下，打退了蒋介石的疯狂进攻，历史悲剧没有重演。实践规律的重复性不是现象层面上的相似性，也不是客观结果的相近性，它是内在逻辑意义上的必然性的重复。如果在实践贯彻过程中实际结果发生了改变，不是不存在实践规律的重复性，而是在它基础上产生的改变。如果我们党在皖南事变中无所作为，蒋介石试图重演"四一二"反革命政变阴谋就得逞了，历史悲剧就会重演。正因为如此，我们总结历史事件经验教训，就是建立在实践规律的重复性基础之上，让好的继续再现，让坏的不再重演。

"预见性"是指根据规律的逻辑规定，面向未来进行的某种可确定性推测。预见性是社会规律的必然性面向未来所具有的一项功能，而必然性呈现出来的是一种坚定不移要贯彻下去的态势，因而决定了其逻辑指向具有可确定性、可预见性。承认实践规律及其必然性，就应该承认有预见性。但实践规律囿于实践活动之中，只有借助实践活动才能发挥制约作用，而实践活动本身是受到人的主观意志影响具有选择性、创新性，使得实践活动过程未必与实践规律逻辑必然性的指向一致，往往会出现偏差，甚至反向。但这不能说，实践规律没有预见性。规律的预见性本身不代表直接的现实性（那是算命先生的逻辑），而是逻辑意义上的现实性。根据规律进行预见实际上是人们对规律必然性的把握和利用，它不是要验证预见是否灵验，而是借此为实践活动服务，实现趋利避害。在自然世界里，如果预见会发生冰雹等灾害性天气，通过事先播撒化学物质而使这场自然灾害消弭于萌芽之中，表面看来，这种预见没有被现实验证，但谁能否定预见本身的意义呢？因为这种意外结果恰恰是建立在可预见的必然结果之上的。如果我们用抽水机把水从下面抽到高处，是不是可以说不能根据"水向低处流"规律进行预见呢？不能。出现水往高处流现象不是对"水向低处流"规律所规定的逻辑必然的根本否定，而是借助外力改变了其必然趋势，外力生成恰恰缘于根据"水向低处流"规律进行预见的结果。同样道理，我们根据实践规律进行预见不一定必须使预见的结果定然变成现实，在很多情况下，是要采取积极措施纠正不好的发展趋势使之中断或改变，推动好的发展趋势使之贯彻下来。因此，除了纯粹的意外干扰外，实际结果与预见不统一，不是实践规律不存在可预见性，而是预见本身会成为实践活动的一部分而影响到实践规律的逻辑贯彻。过度劳累就会生病，这是可预见的逻辑结果，但如果我预见到之后采取措施使得结果没有生病，不是预见本身是错误的，而是预见成了导致没有生病这一新结果的原因。

总之，实践规律的必然性、重复性和预见性与实践规律本身一样，不具有天然的外在性、现象性，它们需要借助实践活动才具有现实性。但是，它们作为实践规律的属性所起到的作用是内在的、本质的、客观的，实践活动结果具有的多样性、多种可能性，往往是建立在它们之上演变出来的，而我们认识实践规律的必然性、重复性和预见性，就是为了使实践规律更好地服务我们的实践活动，让美好的继续，让丑恶的消亡。

（二）实践规律的制约方式

规律如何发挥制约作用？它既不是一种外力推动事物发展，也不是一种防护网轨道般规定事物发展，更不是一种先知先觉的力量引导事物发展，规律的制约作用恰恰来自事物本身的客观属性，是事物内在的某种属性使其客观上存在某种稳定的运动逻辑线路，因而我们可以把它们定义为规律来认识、掌握，以便有效指导人们的实践活动。自然规律如此，社会规律也是如此。

我们知道，自然规律是以那些无意识的、完全按照自身本质属性的事物为前提的。因此，自然规律规定的逻辑运动线路与事物实际运动重合是常态，出现意外现象，导致二者不重合则是非常态。需要指出的是，事物实际运动没有与自然规律规定的逻辑运动线路重合，并非意味着自然规律必然不起制约作用。在很多情况下，导致事物实际运动发生偏离是建立在自然规律制约作用基础之上的。例如，在地球上任何物体受到地球引力都会自由落体，这是一个普通的自然规律，但在风的作用下，一片树叶掉落时却被刮到天空上去了。风改变了叶子运行路线，恰恰是在自由落体规律制约作用之上的结果，而不是没有自由落体规律制约作用。否则，一旦风停了，叶子应该继续匀速运动到地球之外，但事实上，它总是要飘落的。

如果说，自然规律规定的逻辑运动线路与事物实际运动重合是常态，二者不重合则是非常态，那么，社会规律规定的逻辑运动线路与人们实践活动结果不重合才是常态，重合则是非常态，因为社会规律是建立在人的能动性基础之上的，人的能动性既是社会规律存在并发挥作用的理由，也是实践活动偏离社会规律制约作用的原因。既然在自然状态下，出现事物实际运动发生偏离现象没有否定自然规律制约作用，那么，在社会条件下，发生实践活动结果偏离制约其中的社会规律逻辑线路的现象，也不是否定社会规律制约作用的理由。换言之，社会规律规定的逻辑运动线路与人们实践活动结果不重合，并非意味着社会规律没有起到制约作用。相反，人们实践活动出现偏离以及对偏离的纠正往往是在社会规律作用基础之上的结果。尽管不排除存在例外现象，毕竟我们无法规定每一个人的实际行为选择都是从理性出发的，但人们在社会规律作用基础之上调整实践活动方式是普遍现象，具有普遍意义。我们总不能因为有疯子、有狂人，就否定人是理性的吧？例如，不管是速滑、赛车、赛跑，只要在环形线路上比赛，所有运动员都会自觉遵循内侧超越规则，因为这样可以使无效距离最短，容易实现超越。但是，出现外侧超越行为是常见的现象，这显然不是对内侧超越规则否定，而是在此基础上做出的必要调整。在竞价交易市场中，买家总是要遵循低价原则，但在现实生活中却往往出现"买高不买低"现象，甚至成为一种现象层面上的市场交易规律，但这种现象并没有违反买家遵循低价原则，反而恰恰是在其基础之上才出现的规律性现象——价格上涨时，因为担心再上涨而急切购买；价格下跌时，因为预期可能再下跌而变得犹豫不决。

　　实践规律是普通的社会规律。因此，一般意义上的社会规律制约作用方式正是实践规律的制约作用方式，我们探讨实践规律制约作用的特点，实际上是为了区别历史规律特殊的制约方式。

　　与历史规律相比较，实践规律具有条件的实在性、实践目的的直接性、逻辑必然性贯彻方式的现实性，这决定了实践规律制约作用具有四个基本特点：条件性制约、目的性制约、功能性制约、相对性制约。

　　首先，实践规律是建立在具体条件之上的，它的制约功能以既定的条件为前提，因而具有条件性制约特点。实践规律囿于具体的实践活动过程中，在其他因素不变的情况下，确立什么样的实践条件就会产生什么样的制约作用效果。条件是现实的、实在的，其作用效果也是现实的、实在的。例如，在房地产市场中，为什么学区房受人青睐？因为假定其他因素相同情况下，为孩子找到一所好的学校，就意味着对其学习产生相对较好的作用效果。

　　当然，正是因为实践规律建立在具体条件之上，因此基本条件发生变化，其制约作用也会发生变化。即使我们为孩子找到一所非常好的小学，但孩子突然沉溺到游戏之中，使之学习的主观条件发生变化，那么，学习效果自然会大打折扣。这不是贯穿其中的原来的实践规律没有发挥制约作用，而是因条件变化而使之制约作用也变化了。还例如，古语云"时位移人"所包含的哲理就是：由于条件变化，贯穿人生活方式中的实践规律制约作用也发生变化，人自身也就变质了。

其次，确立什么样的实践目的，由此生成的实践规律就会指向什么样的目标，也就会形成什么样的逻辑必然性。实践目的是直接的、现实的、具体的、可变的，决定了贯穿其中的实践规律的制约功能也具有直接现实性、具体可变性，这就是实践规律的目的性制约特点。

人的行为选择往往取决于目的需要，那些大学生之所以在大热天里努力学习，是为了考研的需要，而农民工能够在建筑工地上挥汗劳动，是为了凭借辛苦挣得一份收入。如果目的没有了或者改变了，那些制约他们行为规则的"力量"就消失了。实践规律制约作用也在于此。实践目的是实践规律存在的必要因素之一，正是由于要追求特定的实践目的，在实践活动过程中才会存在起制约作用的实践规律。在环形跑道上赛跑必然要遵循沿着内圈内侧跑的规则，因为这样会使无效距离最短，有利于竞赛效果。但对于晨练的人来说，他们一般不会挤在内圈上跑步，而是尽可能散在运动场上运动，沿着内圈内侧跑的制约作用对他们是无效的。"买高不买低"只对那些有选择空间的买家有效，对于那些没有选择空间的买家是没有效的。如果实践目的变化了，实践规律也会发生变化，其制约作用也就会发生变化。俗话说，"到什么山唱什么歌，到什么地步说什么话"就是为适应已经变化的实践规律的灵活变通。

再次，实践规律制约作用是在具体实践活动展开的时候才存在并发挥作用的。如果没有实践活动过程或者实践活动过程中断了，虽然不能说实践规律本身不存在，但实践规律制约作用肯定是不存在的。因此，实践规律制约作用具有功能性特征。所谓功能性制约，就是伴随实践活动绽放而表现出来的一种制约作用，因此在实践活动内部发挥作用，不具有不以人的意志为转移的绝对性。正如领了结婚证在客观上就算存在了夫妻关系，但夫妻之间现实性、实质性的相互关系却发生在夫妻真实地共同生活在一起的时候，如果不能在一起生活（是指感情方面的），夫妻之实也就不存在了。

功能性制约特征是实践规律区别历史规律的重要标志之一，它赋予实践规律的即时性、实践性。换句话说，实践活动发生，实践规律制约作用就发生，实践活动结束，实践规律制约作用就结束。因此，实践规律制约作用总是关照实践活动的当下与未来，而不追溯过去实践活动怎么样。例如，高考结束了，它导致的直接后果就是使一名高中生上了这所大学，而不是那所大学。对于这名学生来说，这所大学就是他确立新的实践目的的前提条件，新的实践规律制约作用便以读这所大学为前提条件而发生，高考对他已经成为过去，曾经贯穿高考的实践规律的制约作用结束了，他没必要在大学校园里延续高考阶段的生活。

功能性制约使实践规律总是立足现实面向未来而发挥制约作用，这使得实践规律具有强烈的实践性、现实性。可以说，实践规律之所以与我们现实生活联系紧密，甚至休戚相关，就在于它植根实践活动之中，发挥功能性制约。而历史规律则不同，它是在实践活动背后自在发挥制约作用，不具有直接现实性。也许我们小时候天天为考上一所好的中学而奋斗，长大以后则为了找到一份好工作而焦虑，老年以后不得不顾忌健康而天天锻炼身体，这些目标追求都是具体的、现实的，贯穿其中的社会规律发挥的制约作用也都是即时的功能性制约作用——退休了不可能再为找到一份好工作发愁，毕业了不可能再为考学忧虑。但是，透过我们每个人的一生的奋斗轨迹，会发现在其背后都贯穿着一条共性的、抽象的人生轨迹：学本领（通过求学来实现）——赚钱（通过找工作实现）——健康长寿（通过锻炼身体实现），这就是贯穿我们人生历史的规律。它的制约作用就是通过一个个的具体实践目的背后的实践规律那种功能性制约作用实现的。显然，在现实中，我们感受到的完全是一个个鲜活而具体的实践规律的制约作用，而贯穿我们人生历史的规律，只有在我们静下心来反思人生的时候才有所感悟。

最后，也是最重要的一点，就是实践规律制约作用是相对的，不是绝对的。因为它对人的能动作用不具有超越性。实践规律植根于实践活动过程之中，其现实性直接建立在实践活动上，而实践活动受制于人的主观意志，实践活动改变了，意味着实践规律及其制约作用也就改变了。这不是说，实践规律不具有不以人的意志为转移的基本属性，之所以人的能动作用能够改变实践规律，不是指改变实践规律本身的那种逻辑必然性，而是改变了实践规律赖以存在的基本构成因素或者构成因素的属性，从而改变逻辑必然性或者改变了逻辑必然性贯彻方式。但从表层现象上看，似乎是原来的实践规律的制约作用没有贯彻到底，被人的能动作用强烈影响而改变了。在历史上有很多历史事件戏剧性结局耐人寻味，如赤壁之战、淝水之战，它们之所以耐人寻味就是因为贯彻其中的逻辑必然性（实践规律）被人的能动作用强烈影响而逆转，出现了戏剧性结局。其实，当曹操决定把大船连在一起并接受黄盖投降的时候，苻坚决定军队后撤让出战场的时候，原来的逻辑必然性所依赖的条件已经变化了，因此也就贯彻不下去了。

从辩证的角度看，实践规律制约作用的相对性，一方面反映出其制约力的有限性，另一方面也反映出其制约作用的可利用性——可以通过人的能动作用趋利避害，为实践活动服务。我们常说"逆境出人才"。从逻辑上讲，逆境是不利条件，要实现人才这个目标，应该立足顺境才对，但恰恰是逆境激发出人的主观能动性，改变了原来的逻辑必然性所依赖的主导条件——由客观条件主导变成了主观条件主导，于是不利的逻辑必然性贯彻方式被改变了，其制约作用效果也就变了。总之，实践规律不会改变我们的命运，但我们可以利用实践规律改变我们的命运，塑造美好未来。

第四章 历史规律：历史运动背后贯穿始终的社会规律

　　历史规律不是一般意义上的社会规律。当我们从历史实际进程中谈论历史规律的时候，它似乎是一种本质意义上的必然联系；当我们从认识角度谈论历史规律的时候，它似乎是历史学家描述和归纳的结果；当我们从内容上谈论历史规律的时候，它似乎是一个系统；当我们谈论历史规律制约方式的时候，它似乎变成了一个超越人的能动性的"自在之物"。恰似盲人摸象，各个角度的认识都只抓住了历史规律一个方面的特征，若放到一起来研究，发现缺少把它们辩证统一起来的线索。

　　历史规律是在历史运动背后贯穿始终的社会规律。历史规律具有必然性、重复性和预见性，但历史规律制约下的现实社会发展具有偶然性、单程性、可能性，这是彼此直接对立的问题。历史必然性贯穿于现实社会发展之中，但不具有直接现实性，而是在其背后坚定不移地贯穿下去。现实社会具体如何贯彻，取决于人们对植根于现实社会之中的实践必然性的把握程度，因此，即使在历史规律支配之下，现实社会发展过程依然具有偶然性。历史必然性决定了历史规律可重复性，而实践必然性（缘于实践规律）决定了现实社会发展的单程性。根据实践必然性进行的是趋势性预见，具有直接现实性，难免会出现意外现象，因为现实社会发展具有可能性，而根据历史必然性进行的是逻辑性预见，不具有直接现实性，不会直接受制于现实社会发展具体过程的波动性，不会导致"俄狄浦斯效应"悖论。

一　历史规律是什么？

　　历史规律是什么？主要包含这样几个方面：（1）如何定义历史规

律概念？（2）历史规律属性功能是什么？（3）历史规律内容是什么？（4）历史规律有没有层次性？如何分层？（5）历史规律是怎样生成的？除了马克思、恩格斯从内容上揭示历史规律外，当前学者主要从本体论、认识论两个角度解释历史规律。大家往往根据抽象的历史经验、从逻辑层面上看问题，较少着眼于历史实际进程、从史学层面上看问题，不仅彼此观点会出现"丛林现象"，而且使得历史规律的史学功能（即对历史现象、历史事件的解释）始终是一个薄弱环节。

（一）从本体论角度解释历史规律

如果我们讨论问题的视角只关注事物本身的客观属性，回避了我们主观认识对事物产生的影响，"就事论事"，可以姑且认为这是从本体论角度看问题。所谓从本体论角度解释历史规律，就是承认历史规律具有客观自在性，我们则置身其外审视它的基本属性和功能。这种认识方法有助于简化问题、抓住核心，但是任何被简化的部分在客观上并没有消失。事实上，我们不可能置身历史规律之外考察历史规律，历史规律的属性不可能不包含我们主观认识的成分，如果不把主观剥离的这部分还原到整体中来，结论往往是片面的。正因为如此，从本体论角度解释历史规律，虽然客观、深刻、明确，但是由于排除了人自身，或者说剔除掉了人的能动性对历史规律的积极作用，而把人看成仅仅是一种类似于物的前提条件之一，其结论只能止步于抽象的逻辑命题之中，走不到现实世界中来，与我们所感受到的现实世界难免会隔着一堵墙，似乎理论归理论，现实归现实。

从本体论角度解释历史规律，主要讨论了四个方面的问题：一是历史规律概念问题；二是历史规律属性问题；三是历史规律的结构层次性问题；四是历史规律的生成问题。

人们对"历史规律"下的定义大同小异，差别不大，一般认为历史规律是贯穿社会历史进程各个环节、各个方面的本质的、必然的联系。例如，庄国雄指出："历史规律是历史过程中不以人的意志为转移的，同时又制约着人们的活动、决定历史基本进程的客观必然性；是历史过程的各个环节、各个方面之间的本质联系。"[①] 这个定义单向度地规定了历史规律对人的制约性，没有解释人的能动性实践活动对历史规律的

---

① 庄国雄：《关于历史规律存在问题的哲学考察》，《复旦学报》（社会科学版）2002 年第 5 期。

生成性。因此，容易被误解为历史规律虽然存在于人创造历史的实践活动之中，但却源于人的实践活动之外，属于自然存在，这是不对的。

但关于历史规律基本属性的认识，就有分歧了，归纳起来，有这样几种观点：

第一种观点，因果必然性，即认为社会历史发展基本规律与自然规律一样，受到因果必然性支配。这是一个备受争议却始终未能被捐弃的观点，只不过后来由机械的因果决定论逐渐演化成辩证的历史决定论。机械的因果决定论强调严格的因果一一对应关系，任何事物都是像剧本一样被事先编制好，并以唯一的、确定无疑的某种方式表现出来。显然，这难以回答历史经验追问。辩证的历史决定论虽然同样坚持历史发展的必然性，但承认历史发展的偶然性，体现出对历史事实的尊重。若仅从观点上看，强调历史必然性与偶然性辩证统一，是无可异议的，马克思、恩格斯曾明确强调："在表面上看起来是偶然性在起作用的地方，这种偶然性始终是受内部隐蔽着的规律支配的。"① 但问题是，历史现象层面的偶然性与历史深层次中的必然性是如何统一于历史进程中的？其内在运行机制是什么？不能回答这个问题，而是止步于用直观的并列二分法解释历史的必然性与偶然性辩证关系，是不够的。正如我只知道一个人的姓名、相貌、住址和工作单位，就说"这个人我熟悉"一样，真正的问题并没有获得解决。

第二种观点，统计必然性，即在大量重复中表现出来的必然性，它不是单个随机事件特点的简单叠加，而是事件系统整体性所具有的必然性。若把历史规律理解为统计规律，一般来说，应该具备统计规律的三个特点：第一，统计规律是以事物运动、变化和发展过程中所呈现出来的大量随机现象为基本前提的。第二，统计规律是通过非线性的运动来表现事物的运动、变化和发展趋势。第三，统计规律的确认是在排除零散随机现象的不确定性，而揭示大量随机现象的确定性的过程中得以实现的。如此说来，意味着在历史规律制约下，社会发展存在纯粹偶然意外现象，即存在不具备统计意义的历史现象和过程，那么，这些零散的、随机性质的历史现象、历史发展过程是如何成为"历史合力"一部分而使整个历史服从历史发展规律呢？如果由于李自成错误地处理陈圆圆事件而导致清军入关属于纯粹的意外事件，不受历史规律制约，那么，此后260余年的清朝历史如何成为历史的必然？统计规律说由于容

---

① 《马克思恩格斯选集》（第4卷），人民出版社1995年版，第247页。

纳了例外，这很容易被用来作为那些难以解释的历史事件、历史现象的借口，正如把生活中的一切祸福都可以归结为命运一样让人无法捉摸。

第三种观点，条件必然性，即把历史规律的客观制约性直观地归因于"每一代都利用以前各代遗留下来的材料、资金和生产力"①，归因于客观的物质环境，"每一代一方面在完全改变了的环境下继续从事所继承的活动，另一方面又通过完全改变了的活动来变更旧的环境"②。历史规律存在并发挥作用需要客观条件，但条件制约不等于历史规律本身的必然性规定，正如在优越的家庭条件下，孩子将来未必成才。马克思、恩格斯在《德意志意识形态》中用"生产力、资金和社会交往形式的总和"等物质性因素只证明了社会历史发展的物质性，这与说明历史规律是两码事。

条件是"死"的，规律是"活"的；条件制约是前提性的，是实在的，它在事物运动的起点上开始发挥制约作用，规律制约是过程性的，是逻辑的，它在事物运动过程之中才发挥制约作用；条件制约是限制性的，因而是可以超越的，规律制约是导向性的，是不能超越的。现实生活中存在"逆天"现象，这不是指规律制约被超越了，要么我们对规律认识有误，要么改变了规律赖以存在的条件，从而改变了规律本身，自然原来的规律制约作用也就没有实际意义了。正如我跳远超不过5米远距离，但我设定了5尺远的距离，于是跳过去了。

在自然界，规律是通过纯粹客观的前提条件发挥作用，而在人类社会，虽然规律也需要前提条件，但是前提条件中却包含着人的因素，就是这一差别，使得条件必然性适用于自然规律但不适用于社会规律。在社会规律中，人的因素具有二重性，它不仅是社会规律前提条件的一部分，而且还是社会规律的承担者、执行者。没有人追求目的的实践活动，社会规律没有任何实际意义。通过实践活动，人的能动性可以改变原来的主客观条件构成，使得历史发展的实际结果与当初社会条件所规定的必然性不一样，所以条件必然性之说不适用于社会规律。

第四种观点，趋势必然性，即认为在唯物史观看来，纯粹的必然性在现实中是不存在的（它只能在逻辑中存在）。在现实中，规律是非直接的，统计性的，只是作为一种一般的趋势存在。因此，必然性只是诸多可能性的总和。历史规律是指社会内部诸因素以及社会和自然界本质

① 《马克思恩格斯选集》（第1卷），人民出版社1995年版，第88页。
② 同上。

联系所表现出来的发展变化的必然趋势。有些人虽然没有明确指出历史
规律是一种必然趋势，但却强调历史规律是概然的，"历史的必然"不
过是指历史向某一趋向运动、达于某种结果的概率很大，而并非舍此
无他。

　　波普尔非常明确指出了趋势与规律之间的差异性："趋势是存在的，
或者更确切地说，趋势的假定通常是一种很有用的统计方案。然而，趋
势不是规律，断定某种趋势存在的命题是存在命题而不是全称命题……
断定在特定时间和空间有某种趋势存在的命题是一种单称的历史命题，
而不是一个普遍的规律。这种逻辑情况的实际意义是值得考虑的。我们
可以根据规律来做出科学预测，但我们不能仅仅根据趋势的存在做出科
学的预测。"① 我们不能把历史规律说成是某种趋势，社会发展趋势是
历史规律的一种表现方式，而不是历史规律本身。我们可以借助社会发
展趋势来研究探讨历史规律，但不能把社会发展趋势等同于历史规律。

　　之所以对历史规律的功能性质解释存在不同观点，是因为人们在试
图弥合规律的必然性与现实社会发展的偶然性之间的逻辑断裂问题，不
得不在历史规律功能属性上做出新的解释，以便与历史经验相契合。但
终究无法摆脱逻辑上的两难困境即贴近现实生活，就会背离因果必然性
规定，而符合历史规律原则，就会偏离历史经验要求。

　　关于历史规律的结构层次性问题，主要采用的是主分型二分法。例
如，普遍规律和特殊规律之分，是从适用范围上看问题，认为普遍规律
适用于世界各个民族的历史发展，而特殊规律只适用于某个特定的、具
体的社会历史发展。还例如，一般规律和特殊规律（总体规律和具体规
律）之分，是从共性与个性关系上看问题，认为一般规律是从具体规律
中概括抽象出来，寓于其中并借其体现出来。再例如，阶段规律与永恒
规律之分，是从历史规律能够使用的时间限定上看问题，认为普遍规律
贯穿人类历史始终，而具体规律只适用于某个特定的历史阶段，历史条
件变了，具体规律也跟着变化。另外，也有普遍规律、特殊规律和个别
规律三分法，它实际上是在二分法基础上贯彻了例外原则（个别规
律）。

　　主分型二分法很容易理解，得到实证也不难，但这种分类法只是两
两辩证性、相对性划分，缺乏对事物本质区别的可确定性规定。例如，

---

① 〔英〕波普尔：《历史决定论的贫困》，杜汝楫、邱仁宗译，华夏出版社 1987 年版，第
91 页。

"农村包围城市、武装夺取政权"革命道路规律是特殊规律呢还是普遍规律？相对马克思主义一般革命理论来说，它是适合中国国情的特殊规律，但相对于其他一些民族的解放战争来说，它又具有一定的普遍意义而值得借鉴、推广。如果按着主分型二分法直接用来解释现实问题，就易犯这样的错误即似乎中国没有经过资本主义社会形态直接走上社会主义道路，遵循的是特殊规律，而西欧各国历史从封建主义社会形态到资本主义社会形态依次更替，遵循的是普遍规律。其实，从本体论角度看，没有哪一个民族、哪一个社会的历史规律不是具体规律、特殊规律，西欧各国的历史规律自然也属于特殊规律。

除了主分型二分法外，也有采用并列型二分法的。例如，单值因果规律和统计因果规律之分。

这种分类方法实现了一分为二，但关键是如何才能实现合二为一。因为分类不是分开，分类的目的是使我们能够更清楚地整体把握事物。单值因果规律难以解释历史现象、历史事件的复杂性，在之外设定统计因果规律显然有助于弥补这一不足之处。但问题是二者如何合二为一从而来解释同一个历史进程的历史现象、历史事件呢？在中国历史上，凡是符合五种社会形态更替学说的历史发展阶段可以归结为遵循单值因果规律，凡是不符合五种社会形态更替学说的历史发展阶段可以归结为遵循统计因果规律。问题是在什么样的情况下中国沿着单值因果规律走，又在什么情况下中国沿着统计因果规律走呢？为什么不是始终沿着同一规律走下去呢？受到两种性质规律制约的历史事件是如何糅合在一起并构成前后贯通的一条历史运动轨迹的呢？这一类型划分存在划分尺度不统一，划分标准不一致问题。那么，单值因果规律和统计因果规律之分是依据什么尺度划分的呢？很显然，单值因果规律依据的是规律的客观属性，而统计因果规律依据的是认识规律的方式方法。这里的问题是，凡是通过概率方法认识到的规律并非都是统计因果规律，单值因果规律也可能用这种方法得来。

从生成角度看，有自然生成论和创造论。前者认为历史规律是在人的实践活动中自然而然地形成的，后者认为历史规律应该是历史主体实践活动的产物，它随着实践活动的发展变化而进行着规律的新旧交替。其实，两种观点各抓住了问题的一面。自然生成论着眼于历史规律生成的条件，创造论着眼于历史规律的运行载体，而历史规律既需要生成条件也需要运行载体，是二者的辩证统一。例如，市场规律存在并发挥作用既需要市场经济环境也需要市场主体参与商品交换的正常的实践活动，二者缺一不可。

（二）从认识论角度解释历史规律

如果把我们认识问题的途径和方式方法作为问题的一部分，或者把认识本身作为认识对象的一部分，我们认为这是从认识论角度看问题。从认识论角度解释历史规律，认识到我们对历史规律的理解和把握本身会影响到历史规律的客观作用效果，这是因为我们不是在历史规律制约作用之外认识历史规律，我们的认识过程也是社会实践活动的一部分而作用于客观自在的历史规律。另外，它也认识到客观自在的规律与观念中的规律之间有联系有区别，不能混为一谈。但是，由于遮蔽了本体论的视角，解释历史规律性质时，难免会把认识历史规律的方式方法与历史规律的本身属性混为一谈。

从认识论角度解释历史规律，大致有三个进路：一是从认识途径、认识方式方法上看问题；二是从不同认识角度、不同认识程度上看问题；三是从主观认识性与客观实在性关系上看问题。

从认识历史规律的途径和方法上理解历史规律，这对我们在实践中探索、揭示具体规律非常有意义。有人把历史规律定义为："历史规律，是历史学家对历史发展的规律性的描述和归纳，即对多次出现的具有相似性的历史现象和过程的描述，以及对导致这些现象和过程出现的内在因素与外部联系的归纳总结。"①定义很明确地给出了获得历史规律的科学认识方法，即描述法和归纳法。

但这个定义为什么会引起争议呢？这个定义本身没有错，我们在实践中总结、探索历史规律，一般要遵循这样的认识原则，或者说，在实践中就是通过这样的方式方法，我们才得到历史规律的认识。"通过这些偶然性来为自己开辟道路并调节着这些偶然性的内部规律，只有在对这些偶然性进行大量概括的基础上才能看到。"②问题是，这个定义很容易造成我们理解上的错位，即认为定义本身错把认识方法当作认识对象。似乎历史学家对历史发展的规律性的描述和归纳所得出来的结论就是那种客观存在的历史规律。之所以会存在理解错位，就在于基于认识论视角看问题与基于本体论视角看问题存在着眼点上的差异性。一个是

---

① 王和：《再论历史规律——兼谈唯物史观的发展问题》，《清华大学学报》（哲学社会科学版）2008 年第 1 期。

② 《马克思恩格斯全集》（第 25 卷），人民出版社 1962 年版，第 936 页。

从事物认识者的角度看问题，一个是从事物自身角度看问题。历史学家对历史发展的规律性的描述和归纳所得出来的结论只是从揭示历史规律的角度理解问题，并没有涉及客观存在的历史规律本身属性的问题。总之，这个定义是没问题的，但需要我们在理解上不要把认识规律的方式方法与客观规律自身属性混为一谈。因为，规律不是单纯的主观存在，它被认识变成主观化的规律认识后，实际上属于人们实践活动的一部分，与客观自在的规律具有完全不同的本质规定。正如我们日常生活中的每一个道理都可能包含着真理的光芒，但它们不是真理，它们是我们主观世界中的一部分。而真理虽然可以为我们所认识，但它的客观性决定了它不依赖于我们主观世界而存在，是客观世界的基本属性之一。

　　有人从不同认识程度上把社会规律分为经验规律和科学规律两类。前者来源于观察者经验归纳，不具有因果必然性，后者则包含着对事物运动变化的全称判断，具有因果必然性链条。这种观点认为，人们大都是先对事物运动变化做出单纯的经验性归纳，概括出经验规律，然后才进一步探寻到因果必然性链条，上升到对科学规律的认识。"人类对自然界和社会的科学认识的历史表明，人们大都是先对事物运动变化的'不变秩序'作出单纯的经验性归纳，概括出经验规律，然后才进一步探寻到决定那些'不变秩序'存在的'因果必然性链条'，上升到对因果必然性规律的认识。"①

　　显然，我们在实践中，一般会沿着这条由浅入深的认知路径探索具体的社会规律，在不同的认知层次上总结出不同属性的规律来。因此，把社会规律分为经验规律和科学规律（相当于现象层面的规律和本质层面的规律之分）两个层次，是有道理的，对于我们揭示社会规律很有启发意义。但需要注意两点：第一，不要把这种认识论视角下得出来的结论当成本体论的来理解，造成不必要的争议。若我们从本体论视角理解这种划分方式，显然是不能接受的。因为经验规律只能在我们的纯粹的主观认识世界中才能得到界定，而在客观世界中，所谓的经验规律的背后或许本应是因果必然规律，只不过尚未认识到而已。第二，这种划分方式属于经验性、常识性划分，而不是理论性、逻辑性划分。从现实经验上看，我们一般得出经验规律并以此说明一些常识性的社会现象，随着认识的深入发展会逐渐探索其内部因果必然性，最终上升为科学规

────────────

① 庞卓恒、吴英：《什么是规律：当代科学哲学的一个难题》，《天津师范大学学报》2000 年第 2 期。

律。因此，在实践中确实存在两种类型的规律，这是没问题的。但从逻辑上看，就需要厘清一个问题："经验规律"是认识上的一个结论还是一个阶段、一个过程？如果作为一个结论，它是不能上升为科学规律的，如果是一个过程，它是不能作为划分依据的。

有人从本体论和认识论两个方面把规律区分为客观存在的规律本身和在观念中表达的规律，这是对历史规律认识上的巨大进步。但若从历史规律类型划分角度看，则有待商榷。因为类型划分不应该设置两个视角、遵循两个尺度。事实上，"观念中表达的规律"只能从认识论角度看才属于"规律"范畴，若从本体论角度看，一旦进入我们的认识领域，它作为一种观念、一种思想已经完全属于人的主观世界的东西了。在本质上它将变成我们创造历史的实践活动的一部分，是"客观存在的规律"所依赖的现实的历史运动的一部分，不再具有规律那种客观制约我们创造历史的实践活动的属性和功能了。正如面包师一旦吃掉他做出的面包，那么这个面包已经不再是他的工作产品，而变成他工作条件（身体条件）的一部分。

但它的实际意义不在这里。它触及人们对历史规律的认识（规律认识）与客观自在的历史规律（客观规律）之间的关系问题。"人并不是历史规律的旁观者，不是站在历史过程的外面去观察、认识、研究、发现并最终证明历史规律的。人们是在自己的全部生存活动中，无数次地'遭遇'历史规律并且强烈地感受到历史规律的制约作用的。"①

历史规律作为社会规律中的一种类型，与一般的社会规律一样，人的因素具有二重性。它不仅是历史规律前提条件的一部分，而且还是历史规律的承担者、执行者。若没有人进行有目的的实践活动，历史规律就不具有实际存在性。正因如此，人们认识历史规律的活动，作为创造历史活动的一部分，必然会对客观规律造成影响。显然历史规律认识与客观自在的历史规律之间的关系非常复杂。

首先，就客观自在的历史规律来说，人的能动性特征决定了当人的实践活动处在进行时态的时候，未必会严格遵循当初那种构成历史规律条件之一的人的因素的内在要求。一旦二者出现差异，在多大程度上会使原来意义上的客观自在的历史规律发生本质变化呢？或者在多大程度范围内不会使原来意义上的客观自在的历史规律发生本质变化呢？正如

---

① 庄国雄：《关于历史规律存在问题的哲学考察》，《复旦学报》（社会科学版）2002年第5期。

我原来设定的是集中精力备考研究生，但在实践贯彻过程中谈恋爱了，谈恋爱对备考研究生造成多大干扰性才算备考研究生目标作废呢？或者说谈恋爱造成的干扰在多大程度范围内才算备考研究生目标没有作废呢？具体说来，历史规律存在并发挥作用的根据既有客观物质因素，也有人的因素，而人的因素一旦在实践中发生变化，就意味着历史规律发生变化。从认识论角度看，历史规律是作为既定的东西存在的，人的实践活动不过是单纯的践行者，但从本体论角度看，问题要复杂许多。只有在历史绽放时刻，也就是在人们实践活动进行的时候，历史规律才实在性地存在并发挥实际作用。而实际运动过程上的变化，就意味着历史规律本身的变化，这在多大程度上由量变引起质变是需要进一步研究的。

其次，就二者关系来说，历史规律的主观自为性既影响又不影响历史规律的客观自在性，这是矛盾的辩证统一体。既然人们认识历史规律的活动也是人们创造历史活动的一部分，它必然会对人们实践活动产生影响，继而对历史规律产生影响。但反过来看，既然人们认识历史规律的活动只是人们创造历史活动的一部分，即便是人们完全掌握并有效利用历史规律，也不过是人的能动性表现之一，没有超出人们创造历史活动的范围，那么不该对自在性的历史规律产生额外的影响。我们该如何解释这一逻辑矛盾性呢？尚需深入探讨。

再次，我们更深入探讨一步，如果社会将来发展到这种地步，即历史规律已经为人们所熟练地运用，"至今一直统治着历史的客观的异己的力量，现在处于人们自己的控制之下了。只是从这时起，人们才完全自觉地自己创造自己的历史；只是从这时起，由人们使之起作用的社会原因才大部分并且越来越多地达到他们所预期的结果。这是人类从必然王国进入自由王国的飞跃"。① 到那时，自在的规律会如何发挥客观制约作用呢？马克思曾明确强调："一个社会即使探索到了本身运动的自然规律，……它还是既不能跳过也不能用法令取消自然的发展阶段。"② 这就是说，即使人类实现从必然王国进入自由王国的飞跃，历史发展仍然在客观规律作用下遵循自然的发展过程。问题是，一旦人们熟练地运用社会行动的规律来创造历史的时候，历史将按照人们预期的目标绽放开来，在这种情况下自在的社会规律仍然发挥着客观支配作用，就需要

① 《马克思恩格斯选集》（第 3 卷），人民出版社 1995 年版，第 634 页。
② 《马克思恩格斯选集》（第 2 卷），人民出版社 1995 年版，第 101 页。

做出特别解释。因为如果历史规律被人们所认识并用来作为指导实践的根据，那么由此造成的历史发展结果，是历史规律客观作用的结果还是主观推动的结果呢？正如预测的实际结果是不是受到预测者当初主观暗示的影响一样难以分清。

（三）从内容上揭示历史规律

如果能够从具体内容上揭示出历史规律，是不是意味着很多问题都会迎刃而解呢？换言之，当马克思、恩格斯把具有普遍意义的历史规律从内容上揭示出来的时候，是不是就意味着可以直接用来解释历史进程，解释历史事件、历史现象呢？显然不能。

马克思、恩格斯首次把历史规律从内容上系统地、科学地揭示出来，使马克思主义历史决定论有了坚实的理论根基。在马克思、恩格斯之前，已经有很多关于历史规律内容的研究、探讨，其中最具有代表性的就是黑格尔。"黑格尔第一次——这是他的伟大功绩——把整个自然的、历史的和精神的世界描写为一个过程，即把它描写为处在不断的运动、变化、转变和发展中，并企图揭示这种运动和发展的内在联系。"[1] 黑格尔认为，世界历史是自由意识的进展。"'自由'的意识是世界历史进程体现的原则。第一个阶段是'精神'沉没在'自然'中；第二个阶段是它进展到了自由意识；第三个阶段是这个仍然特殊的自由形式提升到了纯粹普遍性，提高到了精神本质的自我意识和感觉。"[2] 黑格尔按照对自由意识获得的程度，把世界历史划分为四个时期，即世界历史的第一阶段是东方国家，包括中国、印度、波斯，是世界历史的"幼年时代"；第二阶段是世界历史的"青年时代"，主要是指希腊国家；第三个阶段是世界历史的"壮年时代"，主要指罗马国家；而第四个阶段是世界历史的"老年时代"，指日耳曼国家。他给出的具体理由是："东方人不知'精神'是自由的，所以他们不自由，只知道一个人是自由的。这一个人只是个专制君主，不是自由的人。古希腊人和古罗马人只知道一些人是自由的，而非人人自由，因为他们维持奴隶制。日耳曼民族在基督教影响下，知道所有人是自由的。"[3]

黑格尔认识到了社会历史进步与人自身解放之间的辩证统一关系，

---

① 《马克思恩格斯选集》（第3卷），人民出版社1995年版，第362页。
② 〔德〕黑格尔：《历史哲学》，张作成、车仁维编译，北京出版社2008年版，第22页。
③ 同上书，第11页。

并且把后者作为前者的衡量尺度。但是，他没有认识到人自身的解放与历史进步都是生产力发展的结果，社会生产方式才是历史发展的根本原因。正因为如此，世界历史运动规律四阶段论是不科学的。虽然东方文明早于希腊文明、罗马文明，但不意味着在同一历史时期落后于希腊、罗马文明。例如，中国唐王朝的文明开放程度不逊于、甚至高于同时期的东罗马文明。而把日耳曼国家说成是世界历史的最高文明阶段，反映出黑格尔的自我中心意识，更是不可取的。他用进步的、发展的眼光看待世界历史的过去，却没有能够用进步的、发展的眼光看待世界历史的未来。他那个时代的日耳曼国家的文明程度相比于古代文明，确实是进步的，但是与今天、明天的人类文明比较起来，肯定是落后的、有待发展的。他那个时代的日耳曼国家，只是一个新兴的资本主义国家，虽然"知道所有人是自由的"，但实质上真正意义上的人的自由性仍然仅隶属于统治阶级。

在恩格斯看来，旧唯物主义是"按照行动的动机来判断一切，……在历史领域内自己背叛了自己，因为它认为在历史领域中起作用的精神的动力是最终原因，而不去研究隐藏在这些动力后面的是什么，这些动力的动力是什么。不彻底的地方并不在于承认精神的动力，而在于不从这些动力进一步追溯到它的动因"。[①] 也就是说，他们没有能够把社会历史进步归结到生产力的发展上来。马克思则把对历史规律问题研究建立在唯物史观基础之上，从社会历史的真正主体——人的实践活动中亦即从社会本身去揭示社会历史的规律性。现实性的实践与实践的现实性成为历史规律的切入点、立足点。

一般认为，《关于费尔巴哈的提纲》和《德意志意识形态》标志着马克思主义历史决定论初步形成。在《德意志意识形态》中，马克思、恩格斯批判了以往哲学研究的出发点局限于"黑格尔的逻辑范畴"、"宗教、概念、普遍的东西"、"自我意识"等社会意识层面——"这些哲学家没有一个想到要提出关于德国哲学和德国现实之间的联系问题，关于他们所作的批判和他们自身的物质环境之间的联系问题。"[②] 揭示出被社会意识层层包围的社会历史发展的基本前提条件——"每个人和每一代所遇到的现成的东西：生产力、资金和社会交往形式的总和（即

---

① 《马克思恩格斯选集》（第 4 卷），人民出版社 1995 年版，第 248 页。
② 《马克思恩格斯选集》（第 1 卷），人民出版社 1995 年版，第 66 页。

生产力和生产关系，引者注）"①，并且指明了人类历史进程的客观物质性——"历史不外是各个世代的依次交替，每一代人都利用以前各代遗留下来的材料、资金和生产力；由于这个缘故，每一代（指人，引者注）一方面在完全改变了的环境下继续从事所继承的活动，另一方面又通过完全改变了的活动来变更旧的环境。"② 在这里，马克思、恩格斯突出强调社会发展的客观物质性。

马克思在《〈政治经济学批判〉序言》中做了人们非常熟悉并通常被认为是历史规律具体内容的经典阐述："人们在自己生活的社会生产中发生一定的、必然的、不以他们的意志为转移的关系，即同他们的物质生产力的一定发展阶段相适合的生产关系。这些生产关系的总和构成社会的经济结构，即有法律的和政治的上层建筑竖立其上并有一定的社会意识形式与之相适应的现实基础。物质生活的生产方式制约着整个社会生活、政治生活和精神生活的过程。不是人们的意识决定人们的存在，相反，是人们的社会存在决定人们的意识。社会的物质生产力发展到一定阶段，便同它们一直在其中运动的现存生产关系或财产关系（这只是生产关系的法律用语）发生矛盾。于是这些关系便由生产力的发展形式变成生产力的桎梏。那时社会革命的时代就到来了。随着经济基础的变更，全部庞大的上层建筑也或慢或快地发生变革。在考察这些变革时，必须时刻把下面两者区别开来：一种是生产的经济条件方面所发生的物质的、可以用自然科学的精确性指明的变革，一种是人们借以意识到这个冲突并力求把它克服的那些法律的、政治的、宗教的、艺术的或哲学的，简言之，意识形态的形式。我们判断一个人不能以他对自己的看法为根据，同样，我们判断这样一个变革的时代也不能以它的意识为根据。相反，这个意识必须从物质生活的矛盾中，从社会生产力和生产关系之间的现存冲突中去解释。无论哪一个社会形态，在它所能容纳的全部生产力发挥出来以前，是决不会灭亡的；而新的更高的生产关系，在它的物质存在条件在旧社会的胎胞里成熟以前，是决不会出现的。所以人类始终只提出自己能够解决的任务，因为只要仔细考察就可以发现，任务本身，只有在解决它的物质条件已经存在或者至少是在生成过程中的时候，才会发生。大体说来，亚细亚的、古代的、封建的和现代资产阶级的生产方式可以看作是经济的社会形态演进的几个时代。资产

---

① 《马克思恩格斯选集》（第 1 卷），人民出版社 1995 年版，第 93 页。
② 同上书，第 88 页。

阶级的生产关系是社会生产过程的最后一个对抗形式，这里所说的对抗，不是指个人的对抗，而指从个人的社会生活条件中生长出来的对抗；但是，在资产阶级社会的胎胞里发展的生产力，同时又创造着解决这种对抗的物质条件。因此，人类社会的史前时期就以这种社会形态而告终。"①

马克思在《〈政治经济学批判〉序言》中对历史规律所做的经典阐述，实际上是一个通过纯粹逻辑推理所推演出来的自成体系的历史客观演化图景：

首先是基本架构。"人们在自己生活的社会生产中发生一定的、必然的、不以他们的意志为转移的关系，即同他们的物质生产力的一定发展阶段相适合的生产关系。这些生产关系的总和构成社会的经济结构，即有法律的和政治的上层建筑竖立其上并有一定的社会意识形式与之相适应的现实基础。"

然后是演化机理。"社会的物质生产力发展到一定阶段，便同它们一直在其中运动的现存生产关系或财产关系（这只是生产关系的法律用语）发生矛盾。于是这些关系便由生产力的发展形式变成生产力的桎梏。那时社会革命的时代就到来了。随着经济基础的变更，全部庞大的上层建筑也或慢或快地发生变革。"

最后是演化的基本图景。"大体说来，亚细亚的、古代的、封建的和现代资产阶级的生产方式可以看作是经济的社会形态演进的几个时代。"

这个由基本构成因素、演化机理和演化图景组成的逻辑架构，抽去了历史现象、历史偶然的丰富性，得到的是历史本质、历史必然的规定性。它不是一股外在的神秘力量，也不是历史的某一个构成因素，它独立而完整地规定出历史，实际上就是历史运动的"逻辑板"，是从内在的逻辑出发勾勒出历史运动的另一景象，是历史的另一面——共性的、本质的、客观的一面。

这就是说，马克思是在具体内容层面上揭示出历史规律的，从前提条件到因果逻辑，自成体系，"作为自在自为之有的世界，超出现象世界之上而展示自身"。② 只能在理论世界中说明问题，而不能直接用来考察对现实的历史进程的制约性问题。它"本身的事实不说明任何东

---

① 《马克思恩格斯选集》（第2卷），人民出版社1995年版，第32—33页。
② 〔德〕黑格尔：《逻辑学》（下卷），杨一之译，商务印书馆2004年版，第149页。

西，而只能回答适当的理论性问题"。①

马克思在《政治经济学批判》导言中明确指出："一切生产阶段所共有的、被思维当作一般规定而确定下来的规定，是存在的，但是所谓一切生产的一般条件，不过是这些抽象要素，用这些要素不可能理解任何一个现实的历史的生产阶段。"②恩格斯也曾明确指出，直接套用历史规律原理解释历史现象、历史事件是行不通的。"只要问题一关系到描述某个历史时期，即关系到实际的应用，那情况就不同了，这里就不允许有任何错误了。可惜人们往往以为，只要掌握了主要原理，而且还并不总是掌握得正确，那就算已经充分地理解了新理论并且立刻就能够应用它了。"③

总而言之，马克思、恩格斯把历史规律从内容上系统地、科学地揭示出来，但不应该直接作为解释历史进程的根据，不应该作为解释历史事件、历史现象的理由。一切都需要从历史进程本身出发看问题，"极为相似的事变发生在不同的历史环境中就引起了完全不同的结果。如果把这些演变中的每一个都分别地加以研究，然后再把它们加以比较，我们就会很容易地找到理解这种现象的钥匙。但是，使用一般历史哲学理论这一把万能钥匙，那是永远达不到这种目的的，这种历史哲学理论的最大长处就在于它是超历史的"。④

另外，我们还需要指出的问题是，马克思、恩格斯揭示出来的历史规律的内容，代表的是历史规律的个案还是全部的历史规律？如果历史规律是分层次的，显然不是全部的历史规律的反映。马克思、恩格斯是在探讨人类历史一般逻辑进程的过程中谈到历史规律的，因此没有必要讨论全部的历史规律，在这方面，我们还需要深入研究。

总之，不管是从本体论角度、认识论角度解释历史规律，还是从具体内容上揭示出历史规律，实际上都是把历史规律从生活世界折射到理论世界中来看问题，抽掉了沐浴在历史实际进程中的历史规律的鲜活性。当我们用之解释历史现象、历史事件的时候，会发现无所作为。但显然，我们认识历史规律的一个重要目的，就是要提升历史唯物主义的史学功能。

---

① 〔美〕马尔库塞：《理性和革命：黑格尔和社会理论的兴起》，程志民译，上海人民出版社 2007 年版，第 196 页。
② 《马克思恩格斯选集》（第 2 卷），人民出版社 1995 年版，第 6 页。
③ 《马克思恩格斯选集》（第 4 卷），人民出版社 1995 年版，第 698 页。
④ 《马克思恩格斯选集》（第 3 卷），人民出版社 1995 年版，第 342 页。

二　实际运行着的历史规律

我们到底该如何理解历史进程中的那种"活着"的、自在的并发挥制约作用的历史规律呢？它不属于我们主观认识到的历史规律，因此从认识论角度看问题是不可行的；它也不属于那种脱离生活实践、纯粹抽象定性的历史规律，因此从本体论角度看问题也是不可行的。我们只能着眼于社会实践，从历史具体进程中考察历史规律基本属性。前文已经系统考察了社会规律及其组成部分——实践规律，在此基础上，我们考察历史规律，就简便多了。

（一）历史规律的逻辑必然性与客观自在性

一旦我们从鲜活的生活世界中考察那种有机融合于正在绽放的历史运动过程中的、活着的历史规律，那些曾经被抽取到理论世界中来的社会基本矛盾运动规律、社会形态更替规律的身影就消失了，我们只能看到历史必然性及其实现方式。

从一般意义上讲，社会规律就是通过实践活动贯彻下去的逻辑必然性。历史规律不是普通的社会规律，它属于深层次的社会规律，是在社会现象、历史事件背后起制约作用的社会规律，正如恩格斯所强调，"历史进程是受内在的一般规律支配的"[1]。因此，它必然有特殊的属性。

首先，考察历史规律的逻辑必然性。

根据上文，历史规律着眼历史发展的客观过程，其制约作用贯穿整个历程的始末，并且其逻辑必然性贯彻下去所依赖的条件就是整个演变历程本身。不管是马克思、恩格斯从内容上揭示出来的历史规律，还是波普尔定义的历史规律，"真正的社会规律必须是'普遍'有效的。然而这只能意味着，它们适用于整个人类历史，包括它的一切时间，而不是仅适用于某些时期"[2]，都强调历史规律贯穿整个人类历史始末。但若全面看问题，历史规律并不限于贯穿整个人类历史始末，应该说，历

---

[1] 《马克思恩格斯选集》（第4卷），人民出版社1995年版，第247页。
[2] 〔英〕波普尔：《历史决定论的贫困》，杜汝楫、邱仁宗译，华夏出版社2009年版，第33页。

史规律确实要贯穿整个历程始末。但这个"历程"非仅指整个人类历史始末，而是指一个特定的历史过程的始末，它既可指整个人类历史始末，也可以指某一个特定历史发展阶段的始末。否则，就不能理解历史规律可分为总体性历史规律和阶段性历史规律两个类别，也不能理解"农村包围城市，武装夺取政权"规律属于历史规律了。而社会基本矛盾运动规律之所以贯穿人类历史始终，是因为它的逻辑运动具有可循环特征，若仅从现实出发，考察其一次性逻辑运动过程，它也只能贯穿某一历史阶段的始末，而不是整个人类历史的始末。

不过，本书要探讨的是贯穿整个人类历史始末的历史规律，与马克思、恩格斯和波普尔所指称的"历史规律"内涵、外延相同。所以，除非专门讨论历史规律范畴问题，本书涉及的"历史规律"范畴都是指贯穿整个人类历史始末的历史规律。

历史规律不仅贯穿整个历程始末，而且把整个历程演变作为既定的实现条件，二者辩证统一。原因就在于其逻辑必然性并非直接贯穿于具体的实践活动过程之中，而是在其背后贯穿到底。事实上，生产力作为历史发展的根据，就是从历史发展的背后的逻辑层面上看问题。正如恩格斯指出："这里表现出这一切因素间的相互作用，而在这种相互作用中归根到底是经济运动作为必然的东西通过无穷无尽的偶然事件（即这样一些事物和事变，它们的内部联系是如此疏远或者是如此难于确定，以至我们可以认为这种联系不存在，忘掉这种联系）向前发展。否则把理论应用于任何历史时期，就会比解一个最简单的一次方程式更容易了。"① "并不像人们有时不假思索地想象的那样是经济状况自动发生作用，而是人们自己创造自己的历史，但他们是在既定的、制约着他们的环境中，在现有的现实关系的基础上进行创造的，在这些现实关系中，经济关系不管受到其他关系（政治的和意识形态的）多大影响，归根到底还是具有决定意义的，它构成一条贯穿始终的、唯一有助于理解的红线。"② 尽管生产力可以通过实际的经济发展直接表现在社会现实层面上，但并非总是如此，很多时候我们不得不着力解决环境污染问题、社会公平问题、社会稳定问题、国际政治问题、自然灾害问题等，以便为社会经济发展铺平道路。如果直接从社会现实层面上看待生产力，会发现社会焦点时常偏离这个主线，不仅很难解释生产力就是历史发展的

①　《马克思恩格斯选集》（第 4 卷），人民出版社 1995 年版，第 696 页。

②　同上书，第 732 页。

根据，而且还会提出"革命无用"论观点出来。

历史规律的逻辑必然性与实践规律的逻辑必然性有何区别呢？为了简便，我们把前者称为历史必然性，后者称为实践必然性。两种必然性都源生于人们在实践活动中的能动的目的追求，正如马克思解释人的实践活动时指出："他不仅使自然物发生形式变化，同时他还在自然物中实现自己的目的，这个目的是他所知道的，是作为规律决定着他的活动的方式和方法的，他必须使他的意志服从这个目的。"①但二者层次不同。实践必然性源生于人们生活实践中直接而现实的目的追求，植根于社会具体条件之中，对人们实践活动发挥实质性制约作用，反过来，也因为受到人的能动作用的现实影响或者具体条件变化的约束，而处在不断变化之中。但历史必然性源生于人们生活实践中深层次的、本质的目的追求，它在整个民族中具有内在的普遍性，正如恩格斯在《路德维希·费尔巴哈和德国古典哲学的终结》一文中指出："如果要去探究那些隐藏在——自觉地或不自觉地，而且往往是不自觉地——历史人物的动机背后并且构成历史的真正的最后动力的动力，那么问题涉及的，与其说是个别人物、即使是非常杰出的人物的动机，不如说是使广大群众、使整个整个的民族，并且在每一民族中间又是使整个整个阶级行动起来的动机；而且也不是短暂的爆发和转瞬即逝的火光，而是持久的、引起重大历史变迁的行动。探讨那些作为自觉的动机明显地或不明显地，直接地或以意识形态的形式，甚至以被神圣化的形式反映在行动着的群众及其领袖即所谓伟大人物的头脑中的动因，这是能够引导我们去探索那些在整个历史中以及个别时期和个别国家的历史中起支配作用的规律的唯一途径。"②在整个实践活动过程中，它规定着最基本的前进方向，孕育出最基本的前进动力，除非它赖以存在的实践活动本身消失了，否则不管实践活动具体表现方式如何，它贯穿到底，表现出不以人的意志为转移的坚定性。这正如康德所说的："当每一个人都根据自己的心意并且往往是彼此互相冲突地在追求着自己的目标时，他们却不知不觉地是朝着他们自己所不认识的自然目标作为一个引导而前进着，是为了推进它而在努力着；而且这个自然的目标即使是为他们所认识，也对他们会是无足轻重的。"③

---

① 《马克思恩格斯全集》（第23卷），人民出版社1972年版，第202页。
② 《马克思恩格斯选集》（第4卷），人民出版社1995年版，第249页。
③ 〔德〕康德：《历史理性批判文集》，何兆武译，商务印书馆1990年版，第2页。

事实上，由"两对"社会基本矛盾彼此适应不适应因果关系反映出来的必然性就是抽象的历史必然性，尽管在任何一个国家、任何一个历史时期都在不断地重复上演，但具体一个国家、一个民族的社会发展历程在什么时候、以什么方式由不相适应状态转向适应状态，不是由"两对"社会基本矛盾运动规律直接规定的，而是由人们实践活动决定的。换言之，现实社会一定要把"两对"社会基本矛盾运动规律那种适应不适应转换逻辑必然性贯彻下去，这一点不可移易。但具体如何贯彻，取决于人的能动性发挥和对实践必然性的把握。在中国历史大一统王朝中，社会基本矛盾运动规律不可能具体规定秦、晋、隋为短命王朝，汉、唐、明、清为长命王朝，根据社会基本矛盾运动规律，只能证明它们兴亡交替的逻辑必然性，而谈论一个朝代的具体运势如何，只有从那个时代的实践必然性中才能得到合理解释。这恰恰就是哲学视域与史学视域看待历史事件的差别。

需要特别指出的是，承认历史必然性源于人们实践活动的目的性追求，不能等同于历史目的论和历史相对论。现实生活中人们千差万别的实践活动的目的与所谓的历史目的是根本不同的两个概念，前者支配实践活动塑造历史面貌，后者主观臆断历史运动本身有目的性。马克思反对历史目的论，但不反对有目的的社会实践活动，"在马克思看来……在严格意义上，所谓的目的总是人的实践的范畴"。[①] 历史相对论只看到人们确定实践活动的目的的主观性、自由性的一面，没有看到人们确定目的的理性选择的一面，没有看到追求目的的实践过程能动地遵循、恪守合乎逻辑的规定的一面，片面地认为人们可以根据目的追求随意塑造历史面貌，因而断言历史发展逻辑的相对性，否定历史发展逻辑的必然性。必须承认，人的实践活动的目的选择虽然要受到人的理性制约和现有的实践条件的限制，不是随心所欲的，"劳动中所追求的目的、内容是受到限制的，二者在客观上受到所处理的材料与规律的限制，在主观上受到人的欲望与需要的结构的限制"[②]，但这不说它没有主动性、自由性，不会对历史进程造成至关重要的积极影响。我们认为，片面强调人们实践活动的目的选择自由对历史必然性影响而否定人们确定和追求实践目的的理性、合乎逻辑性，是不对的；反过来，片面

---

① 〔德〕A. 施密特：《马克思的自然概念》，欧力同、吴仲昉译，商务印书馆 1988 年版，第 101 页。

② 同上书，第 103 页。

强调人们确定和追求实践目的的理性、合乎逻辑性而否定人们实践活动的目的选择自由性对历史必然性影响，也是不对的。而二重必然性说正是在对人们实践活动的目的选择自由性的充分尊重基础上谈论人们确定和追求实践目的的理性、合乎逻辑性的。

其次，考察历史规律的客观自在性。

历史规律只在历史进程背后贯彻其逻辑必然性，这不是说它不对历史进程产生制约作用，只是这种制约作用不是功能性的，而是结果性的。言外之意，从条件到最终目的之间的逻辑规定不在具体的实践活动过程中，而在实际结果产生的效应中发挥制约作用。这一逻辑必然性一定贯彻下去，但具体的实践过程如何贯彻，不在它制约之下，只有当这一实践活动过程的结果未能把它贯彻下去，它才出场，要求"纠正"原来的贯彻方式或者寻找新的贯彻方式，直到彻底把它贯彻下来为止。例如，毛泽东在《论持久战》中分析了日本帝国主义必败的历史必然性，但这只是抽象的逻辑规定，到底如何才能打败日本帝国主义，需要一步一步革命斗争的艰难争取。在全面抗日开始阶段，我们党曾经配合国民党正面战场搞阵地保卫战，虽然大力打击了敌人，但未能阻止敌人的疯狂进攻。当太原失陷后，我们党从战斗经验中吸取教训，坚决贯彻毛泽东主张的独立自主的山地游击战，改变了斗争策略，从而成功地打败日本帝国主义。

正因为历史规律只在历史进程背后贯彻其逻辑必然性，对实践活动过程本身不进行直接的功能性制约，所以，历史规律才具有客观自在性，不管人们如何展开实践活动，它都坚决贯彻到底，不以人的主观意志为转移。需要说明的是，实践规律的逻辑必然性也具有客观自在性，也具有不以人的主观意志为转移的基本属性，但二者最大的区别在于，历史规律能够超越于人们实践活动具体展开过程，不受其左右，但实践规律直接贯穿于人们实践活动具体过程之中，受其左右。如果一个人注定要成才是其贯彻一生的内在逻辑必然性（相当于历史必然性），它的客观自在性在于，具体什么时候、以什么方式、经过多少沉浮经历等人生历程不在其规定之列，它只要求最终实现成才就算完成了逻辑贯彻。但直接贯穿于人生基本历程的实践必然性则不同，人生选择、成长机遇、奋斗精神等等都直接影响到实践必然性贯彻下来的可能性。因此，其客观自在性是相对的，受到实践活动本身的强烈影响。

历史规律具有客观自在性，对历史进程实施的是间接的结果性制约，所以历史规律不可移易。一般说来，我们不能违背历史规律。俗话说，"违背社会规律，就会受到惩罚"。其实，通常意义上违背的是实践规律，因为实践规律植根于我们的生活实践中，而我们的具体实践活动很容易偏离实践必然性客观要求。违背历史规律是困难的，历史必然性建立在整个民族最深层次的目的要求基础之上，除非整个民族丧失求生存谋发展的基本能力，导致整个民族历史萎谢了，中断了，贯穿其中的历史规律才会中断。否则，即使历史进程遭遇重大挫折，只要该民族有能力战胜困难，重新恢复到正常发展状态中，不管什么时候、以什么方式实现历史转折，都意味着历史必然性被持续不断地贯彻着，没有违背历史规律。袁世凯称帝、张勋复辟等历史事件虽然违反了历史发展潮流，但并没有达到足以违反历史规律的程度，相反，当他们最终失败而淹没在历史发展潮流之中，正是历史必然性发挥制约作用的表现形式。

更深一步说，我们认为实践规律不具有超越人的实践活动的属性，在实践活动中可以违背它，而历史规律具有超越人的实践活动的属性，在实践活动中不可以违背它，原因不在于规律本身（不管是实践规律还是历史规律，这都是不能违背的），而在于二者所依赖的前提因素和贯彻方式不同。实践规律所依赖的因素，不管是社会条件还是实践目的都是具体的，是实践活动能够触及的，所以能够实实在在改变它们，而且实践规律直接贯穿于社会实践活动中，受到实践活动直接影响，其实际贯彻过程容易发生改变。而历史规律所依赖的因素，不管是社会条件还是实践目的都是抽象的、深层次的，是以历史的一切现实为条件根据，以整个民族的生存、发展本质要求为实践目的，因此，个别的、具体的实践活动是不能触及的，不能够实实在在改变它们。而且它是在历史运动过程背后发挥制约作用，具体的实践活动过程对它的影响是间接的，除非整个民族的实践选择发生根本变化，足以使整个历史进程发生不可逆的彻底转变，否则，历史规律终究要贯彻到底，不能违背。

（二）历史规律的重复性与预见性

任何规律都具有重复性，这是规律基本属性之一，社会规律也不例外，其逻辑必然性也具有重复性。不过由于社会规律受到人的能动性影响，其内在的逻辑必然性的可重复性往往是通过不可重复的社会现象表现出来。因为在大多数情况下，正是积极利用了社会规律的可重复性特点，人的实践活动才能推陈出新，使社会发展日新月异、万象更新。实践规律属于一般意义上的社会规律，它的重复性是容易理解的，但历史规律作为深层次的社会规律，有特殊属性，探讨其重复性是比较复杂的。例如，从逻辑上讲，既然历史规律贯穿整个历程始末，它如何具有重复性呢？重复性意味着"从头再来"，而"贯穿整个历程始末"意味着"从头到尾"，二者直接存在矛盾性。另外，历史规律支配下的社会历史进程是单程的、不可逆的，为什么历史规律具有重复性，而其支配下的社会历史进程却不具有重复性呢？这在逻辑上是一个悖论。波普尔就曾以历史事件的特殊性来否定历史规律的普遍性，也就是历史规律的重复性。"任何特定的事件如何发生和为什么发生；我们可以清楚地理解它的原因和结果——使它发生的那些力量和它对其事件的影响。然而我们发现，我们不能提出普遍规律，不能用普通名词来描述这种因果联系。因为它可能是独一无二的社会现象，而我们所发现的特殊力量则能对这种现象作出正确的解释。"①

为了清楚地说明问题，我们把历史规律的重复性分为三种类型来一一解释。

第一，阶段性的历史规律的重复性问题。例如，"农村包围城市，武装夺取政权"规律，它只贯穿于中国新民主主义革命历史阶段，属于阶段性的历史规律。这类型的历史规律因为囿于具体而特定的历史发展阶段，在现实中类似的历史发展阶段可以重现出来，所以它们的重复性与实践规律的重复性一样，即只要基本条件和基本目的相同或相近，贯彻期间的逻辑必然性就会重复起作用。我们搞市场经济改革之所以学习、借鉴西方现代化历史发展经验，就是因为它们经历过的建设市场经济的历史发展阶段，与我们搞社会主义市场经济改革历史时期有相近之处，而贯穿其中的历史规律具有可重复性。

正如前文在谈到实践规律的重复性时指出，如果实践活动条件和实践活动目的具有本质上的共性，就意味着二者之间那种抽象的逻辑必然性会重复出现。例如，英国资产阶级革命、法国大革命、日本的明治维新、中国的辛亥革命等在本质上都具有资产阶级取代封建地主阶级的政治运动的共性，就意味着这些历史事件背后存在统一的逻辑必然性——资本主义战胜封建主义运动规律，尽管具体实践方式和结果各有不同，有的成功了，有的失败了，但隐藏在其中的那种抽象的逻辑必然性是一致的，重复出现的。正如有人指出，"在这一系列不可重复的社会历史事件不正是体现了资产阶级必然代替封建地主阶级的社会历史规律及其

①〔英〕波普尔：《历史决定论的贫困》，杜汝楫、邱仁宗译，上海人民出版社2009年版，第9页。

作用具有可重复性吗?"①

　　第二，总体性不循环历史规律的重复性问题。例如，生产力发展规律、社会形态更替规律，它们贯穿于整个社会历史始末，不仅其外在表现方式是单程的，不可逆的，而且其自身逻辑必然性也是单程的、不可循环的。那么，我们如何解释这类型的历史规律的重复性呢?

　　从历时态看，这类型的历史必然性自始至终单向度地贯彻到底，决定了一个民族的整个历史命运，因而，我们不能在历时态上谈论其重复性。面对环境污染，我们不能退回到工业化之前的社会发展状态；镜鉴历史经验教训，我们不能按照封建主义建国理念搞社会主义建设。但这不能说，这类型的历史规律不具有重复性。从共时态看，从世界角度看，虽然支配不同文明发展史的具体的历史规律是不同的，具有民族性、时代性、实践性，但是不同文明发展史之间存在共性，彼此之间可以学习借鉴，原因就是它们之间存在普遍规律，贯穿其中的历史必然性有可以复制的地方。古罗马文明在很多地方都承接、借鉴了古希腊文明，而朝鲜、日本的文明史则含有中国文明史中的精华部分。汤因比认为"希腊—中国的组合模式"适用于大多数文明社会形态，是一种标准模式，而马克思也认为五种社会形态依次更替是西欧社会普遍遵循的历史规律，都反映出人类历史存在共性，具有可重复性。从本质上讲，普遍的历史规律寓于各民族文明史的特殊的历史规律之中，二者辩证统一。"世界历史发展的一般规律，不仅丝毫不排斥个别发展阶段在发展的形式或顺序上表现出特殊性，反而是以此为前提的。"② 这就是为什么中国特色社会主义道路既坚持走自己的路，反对照搬照抄，又实行对外开放，学习外国先进经验，强调二者辩证统一。

　　第三，总体性可循环历史规律的重复性问题。例如，社会基本矛盾运动规律，从彼此不适应到适应再到不适应再到适应，其逻辑必然性循环运行，但其外在表现形式——历史发展过程却是单程的、不循环的。这种类型的历史规律的重复性恰恰在于其逻辑必然性可循环上。如果"两对"社会基本矛盾从彼此不适应到相互适应算一个单元，那么，完成两个单元的历史循环运动就实现了一次重复，尽管历史事件、历史现象是不重复的。中国历史上的封建王朝兴亡往复，其兴也勃焉，其亡也

---

①　参见袁银传《社会历史发展有无规律之争及其科学解答》，《马克思主义研究》2004年第6期。

②　《列宁选集》(第4卷)，人民出版社1995年版，第776页。

忽焉，实际上就是社会基本矛盾运动从一个单元到下一个单元重复运动的结果。当然这种重复性不是简单的回归，它是螺旋式上升性质的重复，是逻辑重复，而不是内容重复。汉朝的兴亡史与清朝兴亡史都包含着相似的内在的社会基本矛盾运动逻辑，但却是建立在不同时代的不同生产力发展水平之上的。

不过，承认历史规律具有重复性，也就等于承认悲剧可以重演，历史可以再现——不是指历史现象、历史情节之间的简单重复，而是指其背后的逻辑规定性重复再现——这是不是意味着承认历史循环论或历史倒退论？不是。相反，这恰恰是历史单向度前进、文明成长独一无二的原因。历史唯物主义不是要人们相信历史必然性会在冥冥之中为社会发展划定一个不可更改的命运之弧，从根本上说，"全部社会生活在本质上是实践的"①，历史终究是人们实践活动的产物，不能不打上人的能动作用烙印。人们之所以要总结历史经验教训，考察支配历史事件背后具有共性特征的必然性，不是要任凭历史在完全自在状态下绽放开来，而是要发挥主观能动作用，采取措施积极适应实践必然性，从而避免悲剧重演，推动历史向前发展。正如邓小平指出："过去的成功是我们的财富，过去的错误也是我们的财富。"② 可以说，历史规律的重复性在现实中正是因为被人们通过历史经验教训方式应用到创造历史的实践中来，才避免了历史演变出现重复性循环运动现象，从而以单程性、不可逆性表现出来。尽管难以避免会出现暂时的倒退、回归现象，"倒退在进化中是可能的，并且已被多种经验所证明"。③ 但总的来说，正是因为人的能动作用在实践中成功地克服了不利的历史规律的重复性，运用了有利的历史规律的重复性，才使人类社会历史总是向上螺旋式运动。

下面谈一谈历史规律的预见性。

任何社会规律都具有内在逻辑必然性，追寻这种坚定不移要贯彻下去的态势，可以进行前瞻性的预见。但是，历史规律不同于实践规律，它不拥有具体的、实质性的条件和目标，其逻辑必然性也是在历史进程背后抽象存在，我们如何根据历史规律进行预见呢？

从历史长河角度上讲，我们是根据那种反映历史规律抽象的因果关系的历史必然性来进行历史预见的，不具有直接现实性，而是抽掉了具

① 《马克思恩格斯选集》（第1卷），人民出版社1995年版，第56页。

② 《邓小平文选》（第3卷），人民出版社1993年版，第272页。

③ 〔德〕尤尔根·哈贝马斯：《重建历史唯物主义》，郭官义译，社会科学文献出版社2000年版，第150—151页。

体实现方式、实现过程的纯粹的逻辑推理。因此，它既不是神秘的历史
预言，也不是可以直接作为行动指南的流程示意图。这种纯粹逻辑性预
见没有具体的时空规定，并不涉及、也不会受制于具体实现过程上的偶
然性、曲折性。正如黑格尔所说："普遍的观念并不卷入这危险的对立
与斗争当中。它驱使热情为自己工作，热情从这种推动中发展了自己的
存在，热情受到损失、遭到祸患……'观念'自己不受生灭无常的惩
罚，而由个人的热情来承受这种后果。"①

　　而从现实社会发展角度上讲，我们是根据那种反映现实社会中具体
的因果关系的实践必然性（实践规律）来预见眼下发展趋势的。它有
明确的时空内容规定，具有直接现实性，自然会受到人们主观能动性和
社会发展条件变迁的实质性影响，因此其贯彻下去的必然态势具有相对
性，难免会出现意外现象。这就是趋势性预见。波普尔曾强调："我们
可以根据规律来做出科学预测，但我们不能仅仅根据趋势的存在做出科
学的预测"②，原因就在于趋势性预见不具有超越偶然性、意外性的不
可移易的特性。但并非不可以进行趋势性预见。例如，恩格斯在 1894
年写给左尔格的信中对甲午战争给中国未来命运造成的可能的影响就属
于趋势性预见："在中国进行的战争给古老的中国以致命的打击。闭关
自守已经不可能了，即使是为了军事防御的目的，也必须敷设铁路，使
用蒸汽机和电力以及创办大工业。这样一来，旧有的小农经济的经济制
度……以及……整个陈旧的社会制度也都在逐渐瓦解。"③

　　逻辑性预见与趋势性预见有什么差别呢？让我们举一个例子：如果
一个跳远运动员已经完全具备了拿冠军的实力，而一场又一场的比赛机
会又完全提供给他，那么，"他一定能够获得冠军"就是一个逻辑性预
见。这里面不包含何时、何地、以何种方式获得冠军等具体内容，只有
抽象的逻辑推定，因此只要不出现比赛之外的意外，只要他不放弃比
赛，这一逻辑性预见肯定会实现的。而根据他近期的运动状态、竞争对
手状况、比赛场地和时间等各种信息综合推导出他这次比赛一定能够获
得冠军，就是趋势性预见。因为它包含了具体内容，是一个实质性的预
见，所以不能排除发展偶然意外的可能性。逻辑性预见是确定的，但我
们在实践中不能寄希望于逻辑性预见，因为它是抽象的。一般情况下，

　　①　〔德〕黑格尔：《历史哲学》，张作成、车仁维编译，北京出版社 2008 年版，第 15 页。
　　②　〔英〕波普尔：《历史决定论的贫困》，杜汝楫、邱仁宗译，上海人民出版社 2009 年
版，第 91 页。
　　③　《马克思恩格斯选集》（第 4 卷），人民出版社 1995 年版，第 737 页。

趋势性预见是难以完全确定的，但对我们实践活动有更大的直接意义，因为它是现实的。

相比而言，趋势性预见之所以有较大的不确定性，是因为它所依赖的条件及反映的因果关系都是具体的、实质性的，但也正因为如此，它对现实社会发展的作用才是直接的、实质性的。我们进行趋势性预见，有助于主动认识、把握实践必然性，尽可能避免走弯路。这也许会改变原来极为不利的客观发展趋势，使得当初的趋势性预见落空，但这不能说趋势性预见本身是一个纯粹的主观臆断，它的现实意义恰恰以这种方式体现出来。这就是说，在趋势性预见过程中，发生"俄狄浦斯效应"现象不仅是常态，而且是进行趋势性预见的现实价值所在。如果我们预见到会下冰雹，但通过释放化学物质成功阻止了这样的灾难性天气的发生，不是预见不科学，而是科学预见的价值所在。

逻辑性预见不具有直接现实性，但是，它一旦为人们所认知，就会以一种自为的精神力量影响到人们创造历史的实践活动，从而改变历史发展的实际进程。"一个社会即使探索到了本身运动的自然规律……它还是既不能跳过也不能用法令取消自然的发展阶段。但是它能缩短和减轻分娩的痛苦。"① 当前我们党所强调的"中国梦"，不仅作为历史必然性成为贯穿中国现代化发展进程的一条红线，而且作为一种精神凝聚力，团结全国各族人民把民族复兴伟业推向前进。

另外，根据历史必然性进行逻辑性预见，不具有直接现实性，因此不会直接受制于现实社会发展具体过程的曲折性、偶然性，不管是知识增长的影响，还是趋势性预见或者逻辑性预见的影响，即使我们认识、把握历史规律到了这种地步——"人们自己的社会行动的规律……那时就将被人们熟练地运用，因而将听从人们的支配……至今一直统治着历史的客观的异己的力量，现在处于人们自己的控制之下了。"② ——也不过是强烈影响到社会发展的具体进程，不会对逻辑性预见本身产生影响。因此，在这里不存在"俄狄浦斯效应"现象。

---

① 《马克思恩格斯选集》（第2卷），人民出版社1995年版，第101页。
② 《马克思恩格斯选集》（第3卷），人民出版社1995年版，第634页。

第五章 历史规律的实现方式

在历史进程中，历史必然性是如何贯彻下去呢？目前，"可能性空间"说是较为流行的解释范式。但它把历史主体的选择性空间预设在历史必然性的范围里面，难免有宿命论之嫌。历史规律不会轨道般预设历史运动过程，也不会像圆柱一样罩住历史曲线运动的范围。

我们认为，历史必然性不会直接制约人们创造历史的实践活动，当社会历史像龙卷风一样螺旋式上升运动的时候，历史规律在那个虚空的正中部空间内贯穿下去，并不直接贯穿在螺旋式上升的历史运动这一层面上。但这不是说它不对历史事件产生制约作用，只不过这种制约作用不具有直接现实性。人们各种各样的实践活动是在实践规律直接制约下，构成"历史合力"推动整个历史演变。在这个过程中，如果历史必然性能够顺利贯彻下来，历史规律不会出场，如果出现了曲折性历史事件，历史规律就会出场，将偏离可允许空间的历史轨迹"纠正"折回到可允许空间之内，保证历史必然性坚定不移贯彻下去，这时候，历史规律制约作用就是以这种方式表现出来。因此，出现曲折性历史事件不是例外，而是历史规律制约作用表现出来的时候。

一 历史是在"可能性空间"内生成的吗？

"可能性空间"说是关于历史规律实现方式的一个重要解释范式。它一方面把历史规律理解为像圆柱体一样罩住人的实践活动，使人的能动作用难以超越历史必然性设定的"空间"域值，隐含着历史宿命论意味；另一方面片面强调人们以合乎理性的方式把历史发展过程中某种潜在可能性转变为现实性，排除了事实存在的遭遇挫折、发生倒退的历史现象，无法解释面对两种对立可能性只有通过博弈才能转化为现实性的历史情形。显然，历史不是在历史规律预设的"可能性空间"内生成，"可能性空间"是一个伪命题。

（一）来龙去脉

"可能性空间"说从理论渊源上看，可以追溯到古希腊哲学漫步学派亚历山大的"天意"论。亚历山大认为，天意统治尘世仅仅是为了保持自然种类的永恒性，不会干预个人的生活，因而尘世不可避免地受制于即将到来和已经过去的东西。而在西方经院哲学时期，为了解释上帝意志下的宿命论和人们自由意志之间的矛盾问题，已经提出了"可能性空间"概念：上帝并没有剥夺人的自由意志，他不过事先为人类决策者可能做出的选择设置一个范围。

不过，一般认为，莱布尼茨的"可能世界"学说才是当前"可能性空间"说的理论根源，而20世纪出现的控制论、信息论、系统论、耗散理论、统计学等自然科学成果则被视为其理论底蕴。

国内对此展开研究，有鲜明的时代性、实践性。中国改革开放探索中国特色社会主义道路，从实践上拷问传统的因果单线式历史观，催生出主体性哲学，在此基础上，人们开始引进并阐释"可能性空间"说，在批判波普尔时期得到广泛认同，成为解释历史规律实现方式的重要范式，整个过程经历过三个阶段。

第一个阶段，批判单线式历史观，就可能性与现实性关系问题，重新解释"可能性"。传统观点认为，可能性与现实性之间是链式对应关系，可能性"在现实中有其存在的根据和理由，在逻辑上可以推论，在实际生活中可以出现的事物状态"。[①] 而新观点认为，可能性应该包含着三层含义：（1）存在多种可能性；（2）其中有一种可能性肯定会转变为现实性；（3）具体哪一种可能性转变为现实性是不确定的，根据具体条件变化而变化。"可能性应界定为具有一定实践能力的主体所认识和利用的实践客体潜存的可变动性。"[②]新观点否定了那种把可能性单纯地视为因果链条式向现实性转变的观点，从而为中国改革事实存在的多样性、创新性发展实践提供一个解释理由，"能动的实践不仅需要认识作为事实存在的现实，而且要认识以潜在的形式存在着的现实的前途"。[③]

[①]　陆剑杰：《莱布尼茨"可能世界"学说的哲学解析》，《社会科学战线》1997年第4期。

[②]　同上。

[③]　王天恩：《"可能性空间"及其认识和实践意义》，《江西社会科学》1989年第4期。

但是，新观点隐含着新问题。可能性与现实性是一对范畴，二者不仅存在逻辑承接性，"这种被扬弃了的可能性即是一种新的现实性的兴起"①，而且从内容上看，还具有本质规定上的一致性。形象地说，就是跳蚤的"可能性"不管有多少，都必然指向跳蚤的"现实性"，而不会指向苍蝇的"现实性"。新观点强调以集合、群域的存在方式的可能性中只有一种可能性转化为现实性，就需要特别解释这种从可能性贯穿到现实性的内在逻辑必然性问题。而这个问题在传统观念中并不存在，因为它本是赤裸裸强调一一对应关系，从可能性到必然性之间没有选择的机会，贯穿其中的逻辑必然性是不言而喻的。正是为了解释这个问题，催生出"可能性空间"范畴，"'可能性空间'是哲学上'可能性'范畴历史发展的结果"。②

第二个阶段，提出"可能性空间"范畴。"可能性空间"是在由实体性哲学向主体性哲学转型过程中提出来的一个重要范畴。实体性哲学在逻辑上否定了人的能动作用，排除了历史发展的选择性、偶然性和多样性，难以用来解释社会实践问题，不得不转向主体性哲学。提出"可能性空间"范畴，在很大程度上就是为了解释中国改革实践带来多样性的创新变化，例如王永昌的《来自温州改革实践的哲学报告之二　可能性空间：在生产力与生产关系之间》。③

相比"可能性"而言，"可能性空间"至少有两点做了较为明确的规定：一是规定了事物发展诸多可能性的边界、局域，"有自己的质的规定性，有自己的根据，特定的对立统一关系，因而有特定的可能性空间。"④也就是为事物发展规定了基本趋势、大致方向。二是强调"多种可能性"本身在根据上的统一性、在内容上的共同规定性，因而排除了杂多的、可设想的、没有实际意义的那些"可能性"。"一定根据及其条件系统，在相互结合以前所构成的可能关系体系。它是该根据变化发展的各种可能状态的集合。"⑤因此，"可能性空间"观照了可能性与现实性之间在本质上的统一性问题。但严格地说，这不过是一种形象的逻辑说明，而不是真正意义上的科学推理。

---

①〔德〕黑格尔：《小逻辑》，贺麟译，商务印书馆 1980 年版，第 304 页。

② 汪郑：《"可能性空间"初探》，《安徽师大学报》1995 年第 23 卷第 1 期。

③ 王永昌：《来自温州改革实践的哲学报告之二　可能性空间：在生产力与生产关系之间》，《探索》1988 年第 1 期。

④ 汪郑：《"可能性空间"初探》，《安徽师大学报》1995 年第 23 卷第 1 期。

⑤ 王天恩：《"可能性空间"及其认识和实践意义》，《江西社会科学》1989 年第 4 期。

在这一阶段，主要针对"空间"存在理由、可能性产生条件、可能性与不可能性关系等"可能性空间"范畴自身属性问题展开研究，尚未成为一种解释范式。因此，它只能作为一种比喻用来描述具有相似性的社会现象，还不能作为一个有实质性解释功能的解释工具。

第三个阶段，"可能性空间"成为一种解释范式。在 20 世纪末国内掀起反驳波普尔过程中，主体性哲学把"可能性空间"引申成为历史规律和人的能动作用关系的解释范式，"在主体性哲学讨论中引入的可能性空间理论，则使得对于历史规律与人的活动的关系问题的讨论，在理论层次上跃升到一个新的水平"。①

波普尔（又作波普）指责历史决定论排除了人的能动作用对历史发展造成的深刻影响，片面强调历史发展在历史规律支配下的齐一性、必然性。为了反驳波普尔对马克思主义唯物史观的诘难，很多学者运用"可能性空间"说解释历史规律性与主体选择性之间的统一关系，强调唯物史观在坚持历史必然性前提下，已经留给了人的能动性所施展的舞台。"规律一方面标识了界限、限制的含义，规定了人的行为具有'不得不'的性质……另一方面，规律还内涵着幅度、扇面、域值的规定，在它之内，事物发展所采取的具体形式是可以随机选择的、不确定的，从而，这就为偶然性和人们主观能动性的发挥提供了客观的'可能性空间'。"②

作为一种解释范式，"可能性空间"说大致可概括为这样几点：

第一，人们根据主客观条件做出历史选择，因此在条件制约下，历史发展必然存在可能性与绝对不可能性的边界，这就形成了"可能性空间"。例如，有人指出：历史规律"是主客体相互作用、双向运动的结果，是客体条件制约与主体对客体条件超越的统一所体现出来的趋势。客体条件制约着主体活动，制约着历史发展过程及其趋势……它给人们的活动提供的……是由多种可能性组成的可能性空间"。③ 这就意味着，"可能性空间"说语境下，历史规律的逻辑必然性实际上被解释为"条件必然性"，似乎人的能动性不能超越客体条件设定的牢笼，而只能在其中展示创造精神。

---

① 王南湜：《我们可以在何种意义上谈论历史规律与人的能动作用》，《学术月刊》2006年第 5 期。

② 林艳梅：《历史规律外在于人吗？——评波普对历史决定论的诘难》，《北京大学学报》（哲学社会科学版）2000 年第 3 期。

③ 温顺生：《从波普尔的诘难看马克思主义历史决定论》，《唯实》2009 年第 2 期。

第二，"空间"本身是历史规律发挥制约性的原因和舞台，"空间"边界是历史必然性不以人的意志为转移的理由，"空间"里的多种可能性则是人发挥能动作用的根据。"社会规律给主体选择所提供的并不是一种唯一的可能性，而往往是由多种可能性组成的可能性空间。在这一可能性空间中，究竟何种可能性成为现实，则主要取决于人的自觉活动，取决于主体选择。同时，由于人们活动的历史环境、社会条件以及人们主观认识的差异，又使一种可能性的实现具有多种多样的形式，即多种具体途径和模式。"① 这就是说，历史必然性只是"空间"式作用于人的能动性，而人的能动性对历史规律这一"如来佛掌"是无所作为的。

为了说明这个问题，有人提出两类必然性说：一类是罩在"可能性空间"外面的"绝对的必然性，无条件的必然性"，另一类则是"'相对的必然性'，在一个既成条件系统约束下，经过诸可能世界的竞争而导致的必然性"，"'绝对必然性'所展现的是绝对规律；'相对必然性'所展现的则是相对规律，它是统计规律"。② 用"相对必然性"来解释人在"可能性空间"里面发挥能动作用不是主观随意的，而是很有创意。但它为了达到解释问题的目的，主观虚设了两类必然性，问题是，这两类必然性从何而来？彼此什么关系？毕竟在同一个社会发展过程中设定两种性质的必然性，如果不能说明二者关系，什么意义都没有。

第三，人们根据主客观条件，在多种可能性中选择一种可能性转变为现实性，从而推动历史不断向前发展。"人在社会演化的可能性空间中并不是消极无为的，……人认识了社会发展的客观规律，从而把握了社会在一定历史阶段发展的多种可能性以及各种可能性转化为现实的条件，就能够通过强化或抑制历史条件起作用的方向，或者说通过改变条件和创造条件促使其中某一种可能性变成现实。"③历史真的是在这种理性光辉支配下绽放的吗？这是需要讨论的。如果历史总是在人们认识了社会发展的客观规律基础上能动地选择有利于自身的可能性使之演变为历史的真实，那么，历史发生倒退现象就不可理解了。这样的论证排除

---

① 李正洪、朱有志：《论社会规律与主体选择》，《常德师范学院学报》（社会科学版）2001 年第 3 期。

② 陆剑杰：《莱布尼茨"可能世界"学说的哲学解析》，《社会科学战线》1997 年第 4 期。

③ 陈晏清、闫孟伟：《历史规律·历史趋势·历史预见——评波普〈历史决定论的贫困〉》，《求是》2003 年第 18 期，第 41 页。

了导致历史演变的复杂原因以及由此可能出现的复杂局面，而仅以一种抽象的、理想化的方式推导出导致历史发展的理由，其带来理论研究上的虚空，恰似马克思所说："当他想要说明什么的时候，总是置身于一种虚构的原始状态。这样的原始状态什么问题也说明不了。"①

尽管"可能性空间"说从逻辑上既遵循历史发展的客观必然性，又观照历史发展的主体性、偶然性，似乎解决了人与历史规律的关系问题。但是，它把历史规律理解为像圆柱体一样罩住人的实践活动，一方面使人的能动作用不能超越历史规律的域值，另一方面又使人的能动作用和偶然性在域值里面不受制约，恰似乘坐火车，不管乘客在火车里面如何自由行动，火车注定要把乘客载往远方，这不仅没有超越机械决定论，而且隐含着历史宿命论意味。这种解释给历史规律披上了脱离现实历史运动的神秘色彩，看上去类似于黑格尔提及的历史理性范畴，在黑格尔看来，历史个体具有追求个人目的自由性，但不可避免地会成为寄存于其中的理性狡狯的工具。不过，二者最大差别在于：黑格尔把历史理性置于历史个体的自由性之中，神秘的背后有其合理性；而"可能性空间"说则把历史规律置于人的能动性之外，神秘的背后只有空洞的主观臆断。

（二）逻辑悖论

任何规律都不具有超越事物本身的外在神秘力量，它所具有的必然性不会像圆柱体一样把事物罩在其空间里面运行，相反，而应该像中轴线一样贯穿在事物运行之中。"这里表现出这一切因素间的相互作用，而在这种相互作用中归根到底是经济运动作为必然的东西通过无穷无尽的偶然事件向前发展。"② 因此，历史规律不会容纳多种可能性作为人的能动作用的舞台。不管是笑谈百年，还是遗恨千古，历史事件只要这样发生了，就意味着只有这一种可能性展开了历史画卷，除此之外，历史并没有、也不可能给我们预设其他可能性，历史规律就只能通过这一种已经现实化的可能性发挥它的制约作用，而不会把那些理论上的可能性集合囊括其中。

"可能性空间"说把历史规律归结为主体与客体条件相互作用所体现出来的一种趋势，至少有两点需要讨论：一是把历史规律归结为某种

---

① 《马克思恩格斯选集》（第1卷），人民出版社1995年版，第40页。

② 《马克思恩格斯选集》（第4卷），人民出版社1995年版，第696页。

趋势，是不对的。历史趋势虽然与历史规律联系密切，但二者本质不同，正如波普尔指出，趋势是在特定的时间和空间里存在的一个单称的历史命题，任何"连续发生的三个或三个以上有因果关系的事件都不是按照某个自然规律来进行的，那种认为连续进行的事件或序列可以用一个或一组规律来解释的想法是错误的"。①二是把历史规律归因于主体与客体条件相互作用的结果，是不科学的。历史规律既非等同于客体条件的制约，也不等同于主体对客体条件制约的超越。前者混淆了条件制约与规律制约的区别；后者则混淆了主观视角下的历史进程与客观视角中的历史规律的区别。中国戊戌变法的前提条件，总的来说不比日本明治维新的差，但结果却大相径庭，显然，仅依据前提条件说明历史事件的结局往往难以自圆其说。历史主体与客体条件相互作用的结果是主观视角下历史进程的反映，而历史规律则是历史纯粹的逻辑进程，只能以客观视角来说明。

"可能性空间"说认为，人的能动作用就是指在可能性空间中自觉选择哪一种可能性转化为现实性。为了充分体现这一选择过程的能动性、主动性，"可能性空间"说片面地赋予了人们创造历史的实践活动的理性精神，真实的历史是这样绽放开来的吗？如果人类社会历史都是在如此理性精神普照之下合乎规律地把潜在的可能性转变为现实性，那么，如何解释辛亥革命的胜利成果被袁世凯所窃取呢？如何解释轰轰烈烈的大革命遭遇"四一二"反革命政变和"七一五"反革命政变而折戟沉沙呢？

更明显的问题是，当一个社会、一个民族存在生死攸关的两个直接对立的可能性的情形的时候，它是不能给出解释的，因为"可能性空间"说只设定在具有性质相似规定性的诸多可能性范围中发挥人的能动作用。抗日战争时期，毛泽东曾指出："我们承认在中国面前摆着解放和亡国两个可能的前途，两者在猛烈地斗争中。"② 这意味着抗日战争时期要么存在两个直接对立的"可能性空间"，要么在一个"可能性空间"里面存在两个性质对立的可能性，这都是"可能性空间"说所不能解释的历史现象。

在根本利益相互冲突的情况下，人们各自设定的可能性集合必然是

---

① 〔英〕波普尔：《历史决定论的贫困》，杜汝楫、邱仁宗译，华夏出版社1987年版，第92—93页。

② 毛泽东：《论持久战》，载《毛泽东选集》（第2卷），人民出版社1991年版，第458页。

相悖的，这需要通过博弈而不是选择才能转化为现实性。"人们自己创造自己的历史，但是到现在为止，他们并不是按照共同的意志，根据一个共同的计划，甚至不是在一个有明确界限的既定社会内来创造自己的历史，他们的意向是相互交错的。"① "最后出现的结果就是谁都没有希望过的事物。"② 解放战争期间，蒋介石与毛泽东眼中的中国未来命运是完全相反的两种可能性，这里没有统一的"可能性空间"给两个历史人物演绎历史剧情，实实在在的较量才是历史最终结果显现出来的动因。对此，邓小平曾指出："如果我们不是马克思主义者，没有对马克思主义的充分信仰，或者不是把马克思主义同中国自己的实际相结合，走自己的道路，中国革命就搞不成功，中国现在还会是四分五裂，没有独立，也没有统一。"③

　　在根本利益相一致的情况下，人们往往会通过协商规划历史发展前景，指导实践活动，这里面虽然存在可能性，但不一定存在多种可能性集合用来选择。我国改革开放以来，一直沿着中国特色社会主义道路前进，虽然存在需要对几种可能道路做出选择的时候，但主要是通过统一的发展战略和长远规划来引导历史前进。即使人们是以"可能性空间"说所解释的人的能动作用方式从事创造历史的实践活动，逻辑上的理性选择也可能会带来意外的实际结果，否则就没有滑铁卢之败了。

　　在这里，我们即不能把凡是符合历史进步要求的可能性都武断地认为必然会转向现实性，也不能根据历史事件结局来解释在历史事件发生的时候不存在与这种结局对立的可能性。例如，毛泽东在《抗日战争胜利后的时局和我们的方针》里曾指出："抗战胜利的果实应该属于人民，这是一个问题；但是，胜利果实究竟落到谁手，能不能归于人民，这是另一个问题。不要以为胜利的果实都靠得住落在人民的手里。"④ "可能性空间"说想当然地把社会中具有多重利益关系的人们抽象化为追求单一或者共同利益的"人"，用一种纯粹应然的理论推导得出了一个理想化的历史绽放逻辑，根本经不起历史经验的拷问。

　　另外，"可能性空间"说认为客体条件是可能性空间存在的根据，因此，人的实践活动囿于可能性空间，实质上是受制于现有的客体条件。按照它的逻辑推定，所谓的历史运动之所以不会偏离出可能性空

---

① 《马克思恩格斯选集》（第4卷），人民出版社1995年版，第732—733页。

② 同上书，第697页。

③ 《邓小平文选》（第3卷），人民出版社1993年版，第63页。

④ 《毛泽东选集》，人民出版社1991年版，第1129页。

间，在逻辑上是因为人的实践活动不会超越现有的客体条件的限制。如果人类都是在对现有客体条件充分尊重基础上展开历史画卷的，史学家笔下的历史事件将是一片灰色。霍去病反击匈奴的伟业、加里波第红衫军的胜利、贞德姑娘在英法百年战争中的传奇、拿破仑跌宕起伏的政治生涯等等，那些超越客体条件的限制的英雄传奇都将难以得到合理解释。共产党在客观条件极为不利的情况下战胜了国民党，对此，费正清写道："当1945年8月和平到来时，国民党军队至少是共军的两倍，而且拥有美国在武装和供应方面提供支持的优势，加上美国海军帮助运输，以及美国海军陆战队在北京天津地区的驻防。国民党控制着中国所有的大城市和大部分地区。冷战精神正在美国以及中国方兴未艾，所以美国的支持将继续不辍是可以断言的。蒋介石和国民党在这种情况下会打输了内战，真是一件不可思议的事情。"①在历史上很多战争，例如，牧野之战、巨鹿之战、官渡之战、赤壁之战、淝水之战、鄱阳湖之战、萨尔浒之战、淮海战役等等，用双方的客观条件来分析，都得不出正确答案，人的能动性往往会把看上去不可能性的结果变成现实。

在这里，不是要宣扬个人英雄主义，也不是要宣扬主观意志论，而是强调历史发展的复杂性、多面性，"行动的目的是预期的，但是行动实际产生的结果并不是预期的，或者这种结果起初似乎还和预期的目的相符合，而到了最后却完全不是预期的结果"。②"可能性空间"说把历史发展大方向、大趋势概括为某种确定无疑的齐一性，显然与历史实际发展的复杂性不相吻合，承受不了实证的考验。事实上，在历史绽放多种方式中，那种矛盾斗争性质的博弈或者探索性质的创新比可行性选择更具有普遍意义，因为它们充分尊重了社会发展的偶然性、意外性、创新性。哈贝马斯曾指出："一个社会是否会在发展过程中丧失其生命力，或者是否能借助于发展新的结构去解决它的体制问题，这取决于偶然的情况。说到底，倒退在进化中是可能的，并且已被多种经验所证明。"③

当人们带着明确的目的性进行创造历史的实践活动的时候，"生产力、资金和社会交往的总和"等现有社会条件确实为我们设定了可能性与绝对不可能性界限，从而存在一个可能性空间对人们理性选择给予主

---

① 〔美〕费正清：《伟大的中国革命》，刘尊棋译，世界知识出版社1999年版，第315页。

② 《马克思恩格斯选集》（第4卷），人民出版社1995年版，第247页。

③ 〔德〕尤尔根·哈贝马斯：《重建历史唯物主义》，郭官义译，社会科学文献出版社2000年版，第150—151页。

观认知上的空间限定式约束。它的作用仅限于此。它无法保证展现出来的历史不会超越"可能性空间"，因为"即使我们正确地掌握了所有种族、环境或其他能够供科学阐释所需的资料，我们仍然不能预测出这些资料所代表的各种力量交互作用的结果。我们之所以不能这样做，是因为在这类活动中的'各个力量'乃是一个个的人"。① 而历史常常不是在理性选择下而是在利益博弈中绽放出来。

总之，"可能性空间"说是一个有待商榷的解释范式，不仅仅体现在自身的逻辑困境上，而且联系社会现实，也会造成诸多负面影响。

例如，片面强调条件性限制，在逻辑上难以体现人的能动作用所具有的创新性。创新是人发挥主观能动性的高级表现形式，是推动民族进步和社会发展的不竭动力，对历史进程的影响力是不能被忽视的。从与现实条件的关系上看，创新包含着借助、凭靠现实条件探索新道路、创造新东西的含义，因此主要强调人的能动作用对现实条件的依托与超越（二者统一性的一面），而不是现实条件对人的能动作用的限制与约束（二者对立性的一面）。而"可能性空间"说只是片面地强调现实条件（客体条件）对人的能动作用的空间式限制，并上升为规律制约，没有辩证考察现实条件对人的能动作用的平台性、依托性功能，从而无法从中解读到蕴藏在人们实践活动之中的创新性对历史发展的巨大影响。这是一个明显的理论不足之处。

另外，把条件性限制上升为规律性制约，与其说是空间式制约，不如说是空间式庇护，在逻辑上难以体现社会发展中的风险性，容易麻痹人们的危机意识。历史规律之所以对人们创造历史的实践活动产生制约性，从根本上说，是因为它是一种不可移易地要贯彻下去的逻辑必然性，当这种必然性为贯彻自身而对偶然性产生牵引式的规范性作用的时候，我们就会感觉到历史规律制约性存在。实际上，这种制约性不是外在的保护网，而是内在的安全阀，它不是保障人们实践活动不会出现大错误，而是在人们实践活动出现大错误后给予惩罚式"纠正"。正如庞卓恒指出："习惯上所说的违背规律受到规律的惩罚，其实那不是规律在'惩罚'人，而是人自己没有创造规律要求的正向结果所必备的条件，就导致了反向的结果。"② "可能性空间"说却把历史规律视为一种

---

① 〔英〕汤因比：《历史研究》，刘北成、郭小凌等译，上海人民出版社 2000 年版，第 86 页。

② 庞卓恒：《唯物史观与历史科学》，高等教育出版社 1999 年版，第 60 页。

外在的制约力，与其说制约历史发展，不如说保护历史发展。这从逻辑上否定了社会历史发展存在的巨大风险性，容易产生一种错觉，似乎不管人们如何创造历史，都会有历史规律的"空间"庇护，最终保证我们所有的历史选择都是合乎历史进步性的。如果应用到古代玛雅文明史上，"可能性空间"说立刻就会露出马脚来。

还有，片面强调人的能动作用中理性选择的一面，忽略了博弈对于历史进程的影响，在逻辑上难以摆脱历史目的论困扰，不利于正确总结历史失败教训。"可能性空间"说片面强调人的能动作用以合乎理性的方式把历史发展过程中某种潜在可能性转变为现实性，不仅排除了历史同时存在两种对立可能性的情况，而且排除了历史遭遇挫折、甚至倒退的情况，面对事实上存在的失败的历史事件，不得不与最终胜利的历史事件归结在一起看，以便给出符合"可能性空间"说的理由。这在论证过程中，难免会使后面胜利的历史事件成为前面失败的历史事件的"使命"、"目的"、"证明"，从而难免有历史目的论味道。

二　历史规律运行的二重性

考察历史规律实现方式，必须能够体现出这样的辩证法精神：一方面，人是历史剧作者，每一个历史事件都是人们实践活动的结果，没有任何外在的客观力量能够轨道般直接支配历史事件发生发展和结局；另一方面，人是历史剧中人，历史必然性贯穿社会发展始终，所有的历史事件都在其制约之下，没有例外。唯有如此，才"能够把一切'特例'和'变异形态'纳入自己的解释范围之内"①，否则，波普尔设定的"五点论纲"和"俄狄浦斯效应"两道藩篱就难以逾越过去。

（一）历史规律在场

既然历史规律就是"社会发展过程各个环节、各个方面之间的本质联系"，自然会有人认为，历史必然性直接贯穿于现实社会发展这一层面之上并发挥实质性制约作用，这恰恰是需要讨论的问题。如果认为历史必然性直接贯穿在现实社会发展这一层面之上并发挥实质性的制约作用，人的能动性、创造精神就被限定了，在历史必然性不可移易地支配

---

① 庞卓恒：《唯物史观与历史科学》，高等教育出版社1999年版，第46页。

之下，不管提出什么解释范式（如"可能性空间"说）为人的能动作用"预留空间"，恰似牢笼中的神仙，火车里的乘客，如来佛掌中的孙悟空，都不能摆脱宿命论之嫌。还有，如果历史必然性具有直接超越人们实践活动之上的功能，这将无法追究历史事件主要当事人的历史责任，因为他可以把"人祸"归结为"天灾"、把人为罪恶归咎于历史应然。

历史规律不应该直接在历史现象、历史事件这一层面上存在，而应该在其背后存在，因为它体现的是社会发展过程各个环节之间的"本质联系"，意味着这种联系不在事物表面上，而应该在事物的深层次中。事实上，马克思、恩格斯曾明确强调历史规律并不直接支配历史事件，"通过这些偶然性来为自己开辟道路并调节着这些偶然性的内部规律，只有在对这些偶然性进行大量概括的基础上才能看到"。①"历史事件似乎总的说来同样是由偶然性支配着的。但是，在表面上是偶然性在起作用的地方，这种偶然性始终是受内部的隐藏着的规律支配的。"②当然，历史事件又不可能不受到历史规律制约，关键是如何理解"历史必然性贯穿于现实社会发展之中"的"在……之中"的含义，是"in"的意思还是"inside"的意思？应该是"inside"的意思——当社会历史像龙卷风一样螺旋式上升运动的时候，历史必然性在那个虚空的正中部空间内贯穿下去，并不直接贯穿在螺旋式上升的历史运动这一层面上。但这不是说它不对历史事件产生制约作用，只不过这种制约作用不具有直接现实性。"规律没有它的现实性，它仅仅处于一种倾向、一种近似的、平均的东西之中，而不是直接的现实中。"③

历史必然性并非直接而现实地贯穿于历史事件实际发展过程之中，而是在其背后表现出一定要贯彻下去的不可移易性，至于人们具体如何把它贯彻下来，在实践必然性基础上，具有选择性、创新性，所以，所有的历史事件都不是历史规律事先规定下的，一切都是现实社会各种因素交错作用合力推动的结果。这就是为什么在历史规律制约下所有的历史事件都不是例外，但仍然会发生像袁世凯称帝、张勋复辟等那些与历史进步方向相悖的历史事件。

---

① 《马克思恩格斯全集》（第25卷），人民出版社1962年版，第936页。
② 《马克思恩格斯选集》（第4卷），人民出版社1995年版，第247页。
③ 同上书，第745页。

反过来看，由于历史必然性并非直接而现实地制约历史事件，所以也不会因为历史事件具体发展过程上的得失成败而动摇其贯彻到底的"决心"，人终究是历史的剧中人，除非所遭遇的历史事件足以毁掉整个民族的未来。因此，出现违背历史进步潮流的历史事件不是例外，恰恰是历史规律制约作用表现出来的时候，"一种社会活动，一系列社会过程……愈是显得受纯粹的偶然性的摆布，它所固有的内在规律就愈是以自然的必然性在这种偶然性中为自己开辟道路"。① 在社会主义建设过程中，出现"大跃进"、"文化大革命"这些曲折性事件，历史规律制约作用恰恰不是导致这些历史事件发生的理由，而是促使它们不能贯彻下去的原因。

那么，只有偶然性直接支配历史事件的实际进程吗？当然不是，如果那样，就无法解释历史规律对历史事件会起到什么制约作用了。在历史事件实际发展过程中，依然存在着起支配作用的客观必然性，只不过这些必然性完全植根于具体的社会实践中，它们不是缘于历史规律，而是缘于实践规律。如炒股规律反映出来的买高不买低趋势、市场规律反映出来的商品的平均价格和价值相一致趋势、剩余价值规律反映出来的贫富差距不断加大趋势、"农村包围城市、武装夺取政权"规律反映出来的革命形势波浪式前进的趋势等等。

实践必然性（实践规律所体现出来的逻辑必然性）所依赖的条件是具体的、实在的、有时空属性的，所以对具体历史事件的制约作用具有直接规定性，正如马克思指出："无论哪一个社会形态，在它所能容纳的全部生产力发挥出来以前，是决不会灭亡的；而新的更高的生产关系，在它的物质存在条件在旧社会的胎胞里成熟以前，是决不会出现的。"②正是由于实践必然性对历史事件的演变起到实质性制约作用，因此，是我们总结历史事件得失成败的现实根据。清朝灭亡不是来自历史必然性，而是来自它自身的僵化、腐败和积聚起来的国内外矛盾所决定的实践必然性，"一个人口几乎占人类三分之一的大帝国，不顾时势，安于现状，人为地隔绝于世并因此竭力以天朝尽善尽美的幻想自欺。这样一个帝国注定最后要在一场殊死的决斗中被打垮"。③ 七七事变发生既不是纯粹的偶然，也不是历史的必然，而是来自于日本侵略者蓄谋已

---

① 《马克思恩格斯选集》（第4卷），人民出版社1995年版，第171页。
② 《马克思恩格斯选集》（第2卷），人民出版社1995年版，第33页。
③ 《马克思恩格斯选集》（第1卷），人民出版社1995年版，第716页。

久的实践必然，"对日战争是不能避免的，所有日本帝国主义者所谓
'和平解决'的言论，日本外交家的漂亮词句，都不过是掩盖其战争准
备的烟幕弹"。①

也是由于这种必然性所依赖的条件是具体的、实在的，它是一种有
条件的相对必然性，使得历史事件未必严格按照它逻辑规定的趋势展
开，我们不能给历史事件打上"非此不可"的必然性烙印。辛亥革命
果实天然注定要被袁世凯窃取吗？我们之所以要总结辛亥革命失败教
训，就是因为它存在成功的可能性。

还是由于实践必然性只是有限的、相对的必然性，它不能决定历史
事件演变的最终结局，当事人应该为历史事件最终结果负责，"关于这
一点，人类才是问题的核心，任何人都得为他自己负责"。②

那么，如何理解实践必然性与历史必然性之间的辩证关系呢？

前文已经说明，实践规律是一个集合概念，而在现实社会中，各种
各样的实践规律不仅存在包容和被包容性关系，而且在空间上存在并列
性、交错性，在时间上存在继起性、交替性，由此构成历史合力，共同
推动历史发展。

恩格斯的"合力论"，肯定了历史"总是从许多单个的意志的相互冲
突中产生出来的"，并强调单个人的意志不是随心所欲形成的，"其中每
一个意志，又是由于许多特殊的生活条件，才成为它所成为的那样"，而
这些单个意志构成无数交互作用的力，构成平行四边形，由此产生一个
"合力"，推动历史发展，在这个过程中，单个意志"虽然达不到自己的
愿望"，但"每个意志都对合力有所贡献"。③那些无数交互作用的力，就
是贯穿人们各种各样实践活动中的实践必然性的现实反映，而历史必然性
恰恰就是它们构成的"平行四边形"中的矢量——历史合力的反映。就
是说，由各种各样的实践必然性构成的力是复杂的、多向的，但它们汇聚
起来就形成了一个总的方向（平行四边形）——社会发展大趋势，贯穿
其中的就是历史必然性，规定着历史发展的基本逻辑线路。

例如，抗日战争时期，中国一定能够打败侵略者吗？历史必然性只
告诉我们中华民族求独立、谋生存的内在本质要求决定了抗击侵略的斗
争必然会前仆后继，此起彼伏，它不能告诉我们什么时候、以什么方式

---

① 《毛泽东选集》（第2卷），人民出版社1991年版，第373页。

② 〔英〕汤因比：《历史研究》，刘北成、郭小凌等译，上海人民出版社2000年版，第
135页。

③ 《马克思恩格斯选集》（第4卷），人民出版社1995年版，第697页。

取得胜利，这只能从实践必然性中找答案。中国战胜日本侵略者是整个中华民族和世界反法西斯力量与日本侵略者的长期较量，是正义对邪恶的全面较量，这里面虽然包含抗战胜利的实践必然性，但具体如何贯彻下去需要千百次武装斗争才见分晓，因为日本侵略者和汉奸同样在谋求彻底打败中国的意图，而那里面也存在属于他们的实践必然性。中华民族的反侵略斗争的历史必然性需要这两个贯穿敌我双方的实践必然性在具体实践中博弈才能曲折贯穿下去，如果敌人正确贯穿其实践必然性，而我们错误贯穿我们的实践必然性，中华民族的反侵略斗争的历史必然性的贯彻将遇到困难，反之，将会得到顺利贯彻，因此我们依据实践必然性的不懈努力才是中华民族的反侵略斗争的历史必然性贯彻下去的保障，对此，毛泽东曾指出："我们客观地而且全面地承认亡国和解放两个可能性同时存在，着重指出解放的可能占优势及达到解放的条件，并为争取这些条件而努力。"① 可以说，每一次武装斗争都存在自身的实践必然性，在抗日条件基本面不变的前提下，它自身贯彻好坏不会影响到整个抗日的逻辑必然性，但会不同程度地影响到整个抗日的实际进程。平型关大捷、台儿庄大捷都没有阻止日本侵略军的进军步伐，但不能说没有对抗日战争产生影响。作为持久战中的一部分，每一个朝向胜利的实践必然性贯彻下来都会成为构成合力的分力，积小胜为大胜，由量变为质变，整个抗日战争形势就这样逐渐发生根本性扭转。

如果抗日失败，还需要新的革命风暴继续解放历史的使命，恰如黑格尔指出的："'精神'既然受内部和外部自然条件的制约，它就遭到这些条件的反对和牵制，努力还常常因此失败。但它是完成自己使命和任务后灭亡的。"② 显然从逻辑上这可能不会改变中华民族走向伟大复兴之路，但是从现实上则会严重影响具体进程，这就是实践必然性对历史必然性的影响。

因此，不是历史必然性轨道般规定实践必然性，而是实践必然性承载历史必然性的贯彻。正是人们按照各自意志追求特定的、具体的实践目的，能动地贯彻实践必然性，尽管整体上看，因为各种实践必然性相互交错而呈现偶然性特征，但是它们不是纯粹意义上的杂乱，从整个民族的历史长河角度看，各种交错的力相互作用并最终汇聚起来构成一股

---

① 毛泽东：《论持久战》，载《毛泽东选集》（第 2 卷），人民出版社 1991 年版，第 459 页。

② 〔德〕黑格尔：《历史哲学》，张作成、车仁维编译，北京出版社 2008 年版，第 30 页。

合力，而历史必然性也就在合力之中生成并贯彻下去。

如此说来，虽然历史必然性可以贯彻整个历史发展始终，一直在场，没有哪一个历史事件是例外，但是，这个藏匿于历史现象、历史事件背后并需要借助实践必然性才能贯彻下去的抽象逻辑规定如何发挥制约性，反作用于实践必然性呢？

（二）历史规律出场

在什么情况下历史规律出场呢？我们举一个例子来说明。

假定甲乙两人在环形跑道上赛跑，他们竞技能力和状态是一样的。当甲沿着内圈内侧跑的时候，乙却沿着外圈外侧跑，这会出现什么现象呢？很明显，甲会跑到前面而乙会落在后面。面临失败的风险会促使乙不得不重新选择路径，折回到内圈内侧跑。这个时候，沿着内圈内侧跑这一规则对乙就产生制约力，而甲由于一直贯彻内圈内侧跑，所以这一规则不会对他产生任何意外影响。这个例子告诉我们，如果我们依据规律的逻辑必然性基本要求理性选择实现路径，能够把它顺利贯彻下来，规律制约性不会表现出来，规律不会出场。相反，如果我们所选择的实现路径偏离了规律基本要求，失败的可能性或者失败的打击会迫使我们改弦易辙，纠正错误，折回到规律的逻辑必然性的基本要求中来，这个过程就是规律出场的过程，也就是制约性表现出来的过程。俗话说"失败乃是成功之母"，人们从失败中获得教训，找到正确的成功之路，正是规律出场的结果。

在历史实际进程层面上，即具体的历史现象、历史事件层面上，由于贯穿于各种各样的实践活动之中的实践必然性交错复杂、方向各异，所以，偶然性、创新性是历史绽放的表现形式。

虽然以偶然性为表现形式的社会历史运动逐渐展开的同时，历史必然性也在展开，但是当这种偶然性表现形式，对历史必然性的基本要求的贯彻尚未完全构成阻力的时候，历史规律不会出场，制约性不会表现出来。只有当偶然性把历史运动的轨迹引向某一个必要的限度之外，使之完全变成了历史规律贯彻的阻力，到那时，"为了不至于丧失已经取得的成果，为了不致失掉文明的果实"，不是通过主动的改革调整，就是借助被动的暴力革命，人们"不得不改变他们继承下来的一切社会形式"①，历史规律的制约性才表现出来，历史必然性才露出庐山面目。

---

① 《马克思恩格斯选集》（第4卷），人民出版社1995年版，第532—533页。

正如庄国雄指出的："历史规律不是事先造好的一条铁路，然后说火车能否脱离铁轨行驶。历史规律只是人们的历史活动的中轴线，就如价值是价格波动的中轴线。可以这样说，历史规律一般的是以人们的活动对它的偏离作为实现的形式。"①

事实上，出现历史转折点往往不是在社会繁荣发展的时候，而是在遭遇巨大挑战、面对历史十字路口的时候。例如，鸦片战争是中国近代史转折点、五四运动是新民主主义革命转折点、西安事件和平解决是抗日战争转折点、新中国成立是探索民族复兴之路转折点、改革开放是中国特色社会主义道路转折点。因为一旦遭遇巨大社会挑战（不管是社会矛盾内生出来的挑战，还是外来的挑战），整个民族面临生存或者发展的困境，意味着历史必然性沿着既定的历史进程已经无法顺畅地贯彻下去，探索新的出路保证历史必然性继续贯彻下去（即使民族摆脱生存或者发展的困境），便是时代的必然选择，历史转折点就会出现，历史规律制约作用就会表现出来，见图 5—1。

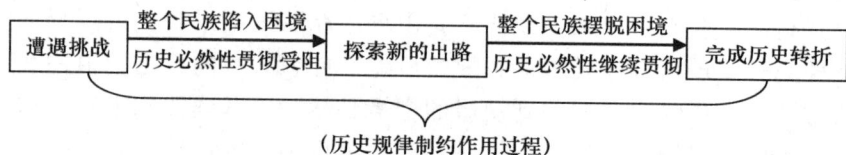

图 5—1

这就是说，历史规律制约性会通过不断出场——历史运动的偶然性一旦超越它允许的"空间"范围，它就会出场——来宣布历史必然性"神圣不可侵犯"。"人们是在自己的全部生存活动中，无数次地'遭遇'历史规律并且强烈地感受到历史规律的制约作用的。"②

需要说明的是，当历史运动轨迹处在历史规律可允许的"空间"的时候，不意味着历史规律对其没有制约作用，而是因为历史必然性受到主动贯彻而被"遮蔽"了；当历史运动轨迹偏出历史规律可允许的"空间"的时候，也不意味着历史规律对其失去了制约力，相反，正是历史规律制约作用显性表现出来的时候，如图 5—2。

---

① 庄国雄：《唯物史观与历史规律的客观性》，《吉首大学学报》（社会科学版）2002 年第 23 卷第 4 期。

② 庄国雄：《关于历史规律存在问题的哲学考察》，《复旦学报》（社会科学版）2002 年第 5 期。

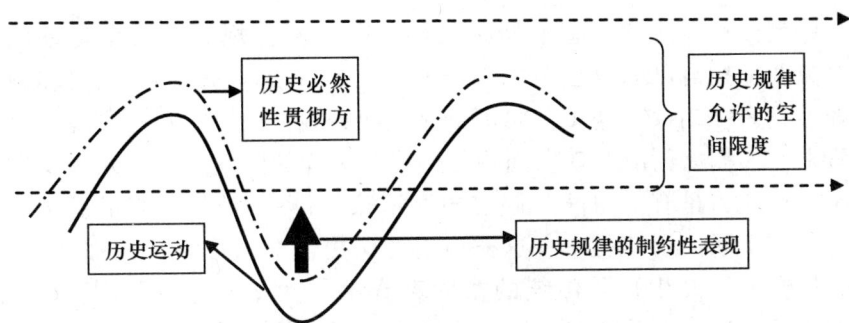

图 5—2

　　我们说，历史规律没有规定历史轨迹具体如何运动，人的能动性实践活动才是勾勒历史轨迹曲线的画笔。当历史运动轨迹处在历史规律可允许的"空间"的时候，历史规律对历史运动的具体面貌不会产生直接而实质的影响，当历史运动轨迹偏离后被历史规律"纠正"折回到可允许"空间"这一历史转折过程，历史规律仍然不会对历史运动的具体面貌产生直接而实质的影响。换言之，历史规律在场，不会直接作用于历史实际进程；历史规律出场，仍然不会直接作用于历史实际进程。历史规律出场，只要求通过选择或者探索新的路径来实现历史必然性贯彻下去，至于具体借助什么方式、什么时候、什么事件这些标志历史实际进程的因素完成这一逻辑规定，则不在历史规律制约之中。因为归根结底，孕育历史转折是民族生存与发展的本质要求的反映，而完成历史转折也是民族生存与发展的本质要求的反映，历史规律出场不过是民族生存与发展的本质要求的内在逻辑规定。鸦片战争以后，中国一定要用一百年时间完成民族独立、国家统一的历史任务吗？如果没有发生西安事变国共两党就不会形成抗日民族统一战线局面吗？解放战争时期，蒋介石的数百万大军注定被打败吗？"文化大革命"结束后中国必然走向改革开放之路吗？对于这些问题，我们不应该因为真实的历史是这个样子，就认为历史必然性就是这样支配的，必须允许其中包含着偶然性，而偶然性除了运气的成分外，只能从实践必然性中寻找答案。马克思提出"资本主义必然灭亡，社会主义必然胜利"，但具体如何实现这一历史转折，直到今天，还在实践探索之中。

　　显然，在历史具体进程中不是不存在"可能性空间"。既然历史是以人的能动性实践活动展现自己的面貌，不可能不具有偶然性、可能性。在某一时刻，历史运动是否超越历史规律制约性所允许的空间范围，就是一种可能性，而不是必然性。因为历史规律对历史运动的制约，只要求把自己的内在逻辑推演开来，至于如何贯彻下去，偶然性、选择性具有主动权。这里的"可能性空间"在于，在历史发展的某一阶段上，人们如何应对现实问题、做出什么样的能动抉择（对现实问题做出的反应，是有"空间"限定的根据），可以导致接下来的历史发展轨迹存在不同的可能性——这样应对，历史便会这样发生，那样应对，历史便会那样发生。与传统的横向存在的"可能性空间"不同的是，人们在历史运动面前的能动性、主动性抉择，并非事先在什么可能性空间中进行，一切都是从实际出发做出的，不管如何，历史就这样发生了。之所以在理论上要说明历史还有其他的可能性，是要指出，所有已经发生的历史真实并非是历史必然性规定下的唯一，它没有宿命论的光环。

正因为如此，纵向看，在一个民族的社会发展历程中，可能一个人的悲剧会导致一个历史事件的失败，结果丧失传承历史必然性机会，改写历史发展面貌，但只要整个历史"活着"，贯穿其中的历史必然性终将会如决堤之水滚滚向前。而横向看，不是每一个民族在挑战中必然会成功地应战，实现历史转折，世界上最终应战失败的文明比比皆是。尽管贯彻这个民族社会发展历程的历史规律也会随之中断，但人类社会发展普遍规律不会消失，它会在成长的那些文明中继续贯彻下去。

从历史规律在场和出场特征上看，探索实践规律，遵循实践必然性至关重要，它们与我们现实生活休戚相关，直接而实质地影响我们的实践活动、制约历史事件、勾勒历史具体面貌。我们是在实践规律的制约下创造历史，承载历史必然性的贯彻。但是，决不能因为历史规律不直接"观照"我们的实践活动而认为探索历史规律没有实际意义。首先，历史规律与实践规律之间的区别不是绝对的，而是辩证的。在一个历史阶段中看或在一个历史事件中看，贯穿其始末的社会规律可能是历史规律，但超越这个历史阶段或者站在历史事件之外看，它可能是实践规律。例如，如果我们站在新民主主义革命角度看，或者从共产党角度看，"农村包围城市，武装夺取政权"规律客观上贯穿并制约整个新民主主义革命历程，它是历史规律。但是，从中国近代史角度看，新民主主义革命不过是以往革命没能够实现历史转折、从而造就了掀起新革命的社会形势后应运而生的又一次革命，如果它失败了，还会有新的革命继续发生，直到实现历史转折为止，因此，新民主主义革命本身具有历史的偶然性，自然贯穿其中的"农村包围城市，武装夺取政权"规律也不能算为制约整个中国历史的历史必然性。另外，从蒋介石的角度看，他定然不会认可新民主主义革命及贯穿其中的"农村包围城市，武装夺取政权"规律能够客观支配中国历史发展阶段，而他的反革命实践活动恰恰是这一历史规律有可能半路中断的原因。其次，历史规律可以衍生出实践规律，从而发挥实践规律作用。历史规律一旦为我们所认识，并贯彻到实践中来，它就有可能转变为或者衍生出实践规律。不管我们党是否认识到还是没有认识到，"农村包围城市，武装夺取政权"规律一直制约新民主主义革命的得失成败，南昌起义、秋收起义和广州起义失败深刻说明这一点。但是一旦我们党揭示出这一规律并科学应用到革命实践中来，这个自在的历史规律就衍生出自为的实践规律来开始发挥直接而实质的作用。当然，与此同时，作为历史规律的"农村包围城市，武装夺取政权"规律依然自在地发挥制约作用，不以人的意志为转移。

第六章 反驳波普尔与悉尼·胡克的诘难

波普尔批判历史唯物主义最有代表性的是两个论断——"五点论题"和"俄狄浦斯效应"，它们否定了历史发展的规律性和可预见性。悉尼·胡克则通过对历史事件的举例论证方式批判马克思主义"正统派"的观点。可以说，他们都抓住了唯物史观薄弱之处而颇有杀伤力，如果按照传统理论范式给予反驳，基本上没有说服力。近年来，几乎没有人站出来直面波普尔和胡克的诘难。但他们的诘难还在那里，时间消除不了他们的幽灵，如鲠在喉，不能彻底拔除，历史唯物主义就难以挺直腰杆，历史规律问题就难以深入研究。

我们认为，知识增长的影响、历史规律预测的影响、历史人物的影响，都只是对历史规律实现方式——现实的、具体的历史进程的影响，而不是对历史规律本质规定——历史必然性的影响，因为历史必然性并非直接制约实在性的历史进程。这就是说，不管波普尔、悉尼·胡克找什么理由强调历史发展实际过程的曲折性、偶然性、属人性、单程性、不确定性、非预见性，都不是否定历史发展存在规律性的理由，因为历史必然性只是没有时空属性的逻辑规定。它只关心自己能否顺利贯彻下去，不关心历史发展实际过程发生什么变化，即便是自身贯彻受阻需要发挥制约作用"纠正"历史运动偏差以便继续贯彻下去的时候，这个历史转折过程仍然是通过具有曲折性、偶然性、属人性、单程性、不确定性、非预见性等一系列属性的历史实际过程完成的。

一 破开波普尔设定的两道藩篱

从已经过去的历史长河中较为容易领悟历史必然性，但面向未来，从历史发展趋势中很难捕捉其中的历史必然性，我们只看到我们追求各种目标的实践活动在演绎历史进程，"人们总是通过每一个人追求他自己的、自觉预期的目的来创造他们的历史"。① 波普尔的"五点论题"和"俄狄浦斯效应"问题就是从历史绽放时刻入手批判历史决定论的。传统理论范式已经无法打破波普尔设定的这两道藩篱，必须通过新的理论范式来破开，为历史唯物主义扬帆助航。

（一）"五点论题"和"俄狄浦斯效应"

波普尔在《历史决定论的贫困》的"序"中，开宗明义："我试图在《历史决定论的贫困》中证明，历史决定论是一种拙劣的方法——不能产生任何结果的方法。""为了让读者知道这些最近成果，我拟在这里简单谈谈我对历史决定论的这个反驳。我的论证可以概括为如下五个论题：1. 人类历史进程受人类知识增长的强烈影响。（即使把我们的思想，包括我们的科学思想看作某种物质发展的副产品的那些人，也不得不承认这个前提的正确性。）2. 我们不可能用合理的或科学的方法来预测我们的科学知识的增长。（这个论断可以由下面概述的理由给予逻辑的证明。）3. 所以我们不能预测人类历史的未来进程。4. 这就是说，我们必须摒弃理论历史学的可能性，即摈弃与理论物理学相当的历史社会科学的可能性。没有一种科学的历史发展理论能作为预测的根据。5. 所以历史决定论方法的基本目的是错误的；历史决定论不能成立。"② 在波普尔看来，历史现象不同于自然现象，历史是由人创造的，人的行动是由意志决定的，人的"自由意志"可以创造一切。人的目的、意志的作用给历史发展带来大量的偶然因素和随机性。由于人的作用，使历史事件呈现出异质性。也就是说，不像自然事物那样是"排列组合的新"，人类历史事件是独特的，是一种"内在的新"，所以人类社会的进化是一个独特的、不可重复的历史过程，对这过程的描述只能是一个单称命题。"如果我们永远只限于观察一个独一无二的过程，那我们就不能指望对普遍性的假说进行验证，不能指望发现科学所能接受的自然规律。对一个独一无二过程的观察不可能帮助我们预见它的未来发展。对一个正在成长的蝎子进行最仔细的观察也不能使我们预见它变成蝴蝶。"③

我们显然不接受波普尔的结论，但我们对他的论证理由的反驳却有

---

① 《马克思恩格斯选集》（第4卷），人民出版社1995年版，第248页。
② 〔英〕波普尔：《历史决定论的贫困》，杜汝楫、邱仁宗译，华夏出版社2009年版，第1—2页。
③ 同上书，第86页。

些空泛无力。一般说来，我们的反驳理由是：第一，马克思主义历史决定论是辩证的决定论，坚持必然性与偶然性辩证统一，理论根据不是基于马克思、恩格斯经典论述就是借助耗散理论、随机理论；第二，历史唯物主义强调人的能动性与历史规律的客观性之间辩证统一，理由就是"可能性空间"说；第三，历史规律是通过趋势或可能性表现出来的；第四，科学知识具有传承性，而且它自身也需要一定的社会条件、需要通过社会实践才能转化为物质力量，因此它对历史进程的影响不是不可捉摸的，因此，在逻辑上，历史是可以预见的。

　　但总的来说，都没有正面解释波普尔设定的反驳他的观点的两个论点："相信进化规律的人可能提出的论点有两个。（a）否定我们所认为的进化过程是独一无二的论点，或者（b）断言在一个进化过程中，即使它是独一无二的，我们也可以从中看出一种趋势、倾向或方向，我们可以提出一个假说来表明这种趋势，并以未来的经验对该假说加以检验。"① 在波普尔看来，历史运动、社会发展是一个单程的不可重复的过程，只要承认这一点，就意味着历史发展不存在可重复性、可预测性的历史规律。如果有人承认社会发展是一个单程的过程，却误把社会发展趋势、倾向当作规律是不对的。这里的关键既不是必然性与偶然性的关系问题、也不是规律与趋势的关系问题，甚至也没必要讨论科学知识在多大程度上影响社会历史进程的问题，关键在于：如果你要承认存在历史规律，就必须首先承认历史规律本身不是一种趋势、一种倾向（这与讨论历史规律是通过社会趋势、通过某种近似值表现出来是两码事），同时还要承认社会历史发展不具有齐一性、可重复性（关于"知识增长对社会历史进程的强烈影响"问题不过是得到这一结论的一个理由，我们若承认这个观点，就不需要讨论科学知识对社会发展的影响性问题）。只有基于这两个前提条件的限制，再来讨论社会历史发展是否存在规律的问题，才是正面反驳了波普尔的论断。显然，我们现有的研究成果似乎没有在这方面给予充分的考虑，更多地阐述马克思主义历史决定论应该是什么，而较少地论证历史规律应该是什么，历史规律如何在人的能动性实践活动生成并发挥制约作用等问题。

　　在波普尔看来，依据历史规律进行客观预测是不可行的，预测本身就是预测结果的影响因素，任何预测结果都无法摆脱主观影响性。对

---

　　① 〔英〕波普尔：《历史决定论的贫困》，杜汝楫、邱仁宗译，华夏出版社2009年版，第86—87页。

此，波普尔提出了著名的"俄狄浦斯效应"——"预测可影响被预测事件这种看法是十分古老的。传说中的俄狄浦斯杀了他以前从未见过面的父亲，这是一个预言的直接结果，这个预言曾使他父亲把他抛弃。所以我建议把预测对被预测事件的影响（或者更一般的说，某条信息对该信息所涉及的境况的影响）称为'俄狄浦斯效应'。这种影响或者会引起被预测的事件，或者会防止这种事件的发生。"①

波普尔认为，预测必须依赖条件，有条件的预测才是可以证伪的科学预测，如在社会学中一些技术性的预测。在社会历史领域中，科学的预测是不存在的。波普尔指出，对某特定事件给予因果解释必须有两大前提：（1）具有自然规律性质的全称命题，（2）关于该特定情况的特定命题，称为原始条件。历史预测就是把规律和原始条件视为已知的（而不是要去发现的），利用两者演绎出一个推断，从而获得新知识。可见，要做出历史预测，须有一个具有全称命题性质的普遍规律和一个原始条件。而在现实社会中，任何"连续发生的三个或三个以上有因果关系的事件都不是按照某个自然规律来进行的，……认为事件的任何连续或序列都可以用某一个规律或某一组规律来解释，纯属错误的想法"。② 波普尔坚称，历史决定论把规律和趋势相混同，把"历史规律"看作是一种"绝对的趋势"，因为它断言的社会发展总趋势是一种概括性的命题，是不依赖任何条件的必然发展过程。所以，历史决定论者所谓的"历史预测"实质上是一种预言，是无条件的假预测。历史决定论中的"历史预测"会通过预言的方式反过来影响、引导人们按照所谓的历史规律推动历史前进，由此说明历史决定论中的历史规律并不是纯粹的必然性存在，不是真正的规律。

波普尔提出来的"俄狄浦斯效应"论题实际上包含着两个问题：一是观念中的历史规律会影响自在的历史规律问题。这在前文已经提到：既然人们认识历史规律的活动也是人们创造历史活动的一部分，它必然会对人们实践活动产生影响，继而对历史规律产生影响；但反过来看，既然人们认识历史规律的活动只是人们创造历史活动的一部分，即便是人们完全掌握并有效利用历史规律，也不过是人的能动性表现之一，没有超出人们创造历史活动的范围，因而不该对自在性的历史规律产生任

---

① 〔英〕波普尔：《历史决定论的贫困》，杜汝楫、邱仁宗译，华夏出版社2009年版，第10页。
② 同上书，第92—93页。

何额外的影响。我们该如何解释这一逻辑矛盾性呢？

　　二是社会发展的预测问题。这是从第一个问题演化而来，旨在强调一旦预测影响到预测结果，预测本身的客观准确性就值得怀疑了。不过，波普尔还强调了知识增长对预测问题的影响："如果有不断增长的人类知识这回事，那么我们今天就不可能预先知道我们明天才会知道的事情。"① 这个理由实际上是建立在"社会历史发展是一个独一无二的过程"这一根据之上，因为强调人类知识增长对社会发展的强烈影响就是要肯定"社会历史发展是一个独一无二的过程"这一结论，进而得出社会发展具有不可预见性的结论。相比而言，波普尔依据"俄狄浦斯效应"否定社会发展的预测性问题更难以进行探讨，因为它不仅要求证明在独一无二的社会历史发展过程中存在社会历史发展规律，而且还要进一步研究观念中的规律与客观自在的规律之间的辩证关系问题。

　　对第一个问题，几乎没有人给出解释，对第二个问题，人们往往通过分析规律预测的粗略性、知识增长的条件性和知识对社会影响的社会实践性等进行反驳，从而坚信社会发展具有可预见性。有人将"根据某种规律做出的预测反过来影响人们的社会实践活动"这一矛盾问题简单地视为关于社会历史预见的一种实现方式和社会历史发展的可预见性的一种具体体现。这种解释只抓住了冰山的上部分，忽略了水下的那部分，即"俄狄浦斯效应"论题包含着的深层矛盾问题——如果人们能够根据有关预言采取相应的行动，或者延缓、避免事物发展过程中出现的对自身不利的趋势，或者促使事物发展过程中出现的有利于自身的趋势早日变成现实，将如何解释这个历史发展过程依然是历史规律客观支配的结果呢？如果认为这不是历史规律客观支配的结果，那就等于否定了马克思主义历史决定论。换言之，这种解释只为了合理解释"俄狄浦斯效应"悖论而遮蔽了解释本身是否成立的理论根据问题。正如从作案动机、作案工具、作案手段等一系列方面都充分指证被告人存在亲自作案的可能性，但却忽略了被告人没有亲自作案时间一样，一切在这个条件面前都会显得苍白无力。

　　虽然两个命题都最终指向都是历史不可预见性这一结论，但理论难点却不在这里。第一个命题的难点在于如何解释历史发展面向未来的不可确定性，第二个命题的难点在于如何解释观念中的历史规律通过实践

───────────

① 〔英〕波普尔：《历史决定论的贫困》，杜汝楫、邱仁宗译，华夏出版社 2009 年版，第2 页。

影响自在的历史规律的制约效果。

（二）解答波普尔的诘难

波普尔的"五点论题"包含着这样一个逻辑关系——我们是不能预测知识增长的，而知识强烈影响社会发展的进程，知识增长的不确定性决定了人类未来进程的不确定性。因此，历史决定论是不成立的。

波普尔没有用人的能动性、没有用社会交往、没有用人的非理性等概念强调历史发展面向未来的不确定性、不可预知性，而是巧妙地利用了"知识"这个含义丰富、难以捉摸的概念作为论证的根据，非常有攻击力。我们对此直接进行反击肯定不被人所信服，因为知识的发展可以通过各个团体合作、甚至单个人努力实现单轨前进，但知识在实践中产生的作用可以通过交往传播开来实现共享，因此知识爆发对社会发展的影响是深远的，知识发展的不可预知性导致社会发展的不可预知性这一逻辑是成立的。事实上，社会成员之间的利益冲突、阶级斗争、外在势力的干预、自然灾害的影响、历史重要人物的主观抉择等等都能够使社会发展充满不可预知性，它们之间的逻辑也是成立的。总之，社会向着未来的发展趋势是难以事先定位清楚的，我们无法像先知那样探明具有时空属性的人类未来的发展图景（尽管科学幻想有时候可以洞见一斑，但这不是整个社会发展的"活"的全貌，它只能给出一种抽象的截图，正如我能预见我变老的样子，但除了抽象地想象外，我不能预见我变老的生活情境）。

这说明，在历史所呈现出来的具体面貌这一平台上直接考察历史规律存在的理由，是不可行的。我们反驳的理由必须另辟蹊径。

我们认为，历史规律是需要通过社会实践贯彻下去的逻辑必然性，它是在历史发展的实际进程中的背后贯彻下去，不直接作用于历史发展的实际进程。换言之，其必然性一定要通过实践活动贯彻下去，或者说，一定要通过历史发展贯彻下去，但实践活动具体如何贯彻，即历史发展如何贯彻，本不在历史规律关照的菜单中。只有当其逻辑必然性贯彻受阻时才会出场，通过制约作用"纠正"历史运动偏差。但这种制约作用也不是直接强加给历史实际进程的，它只要求历史运行轨迹必须改弦易辙，以便于自己能够继续贯彻下去，但具体以什么方式、什么时候完成历史转折这一现实上的发展过程，仍然是人们实践活动的结果。

这个论证过程说起来很抽象，但道理很简单。假定一个人立大志要发财（相当于整个民族在本质上求生存谋发展的价值诉求），如果他的生意顺利，财源滚滚，自然乐在其中。如果生意失败，意味着若继续做下去必然穷途末路，发财梦的巨大主观动力会促使他主动变更生意，但具体改做什么生意才能继续发财，他的发财梦是不会指点迷津的，这一切来自实践的探索与尝试。他的发财梦只告诉他必须找到一个能够继续发财的生意，这期间可能运气好，一下子就找到了，也可能运气不好，折腾好几次生意，甚至彻底失败，而他的发财梦只在成功的选择中贯彻下去——这我就如同"人为财死，鸟为食亡"的道理，财富对人的行为制约实际上是我们自己的目的诉求对自己的行为制约。同理，历史规律对某个民族的历史实际进程制约不过是整个民族求生存谋发展的本质目的诉求产生的外部效应。

因此，历史呈现出来的具体面貌不在历史规律直接关照之下，不管社会发展如何受到知识的强烈影响而表现出这样或那样的不确定性，不可预知性，都不会对历史规律的逻辑必然性产生直接影响。历史发展顺畅，它在顺畅的历史进程中贯彻，历史发展曲折，它在曲折的历史进程中贯彻。历史规律与历史进程的关联性不是一体化意义上的，而是逻辑上的，所以，波普尔的"五点论题"不管论证根据和论证过程多么充分，其结论是不对的。

波普尔提出的"俄狄浦斯效应"是批判历史规律预测问题的重要论断。显然，"历史预测"会通过预言的方式反过来影响、引导人们按照所谓的历史规律推动历史前进，这是不可否认的。举一个例子，曾经有一位著名的心理学家到一所小学访问，在教室里挑出 5 名小学生，认为他们将来肯定会有出息。后来这 5 名小学生长大以后果真出类拔萃。当有人问这位心理学家当初是如何识别这 5 位人才的，他的回答出人意料，他说，我不过是随便找了几个人，断言他们将来会与众不同。他们后来的变化不在于他们先天有什么特别，而在于我给了他们暗示，使他们不自觉地朝这个方向努力。

要反驳波普尔提出的"俄狄浦斯效应"，不能直接讨论历史预见性问题，而应该首先搞清楚观念中的历史规律如何影响自在的历史规律的作用效果问题。

前文已经分析，我们不是站在历史过程的外面去观察、认识、研究、发现并最终证明历史规律的，相反，我们是在历史规律客观作用下的历史进程之中认识历史规律的，我们对历史规律的实践探索过程不可能不对自在的历史规律的制约作用产生影响。"正像在其他一切思维领域中一样，从现实世界抽象出来的规律，在一定的发展阶段上就和现实世界脱离，并且作为某种独立的东西，作为世界必须遵循的外来的规律而同现实世界相对立。"① 一旦我们所认识的历史规律成为指导我们社会实践的思想武器的时候，观念中的历史规律就已经成为社会实践的一部分而变成自在的历史规律的作用对象了。正如作画者就是画中人一样，历史的剧作者也是剧中人，探索以及应用历史规律的过程就是创造历史的过程，同时，也就是受到自在的历史规律客观制约的过程。在考察二者关系时，设定未被主观历史规律干预的"原初"历史发展状态是不现实的，因为一旦我们开始探索历史规律，不管它是不是对客观自在的历史规律的正确反映，这个探索过程本身就已经是历史进程一部分了，自在历史规律不可避免地作用于这个被影响之后的历史发展状态。举一个例子，假设算命先生认为我将来能够考上博士，这个预见如果不被我所知，我是在"自然状况"下考上博士的，可以认为算命先生的预见是准确的；但如果他的预见已经深深进入我的主观世界中，并且影响到我的实际学习过程，这个时候，所谓的考博士过程的"自然状况"是不存在的，他的预见已经成为我考博士过程的一部分，并使得预见本身失去了客观功能。

由此回过头来再谈波普尔提出的"俄狄浦斯效应"问题，就豁然开朗了：因为观念中的规律会通过实践活动干预自在的规律制约作用效果，一旦我们用所认识到的历史规律指导我们实践活动，历史发展受到客观规律支配这一观点就会受到质疑，即一旦预测影响到预测的效果，预测本身的客观准确定就受到质疑。我们该如何解释这个问题呢？

因为历史规律是需要通过实践贯彻下去的逻辑必然性，其逻辑必然性一定要通过实践活动贯彻下去，但实践活动具体如何贯彻，则不在历史规律关照之中，这决定了不管观念中的历史规律通过实践活动如何干预现实的社会具体进程，都不会直接对自在的历史规律的逻辑必然性产生直接影响。即使人类社会发展到了这一地步，人们已经完全掌握了历史规律，并使之自觉地为人们创造历史的实践活动服务，也不过是对自在的历史规律实现方式产生直接影响，而不会对自在的历史规律内在逻辑规定性产生直接影响。我们再通过上面的例子来解释一下。我考博士的内在规定性是一个必然逻辑过程（它当然可能由算命先生的预见引起，但一旦出现，它已经是我们主观目的的诉求，而不再是算命先生的外在预见），这个必然逻辑过程并不关照我考博士实际过程是在"自然状

① 《马克思恩格斯选集》（第 3 卷），人民出版社 1995 年版，第 378 页。

况"下还是在"非自然状况"下，所以，算命先生对于考上博士的预见虽然会影响到我考博士的实际过程，使之在"非自然状况"下进行，但这与这个必然逻辑过程无关，因为它只关照结果上的成功，而不关照是一次失败还是两次失败。

正因为历史规律并不规定实现未来理想社会的现实的具体的社会发展过程，决定了依据历史规律所进行预测只是抽象的逻辑推定，不是那种体现时空属性的有实质内容的预测。历史规律预测既不是空泛的纸上谈兵——它有科学逻辑论证过程，也不是那种先知先觉式的有时间、地点、人物、方式等实质内容规定的预言。一方面历史规律预测有最终实现的必然性，这是可确定的；另一方面历史规律预测的具体实现过程是什么样子，这是不能确定的，只有通过一步一步展现出来的实践活动才能得到答案。

总之，根据历史规律进行预见，"俄狄浦斯效应"是存在的，但"俄狄浦斯效应"悖论是不存在的。

这里的问题是，根据历史规律对人类社会未来进行预见，有何实际意义呢？

历史规律的实现方式——具体的历史进程虽然不在历史规律直接关照之下，但它运行状态是否顺畅，则具体地、实质性地关联到历史规律的逻辑必然性的贯彻环节。就是说，虽然根据历史规律，我们能够预见共产主义必然实现，但这不过是一个逻辑规定，如何在实践上把握住历史发展的具体进程，避免走弯路，避免走邪路，则直接关系到共产主义何时、以什么方式实现的问题。因此，通过对人类社会未来进行预见，给我们奋斗方向、给我们必胜的信念、给我们战胜困难的精神鼓励、给我们统一认识避免走弯路的思想凝聚力，将深刻影响到我们创造历史的实践活动，因而影响到历史规律的实现方式，促使历史规律的逻辑必然性所指向的未来目标早日实现。

二　解析悉尼·胡克的英雄观

一般说来，用长镜头观察历史运动轨迹，较为容易理解历史规律性；但用短镜头品味历史运动细节，探讨历史事件经过，历史必然性就被遮蔽了，而历史人物的主观意志对历史进程的影响就凸显出来。悉尼·胡克的英雄观就是从具体事件中探讨历史人物的历史作用问题，以此反驳马克思主义者"正统派"的观点。要反驳悉尼·胡克的观点，实际上需要彻底解决人与历史规律关系问题，或者反过来说，我们只要彻底驳斥悉尼·胡克的观点，人与历史规律关系问题也就基本解决了。

（一）悉尼·胡克的实证诘难

悉尼·胡克在《历史中的英雄》中认为，虽然一切历史事变都有经济原因，但经济原因不应该是唯一决定历史事变的理由。他指出，恩格斯以及普列汉诺夫、托洛茨基等马克思主义"正统派"在逻辑上，把引起历史事变的社会客观需要这一必要条件误置为充要条件，因而低估了英雄、偶然性以及主体选择历史发展的多种可能性的作用。他强调，人的能动性不单纯是历史必然性的执行者，英雄有时会对历史起决定作用，而英雄的历史作用在历史交叉点上（十字路口）会最大地表现出来，因为此时历史发展的前景呈现出多种可能性，而历史偶然性在这一时刻也有更大的意义。也就是说，他不否定时势对英雄产生的影响，但认为英雄有时会对历史起决定作用。在他看来，历史并不是一个严格按照历史必然性逻辑支配下进行的运动过程。"历史上的必然性，正如同与之连续的自然界的必然性一样，两者都具有束缚力，只是不具有逻辑上的强制性。历史上的必然性所以区别于自然界必然性的地方在于：它们部分地还具有目的性，它们包含着一种意义，牵连到人们所认为'有价值的'或'可取的'东西。"① 悉尼·胡克反过来又强调，"尽管我们的论旨在于主张：那具有事变创造性的人物对于历史阶段有着决定性的影响，但即在这里，我们决不会放弃那有关因果关系的信心，或者是接受绝对偶然性的信念。我们所要断言的不过是：在这种局势下，伟大人物的历史影响是个相对独立的因素——所谓独立是说独立于决定道路选择的各种条件……如果那位伟大人物没有降生的话，则事变进程在一切重要方面，以及在一切可能的条件之下，都会完全改变方向。"②

我们必须承认，历史在转折时期，社会发展客观形势所孕育的基本社会条件是必要的，但关键性的历史人物所做的选择也是重要的，二者之间谁对历史发展的影响是决定性的，不能一概而论。悉尼·胡克在这方面的阐述，值得我们辩证吸收。这里的问题是，如果承认关键性的历

① 〔美〕悉尼·胡克：《历史中的英雄》，王清彬等译，上海人民出版社2006年版，第102—103页。
② 同上书，第80页。

史人物所做的选择对历史发展产生决定性作用，是否违反了历史唯物主义基本原理？其实，固执地坚持社会发展客观形势始终对历史发展产生决定性作用，也同样违反了历史唯物主义基本原理，因为它直观地、教条地理解历史唯物主义关于生产力是社会发展的根本动力（动因）原理。这里的问题在于，在历史唯物主义框架下，我们如何正确理解英雄与时势在决定社会历史发展的辩证关系。

悉尼·胡克为了更深刻说明历史人物对历史的影响性，把历史人物分为事变性人物和事变创造性人物。"所谓事变性人物就是：某一个人的行为影响了以后事变的发展；而如果没有他的这一行动，事变的发展进程将会因之而完全不同。所谓事变创造性人物就是这样一个事变性的人物，他的行动乃是智慧、意志和性格的种种卓越能力所发生的后果，而不是偶然的地位或情况所促成的。这个区别试图正确对待那个一般的信仰，即英雄的伟大不仅要凭他的所作所为如何，而且要凭他这个人本身如何。"① 对此，他强调："正是那作为事变创造性人物看待的英雄把他们的个性积极地烙加盖在历史上面——直到他们从历史舞台上消逝以后，这个烙印还依然明显可见。"② 悉尼·胡克给出这样的区分，目的在于强调特殊性历史人物对历史作用的决定性、创造性，实际上为"英雄造时势"做了理论准备，反过来，也给我们的对其反驳提高了难度。他为了使自己的论证无懈可击，一方面认为"世界上往往有种局势不是任何英雄人物所能掌握的。这种局势的来临有如排山倒海的怒潮，任何潜在的事变创造性人物，或者他的徒步的追随者都无法加以遏止，虽然他们可以乘着这波浪前进而使情况有所不同"。③ 另一方面才强调还存在这样一种情况，"一个天才人物（不论善恶）遭逢期间，能够给人们和事变带来深厚的影响，这时，他便成为一个事变创造性人物"。④ 我们如何解释这两种情况呢？

悉尼·胡克还认为，对于现实的具体的历史进程，不应该进行简单的主观的因果逻辑推演。"历史学家关于历史的想象上的重新构想常常具有的缺点之一就是把面向未来的推想线索拉得太远。……因而他们就忽略了以下这一点——即随着越来越多的因素在故事中的出现，那可供

① 〔美〕悉尼·胡克：《历史中的英雄》，王清彬等译，上海人民出版社2006年版，第108页。
② 同上书，第110页。
③ 同上书，第122页。
④ 同上。

选择的各种道路出现的可能性也就越来越增多，越来越复杂。"① 悉尼·胡克的这一认识是非常有积极意义的。历史总是依据现有条件和人的能动性实践活动绽放出来，其中每一要素发生变化或增加什么要素都会引起历史面貌改观，"所以人类始终只提出自己能够解决的任务，因为只要仔细考察就可以发现，任务本身，只有在解决它的物质条件已经存在或者至少是在生成过程中的时候，才会发生"。② 不过，这也给我们设置了一个难题：当历史发展面向未来绽放时，历史规律是如何发挥制约作用呢？因为历史绽放不是在一个固定不变的轨道上前进的，相反，多种可能性总是伴随其中而使历史运动轨迹曲折延伸，历史规律是通过一个空间来实现这种曲折性延伸吗？显然不对，历史规律没有空间属性，我们必须有新的解释理由。

　　悉尼·胡克还提到了观察历史的角度不同，对偶然性的理解不同。"历史上的偶然事件相对于研究者的着眼点之不同，而具有不同的意义。对于一位想把百年历史的记录加以鸟瞰的研究者来说，偶然事件的意义就显得极小；而对于一位敏感于种种可能事态和珍惜细节的研究者来说，它的意义就显得极大。"③

　　这正是哲学研究历史与史学研究历史的差异所在。哲学家们喜欢从大处着手，宏大叙事，所以偶然事件往往被遮蔽在对必然性的追寻过程之中；相反，史学家们一般则从小处着手，细处考察，往往通过分析情节中的偶然事件探寻引发重大历史事件的事由。如果哲学研究想跨进史学门槛，就必须敢于关注偶然事件，关注历史中的微观世界，而不能在大历史中谈论抽象的问题；反过来看，史学研究要步入哲学殿堂，就应该把自己的研究焦点置于宏大的社会历史背景下，不要被偶然的细节变化蒙蔽头脑，误入歧途。正如巴斯卡在《思想录》中的一个论断：假如克里奥佩特勒④的鼻子生得短了一点，世界的整个局面将会随着而完全不同。这显然是荒谬的，他不知道蝴蝶效应中的蝴蝶不过是一个导火线，即使没有蝴蝶，小鸟、大黄蜂也能引发类似的效应，只要客观条件

① 〔美〕悉尼·胡克：《历史中的英雄》，王清彬等译，上海人民出版社2006年版，第91页。
② 《马克思恩格斯选集》（第2卷），人民出版社1995年版，第32—33页。
③ 〔美〕悉尼·胡克：《历史中的英雄》，王清彬等译，上海人民出版社2006年版，第96页。
④ 即埃及艳后，她通过美色影响到当时罗马帝国三个重要政治人物：庞培、恺撒、安东尼。

完全具备。没有人会认为如果允许日本人到北京城里搜查所谓失踪的士兵，就不会爆发七七事变；也不会有人认为如果共产党不实施中原突围计划，内战就不会打起来。

如果我们不能要求史学研究率先打破学科禁地，哲学研究就应该率先走出第一步。当然，这需要理论准备，因为在传统解读中，历史唯物主义存在"长于评史，短于论事"的罅隙，哲学研究要想走进历史的微观世界、生活世界，必须有新的理论支撑。悉尼·胡克显然在这里给我们出了一道难题。

悉尼·胡克还探讨了规律制约与自由选择关系问题。他反对规律制约对于人的自由选择的逻辑先在性，强调人是规律制约作用发生的原因。在他看来，历史规律的主题总是包含着：有关作为社会成员的人们的协同的和相互的行为或文化的东西，因此，"给予这些规律以发生作用的机会的，仍然是我们"。① 强调人有选择途径的自由和能力，"每一个选择的决心都包含着要达到一定的程度的自我的、社会的和世界的改造"。② 他由此得出一个结论：不应该"把现存于我们面前的政治方面和社会方面的种种道路的选择完全托付给一位事变创造性人物，或者托付给一个不受控制的政治中枢"。③ 旨在反对苏联式的个人集权政治。他没有说明为什么人在规律面前有选择途径的能力但却又会受到规律制约？规律是人的能动性的对立物还是生成物？不过，拨开这些雾障，我们发现，他洞悉到社会规律的多重性，强调人在规律面前的主动性，探索社会发展前路的现实性，"任何一种明智的改造都是一种实验，是要以已知的规律为指导，而以达到能掌握具体问题为目标的"。④ 也正因如此，在这里我们必须回答，如何理解在历史规律制约下，人在规律面前仍然保持主动性。

悉尼·胡克主要通过历史经验阐述他的理论，因此，关于历史事件、历史人物的例证分析是他反驳别人观点的重要手段。

例如，悉尼·胡克在批判斯宾塞的社会进化论思想时指出，纳粹信仰的兴起，事实上确实可以追溯到当时的社会条件。但逻辑上那并不意味着：纳粹的反犹太运动是由于这些或那些的社会条件，而绝非由于希

---

① 〔美〕悉尼·胡克：《历史中的英雄》，王清彬等译，上海人民出版社 2006 年版，第174 页。
② 同上书，第184 页。
③ 同上。
④ 同上。

特勒的歇斯底里的仇恨心理。德国纳粹主义的许多附和者，起先还把反犹太运动作为一种偶然性或过渡性的事件来祈求加以避免——用他们的话来说，就是仅仅把它当作一种吓人的堂皇大话，以便达到威力取得有条件的投降而不致引起斗争。但这些附和者既已把赌注押在希特勒身上，并在希特勒当政后都变成了自愿的人质，一旦希特勒表示出来对于犹太人问题的狂妄的不妥协态度，他们也只好乖乖地表示拥护和捍卫反犹太运动。"一位忠实的斯宾塞信徒会让我们相信：希特勒连同反犹太的迫害运动都能从 19 世纪的德国文化状况以及从希特勒的世代祖先来加以预测。这个解释是不正确的，即令正确也是与此不相干的。"①

　　还比如，为了批判"时势造英雄"观点，悉尼·胡克就二战时希特勒上台事件提出这样一个问题："为什么不曾降生一个伟大人物以来迎合时势的迫切需要，把德国的一切反法西斯力量组成一个统一战线呢？因为有了这个统一战线，就能阻止希特勒的掌握政权（除非他不惜发动一个激烈而长期的内战），而且在某种条件下，也许就能解决当时的经济困难。"② "谁能否认当时确有这种时势需要呢？谁又能否认当时在应付这种需要上的失败呢？哪怕能找到一个替代的人也好！可是当时这样的人物竟然没有降生，这是否说明：时势无此需要？抑或法西斯主义的胜利乃是不可避免的？如果答案是肯定前者，那么，为什么又会失败？如果答案是肯定后者，那么，为什么又来反对这个'不可避免的'呢？"③ 关于时势与英雄的关系问题，确实是我们需要反思的。

　　悉尼·胡克没有超越现实的社会生活层面探索人与历史规律关系问题，尽管他通过实证分析对机械决定论的反驳很有说服力，但他树立的新观点有些牵强，陷入了自相矛盾的二元决定论困境之中——既不否认历史必然性，也充分强调英雄的历史作用，至于客观必然性与英雄的主观作用之间的关系问题，他没有给出清晰明确的回答。悉尼·胡克给我们设置的主要问题就是在坚持历史唯物主义前提下到底该如何认识历史人物的历史作用问题。在传统认识中，我们只是强调既要坚持人民群众创造历史（人民群众代表生产力），也要肯定历史人物重要作用。这种简单的、抽象的并列二分式说明问题的方法最大的不足之处就是不能直接用来解释具体的历史事件。如果说孙中山领导辛亥革命由于没有得到

①　〔美〕悉尼·胡克：《历史中的英雄》，王清彬等译，上海人民出版社 2006 年版，第 48 页。

②　同上书，第 54 页。

③　同上。

广大劳动人民的支持而失败，那么袁世凯为什么能够窃取革命胜利果实呢？难道他得到人民群众的广泛支持了吗？

（二）英雄与时势关系辨析

悉尼·胡克虽然从多个角度给我们设置了理论难点，但综合起来看，实际上就是讨论"英雄"与"时势"辩证关系问题，若把这问题彻底搞清楚了，悉尼·胡克所有的诘难就都不成问题。

到底是"英雄造时势"还是"时势造英雄"呢？一般认为，历史唯物主义坚持"时势造英雄"原则。其实，这只是从逻辑上看问题得出的结论，如果从事实上看问题，不应该那样绝对化、片面化。曾说过："英雄与时势，二者形影之相随，尚未少离。既有英雄，必有时势；既有时势，必有英雄。……故英雄之能事，以用时势为起点，以造时势为究竟。英雄与时势，互为因果，造因不断，斯结果不断。"显然是颇有道理的。我们认为，若只片面坚持"英雄造时势"原则，肯定违背历史唯物主义原则；而教条地坚持"时势造英雄"原则，也未必等于捍卫历史唯物主义，反而容易与条件决定论相混淆。

我们回顾一下恩格斯关于这方面的论述。恩格斯在同考茨基、查苏利奇、丹尼尔逊等书信往来中讨论革命问题时，曾经深刻阐释了社会发展客观趋势对于历史事件发生的决定性作用，可大致归纳出三点：（1）经济发展必然性决定了历史发展的必然趋势，决定了革命进程。恩格斯指出，"一切政府……归根到底都不过是本国状况的经济必然性的执行者"，处在大工业革命时代，"这一工业革命本身是不可避免的"，因此，俄国"不可能继续停留在俄国在克里木战争以前的那种发展阶段"。①而"由于大工业突飞猛进的发展，工业中心的整个生活条件发生了根本变化。这样，整个德国都卷入社会革命"，再加上科学指导革命的马克思主义诞生，"这就是德国工人运动势不可挡地发展的奥秘"。②（2）革命形势一旦成熟，"革命一定会在某一时刻爆发；它每天都可能爆发"。由谁来点燃导火线无关紧要，因为革命一旦爆发，就会超越"制造革命的人"，"将以经济力和经济阻力为转移尽可能给自己寻找出路"。③（3）历史是按照实然规律而不是主观上的应然逻辑演变。恩格斯认为

---

① 《马克思恩格斯选集》（第4卷），人民出版社1995年版，第714—715页。
② 同上书，第669页。
③ 同上书，第670页。

俄国农村公社正在被"资本主义大工业征服"，在这样的形势下，讨论直接过渡到社会主义问题已经不具有普遍现实意义，"事实终究是事实，我们不应当忘记，这种机会正在减少"，不具备客观条件，历史绝不会按照人们良好的主观设计发展。因此，恩格斯发出一声感慨："不幸的是，我们人类却如此愚蠢，如果不是在几乎无法忍受的痛苦逼迫之下，怎么也不会鼓起勇气去实现真正的进步"。①

很显然，恩格斯在论及革命必然性时，没有把顺势发动革命的人想当然地看成可以驾驭革命进程的伟大人物，社会形势是造成事变的势能，人的能动作用是造成事变的动能，二者到底何主何从需要具体问题具体分析。如果社会形势已经非常成熟，而且较为趋向一致，个人的能动作用就显得不太重要。正如恩格斯给查苏利奇的书信中指出："我所知道的或者我自以为知道的俄国情况，使我产生如下的想法：这个国家正在接近它的1789年。革命一定会在某一时刻爆发；它每天都可能爆发。在这种情况下，这个国家就像一颗装上炸药的地雷，所差的就是点导火线了。从3月13日以来更是如此。这是一种例外情况，在这种情况下，一小伙人就能制造出一场革命来，换句话说，只要轻轻一撞就能使处于极不稳定的平衡状态的整个制度倒塌，只要采取一个本身是无足轻重的行为，就能释放出一种接着便无法控制的爆炸力。"②就是说，在强大的历史发展客观趋势支配下，历史发展潮流将不受个人力量左右。

但恩格斯在给瓦·博尔吉乌斯的信中却强调在社会需要情况下历史人物出现的历史必然性："恰巧某个伟大人物在一定时间出现于某一国家，这当然纯粹是一种偶然现象。但是如果我们把这个人去掉，那时就会需要有另外一个人来代替他，并且这个代替者是会出现的，——或好或坏，但是随着时间的推移总是会出现的。恰巧拿破仑这个科西嘉人做了被本身的战争弄得精疲力竭的法兰西共和国所需要的军事独裁者，这是个偶然现象。但是，假如没有拿破仑这个人，他的角色就会由另一个人来扮演。这一点可以由下面的事实来证明：每当需要有这样一个人的时候，他就会出现，如恺撒、奥古斯都、克伦威尔等等。"③

这就出现了一个逻辑上的问题：既然在强大的历史发展客观趋势支配下历史发展潮流将不受个人力量左右，那么为了迎合社会需要而产生

① 《马克思恩格斯选集》（第4卷），人民出版社1995年版，第724—725页。
② 同上书，第670页。
③ 同上书，第733页。

的伟大人物有什么历史作用呢？或者说他怎么能够算得上历史伟大人物呢？因为既然是历史伟大人物，它就不应该仅仅顺应历史潮流，而应该开创历史潮流。

正因如此，悉尼·胡克给出了这样的诘难：如果说，"伟大人物是为了迎合社会需要而必然产生的"，那么，"究竟怎样知道的：每当一个巨大而急切的社会需要存在时，便一定会有一个伟大人物出面来应付它？""假使一个伟大人物既已降生，而又不幸夭亡"，"在找到了替身以前又需要耽搁多久呢？而在没有找到以前，那急切的社会需要和历史危机又会发生什么情况呢？"①悉尼·胡克还通过举例诘问，当底比斯和其他城市被亚历山大蹂躏得几乎成为废墟时，这里的群众会认为他们的社会需要就是为英雄人物所破坏的吗？

这个难题实际上就是唯物史观下解读"时势造英雄"面对的逻辑困境。

显然，我们不能止步于抽象地讨论"英雄"与"时势"二者辩证关系上，而应该把历史人物直接置于历史实际进程上看问题，就是说，时势不是英雄的对应物、并列项，二者不是谁优先的问题。时势是英雄发挥作用的平台，而这个平台恰恰就是历史发展的基本态势写照，它不是既定不变的，而是变化的、发展的，所以它对历史人物造成的影响作用也不是抽象的、不变的，而是具体的、变化的，那么，历史人物在不断变化的时势中如何彰显自己的历史作用呢？

对于这个问题，我们用历史规律在场与出场来解释，或许要有说服力。当历史发展现状能够顺畅地贯彻下历史必然性时，历史规律在场而不出场，这时候只有时势造英雄，历史人物的历史作用仅仅体现在反映时势客观要求上，或者说不需要有杰出历史人物开创历史新篇章，即悉尼·胡克所说的事变性人物。但是，当历史发展现状已经不能够顺畅地贯彻下历史必然性，历史规律出场，意味着当下的时势已经丧失了存在的理由，需要酝酿新的时势来贯彻历史必然性，这时候社会形势存在多种趋向，有多重可能性选择，历史人物的作用就显得很重要了，恰恰就是恩格斯所指称的"需要有这样一个人的时候"，既需要出现英雄，引导人民做出新的历史选择，创新时势，即悉尼·胡克所说的事变创造性人物。如果没有列宁，我们很难想象俄国十月革命会顺利胜利。在当

---

① 〔美〕悉尼·胡克：《历史中的英雄》，王清彬等译，上海人民出版社 2006 年版，第 52—56 页。

时，不管是革命阵营中的资产阶级政治势力还是旧沙皇势力、德国势力、协约国干涉势力，甚至搞经济建设，都曾使新兴政权处在极端危险之中，总是在关键时刻，列宁站得高看得远，说服大家采取正确的行动，革命成果得以保存下来。二战时期的德国不乏民主党派，但内部分裂、不注意采取灵活的措施争取广大民众支持，结果为希特勒迅速崛起提供了机会。而毛泽东对于中国革命也是如此，邓小平曾指出："他（指毛泽东）多次从危机中把党和国家挽救过来。没有毛主席，至少我们中国人民还要在黑暗中摸索更长的时间。"①

当然，在这个历史转折时期，何时出现英雄，他如何推动历史发展，不是必然的，存在很多可变因素。正如恩格斯指出，"如果我们把这个人去掉，那时就会需要有另外一个人来代替他，并且这个代替者是会出现的，——或好或坏，但是随着时间的推移总是会出现的。"②就是说，出现英雄人物不是一种绝对意义上的必然性，历史大转折时期只是提供了土壤，但要经过很多偶然性因素才能孕育出来。卫青出身骑奴，丰臣秀吉出身家奴，拿破仑不过是一个普通炮兵，毛泽东不过是一个农民的儿子，他们最终在政治舞台上叱咤风云，首先是以他们个人的禀赋为基础，但是，他们要进入政治核心圈中，就需要一个个偶然事件的托举，其中一个环节不是那个样子，他们走向伟大人物之路就难免会中断。当大革命轰轰烈烈兴起的时候，是谁赢得历史机会呢？蒋介石、汪精卫、陈独秀、瞿秋白、李立三、王明、博古，他们都比毛泽东有更多的机会担负领导中国人民完成中国两大革命任务的历史责任，但是只有毛泽东开创了这一伟大业绩，从历史上说，这是偶然的，但从他个人上说，这是必然的。

让我们举一个具体例子说明一下。一战以后，德国由于是战败国，需要承担巨额战争赔款，而20世纪20年代末30年代初发生的世界性经济危机又严重打击德国经济，使得德国面临巨大挑战，意味着当下的时势已经丧失了存在的理由，需要酝酿新的时势来贯彻德国历史发展的必然性，而旧的时势丧失以及新的时势生成这个交替过程本身也是一种时势——历史转折的时势，恰恰就是历史转折的时势才是历史人物应运而生、开创新业绩的时候。在这里我们不能首先设定德国需要什么样的政治集团，但可以说建立一个强力政治集团能够迎合当时德国的经济困

① 《邓小平文选》（第2卷），人民出版社1994年版，第344—345页。
② 《马克思恩格斯选集》（第4卷），人民出版社1995年版，第733页。

境和社会动荡以及一战后形成的民族压力的客观需要；我们也不能设定希特勒就是德国在这个历史转折时期必然出现的"历史人物"，只能说希特勒在各种偶然因素和当时社会具体发展过程中的实践必然性作用下登上了德国政治舞台。从希特勒是通过民主选举上台的历史过程中看，我们有理由认为德国人民确实曾经希望通过这个人物为德国未来开创新的道路，使之从历史发展巨大困境中走出来。但他们选错了人物，走错了道路，一场更大规模的战争除了灾难以外，并没有给德国历史开创新的快车道，德国历史没有完成转折，而是造成德国分裂 45 年之久，直到 20 世纪末才恢复统一局面。是谁完成德国民族历史的"复活"？显然不是一位历史人物的功劳，但勃兰特的新东方政策起到了关键作用，除此之外，科尔、施罗德等也起到非常重要的作用。为了更加清楚说明问题，我们就以希特勒和勃兰特两个历史人物为代表说明德国历史转折时期英雄与时势的关系。希特勒是在德国一战后的时势召唤下出现的历史人物，不能否定存在特定的实践必然性（不是历史必然性）。他试图通过走战争之路使德国民族走向复兴，因此给德国营造出一个新的时势——军事扩张。历史事实证明这是行不通的妄想之路，但我们没有理由认为这是历史先定的绝路，至少在希特勒和他的狂热支持者看来这是有希望实现武力主宰世界的选择。客观地说，希特勒的闪电战在初期是非常成功的，如果他能够像俾斯麦那样适可而止，不贸然发动入侵苏联的战争，或者发动苏联战争后，能够得到日本在苏联东线的全力支持，谁能否定战争结果不会被改写呢？如果果真是希特勒赢得最后的胜利，那么他所开创的时势对于德国来说，就是一个新的发展路径选择，其历史必然性将以此为根据贯彻下去，其历史规律也就会以此种形式实现制约作用。英国学者尼尔·弗格森指出："纳粹计划的许多方面都显得如此荒唐，以至于我们很难想象它们被实现的可能。但是，这并不包括所有的方面。当希姆莱计划他的种族革命，希特勒建造着他的建筑模型的时候，其他的机构正在为普通德国人构筑着未来的计划，这些计划的想法远远不是不现实的。"①

　　但结果却是他失败了，德国没有完成历史转折，而是陷入分裂困境之中，德意志民族终究需要新的历史人物通过新的时势选择来完成历史使命。德国一定需要通过统一方式完成历史转折吗？当然，这是最完美

---

① 〔英〕尼尔·弗格森：《未曾发生的历史》，丁进译，江苏人民出版社 2001 年版，第267—268 页。

的结果——从统一到分裂再到统一，实现一次周期性循环，但若我们视其为历史必然，则很难不陷入机械论泥潭之中。既然德国选择希特勒使其已经造成了分裂的历史事实，如果两个德国都能够顺畅发展下去，应该说也是一种历史转折后的最终结果。历史规律只要求第一次世界大战后的德国困境需要通过一种方式走出来，至于何种方式、什么时候走出来则不是它所规定的，伟大的历史人物在此处所起到的作用就具有决定意义了，可以说，他能够起到开创新时代的作用。勃兰特做出的战略选择就是如此，他的新东方政策为推动两德走向统一起到了至关重要作用，当然，他当时未必想到一种战略选择所带来的历史影响到底有多深远。但承认这一点，不是否定历史唯物主义的理由，因为从历史长河来看，他所开创的新时代仍然是他所在的民族的最基本的、深层次的目的诉求的反映——该民族从生存或发展困境中摆脱出来，重回正常的发展状态之中的目的诉求的反映，没有超出历史规律的制约范围。

第七章 理论上的难点与论断辩证解析

关于历史规律要回答的问题，不限于波普尔和悉尼·胡克的诘难，我们研究本身尚且有许多未解难题，而历史观中的一些论断、思想也值得我们探讨。当然，本书对此所作的探讨能否为您捞取大鱼另当别论，但撒网下去就有意义——不能让问题尘封起来，关注与探索就是希望所在。

就历史规律方面，我们就历史规律多维视角解读下的"丛林"现象问题、历史规律与人的能动作用关系问题两个难点进行专门讨论。就历史观方面，我们就"两个必然"与"两个决不会"辩证关系、"前途光明"与"道路曲折"辩证关系、"一切历史都是当代史"、"一切历史都是思想史"等问题研究。

多维视角下解读历史规律，出现"丛林"现象，完全可以用实践规律与历史规律二分法及其相互关系进行统一性解释。历史规律与人的能动作用关系问题之所以纠结不清，关键在于把原本实践规律与人的能动作用关系误解为历史规律与人的能动作用关系，陷入逻辑悖论之中。"两个必然"与"两个决不会"的辩证统一性在于："两个必然"是从历史规律推导出来的逻辑规定，而"两个决不会"是从实践规律推导出来的条件规定，前者是不可移易的，但需要后者才能现实性体现出来，而后者则需要具备必要的社会条件，才能成为前者实现的根据。同时，这正是"前途光明"与"道路曲折"辩证关系的写照。"一切历史都是当代史"、"一切历史都是思想史"两个论断让我们悟出"历史的活性"和历史事件当事人的思想活动是研究历史规律及其实现方式问题所必须关注的地方，是历史唯物主义必须强调的地方。历史必然性需要借助过去的历史活性揭示出来，也需要借助现今的历史活性贯彻下去。历史事件当事人富有创造性的思想活动是历史必然性存在和发挥作用的重要根据之一，但不是唯一根据，正如社会发展客观条件也不是唯一根据一样。

一　关于历史规律的几个理论难点解析

关于历史规律方面要研究的问题很多，不过，除了历史规律表现方式（运行机制）外，最突出的是两个问题，一是多维视角下解读历史规律出现的"丛林"现象问题。如从本体论上看，有普遍规律和特殊规律、阶段规律与永恒规律、单值因果规律和统计因果规律等之分；从认识论上看，有经验规律和科学规律、"描叙性的"规律和"规范性的"规律、客观存在的规律和在观念中表达的规律之分。我们如何理解它们之间的内在统一性？这需要借助一个理论平台进行系统研究。二是历史规律与人的能动作用关系问题。毫无疑问，这是一个传统性难题，亟待提出合理的解释理由。

（一）历史规律多维视角解读下的"丛林"现象

采用二分法对社会规律进行分类，由于视角不同，根据不同，具体划分的方式方法不同，各种主张如同丛林一样，让人难以辨识它们之间的关系。一方面虽然折射出人们对该问题的关注和兴趣，但另一方面也反映出理论研究尚缺乏整体观。大家各持一角，各树一帜，理论研究看上去一片繁荣，但花开遍地，难掩果实微微。因为在理论应用过程中容易彼此混淆不清，缺乏实际应用价值。正如庸医看病，抽象的病理说得天花乱坠，但一旦触及病人的具体病情，就如同瞎子摸象，结论不知若何了。

马克思在《〈政治经济学批判〉序言》中从内容上揭示出来的历史规律，是我们认识历史规律属性的基本参照对象。以生产力作为社会发展的终极动因，以"两对"社会基本矛盾运动作为社会运动的内在逻辑根据，以社会形态更替作为社会运动的逻辑演进图景，马克思正是以此推演出历史运动的"逻辑板"，即从内在的逻辑出发勾勒出历史运动的另一景象，即历史的另一面——共性的、本质的、客观的一面。辩证地看，与历史规律的在场和出场方式辩证统一。

我们认为，生产力作为社会发展的终极动因，是一个民族求生存谋发展这一内在本质目的诉求的最基本、最核心根据（当然，生产力既可以作为抽象的概念而被理解为维持和推动一个民族历史演化的基本要素，也可以作为具体概念成为实际的劳动生产率提高、科技进步的客观表达，在此是指前者），因此，它是贯穿一个民族整个社会历史演化进程的内在逻辑必然性的原因，"人们不能自由选择自己的生产力——这是他们的全部历史的基础"。① 当然，从具体内容上看，一个民族求生存谋发展的目的诉求应该是多方面的复合体，包括生存安全、人种繁衍、文化进步等等，但是，生产力起到最后的决定作用。在马克思主义看来，人为了生活，"首先就需要衣、食、住以及其他东西。因此第一个历史活动就是生产满足这些需要的资料，即生产物质生活本身"。② 物质生产是其他一切社会关系、社会结构的基础，其他一切社会关系都根源于物质生产。"社会结构和国家总是从一定的个人的生活过程中产生的……这些个人是从事活动的、进行物质生产的、因而是在一定的物质的、不受他们任意支配的界限、前提和条件下活动着的。"③ 在物质生产基础上形成了生产力和生产关系，由此产生的"市民社会"成为整个历史发展的基础。"在过去一切历史阶段上受生产力制约同时又制约生产力的交往形式，就是市民社会……这个市民社会是全部历史的真正发源地和舞台"。④ 它是所有宗教、哲学、道德等社会意识产生的基础，所以，马克思、恩格斯说："从市民社会出发阐明意识的所有各种不同的理论的产物和形式，如宗教、哲学、道德等等，而且追溯它们的产生的过程。"⑤ 正因为如此，物质生产构成社会历史发展的动力的核心内容。所以，一个民族的历史演变背后贯穿着的历史必然性，以生产力为逻辑规定，以直线的方式表现出来。

而"两对"社会基本矛盾运动之间的适应与不适应交替运动逻辑则是历史规律在场和出场的理由，是历史规律实现方式的根据。当"两对"社会基本矛盾相互适应的时候，意味着历史发展现状能够顺畅地贯彻历史必然性，历史演化顺利，历史规律在场而不会出场；但当"两对"社会基本矛盾彼此不再相互适应的时候，一旦到了一定程度，意味着历史发展现状出现严重曲折，逐渐偏离正常发展状态，无法贯彻历史必然性，历史规律出场，发挥制约力，"纠正"历史运动轨迹的偏离，使之返回到"可允许"的正常范围中来，因此，"两对"社会基本矛盾运动之间的适应与不适应交替运动逻辑正是历史规律不断"出场"，以

---

① 《马克思恩格斯选集》（第 4 卷），人民出版社 1995 年版，第 532 页。
② 《马克思恩格斯选集》（第 1 卷），人民出版社 1995 年版，第 32 页。
③ 同上书，第 71—72 页。
④ 同上书，第 87—88 页。
⑤ 同上书，第 92 页。

"出场"秉承"在场"的论证理由，也是历史规律可重复性的根据。因为"两对"社会基本矛盾运动之间的适应与不适应交替运动是抽象的逻辑，压碎了实际历史进程中的时间和空间活性，所以由其勾勒出来的历史运动轨迹也没有时空属性，纯粹是从逻辑上表达历史进程，①这与由生产力决定的历史必然性贯穿其中的理论是一致的。那么，在这样的历史运动轨迹上考察社会发展形态更替特点，就只能是序列上的逻辑规定了，即从原始社会到阶级社会再到无阶级社会的历史演进过程是纯粹的抽象的逻辑描述，只有先后顺序规定，没有时间节点、具体演化路径、演化过程等具体规定；只有社会基本性质、基本特征规定，没有空间上的生活方式、生活情形、人文特征等方面的具体规定。实际上，马克思揭示出来的历史规律就是如此。

把历史规律理解为因果必然性、统计必然性、条件必然性、趋势必然性，都有一定的合理成分，但都是对历史规律单面或单角度的认识。因果必然性说只抓住了历史规律关于其内在逻辑必然性的规定，忽略了历史规律实现方式问题，因此不能合理解释历史运动的多样性、复杂性。而统计必然性说只注意到历史规律实现方式基本特征，没有认识到历史规律本质规定，尽管能够用来解释历史运动的偶然性、例外性，却无法解释存在历史偶然性情况下历史必然性如何贯穿历史始终，如同把骨头直接插到肌肉里面，如果承认肌肉的灵活性，就无法解释骨头的坚定性。条件必然性只看到了社会规律存在所需要的一个因素：条件因素，而没有看到另一个因素：人的实践目的因素，更没有看到社会规律只有在"活"的实践活动过程中才能存在并发挥作用，不懂得只在历史运动过程中、在人们创造历史的实践活动过程中才有历史规律及其制约作用。条件是"死"的，是给定了的前提，追求实践目的的实践活动是"活"的，是运动着的过程，它才是使社会规律（包括历史规律和实践规律）"活"起来的理由。趋势必然性说混淆了趋势与规律之间的关系。趋势是历史绽放时刻面向未来的基本发展态势，是历史规律实现方式面向未来延伸的逻辑规定，不是历史规律本身的逻辑必然性规定。趋势必然性说把历史规律实现方式中表现出来的发展态势与历史规律自身逻辑外推混淆在一起，恰如把某人将来一定会找到一个美女的抽

---

①　若赋予历史运动轨迹以有具体内容规定的时空属性，会发现无规律可循，因为我们不可能具体而实质性确定"两对"社会基本矛盾运动之间何时、以何种方式实现相适应或导致不相适应，正如虽然很多老年人已经确认他们自己是老年人，但客观上哪一天是他们由中年人转变老年人的节点往往是无法确定的。

象逻辑规定与这个人将来最有可能找到西施（指一个具体化的美女）的判断等同起来。

关于历史规律的结构层次性上的多种主分型二分法，例如：普遍规律和特殊规律之分、一般规律和特殊规律（或称总体规律和具体规律）之分、永恒规律与阶段规律之分，实际上，前者全是历史规律的表达、后者全是实践规律的代称。而所谓的普遍规律、特殊规律和个别规律三分法，是因为没有认识到实践规律是一个集合性概念，不知道所谓的特殊规律和个别规律不过是实践规律多重性具体表现。在这里，把社会规律区分为历史规律与实践规律要之所以相对科学一些，理由是：其一，这是确定性分类，便于我们识别其关系和基本功能。传统二分法一般属于相对性分类，如同高矮、前后、左右关系一样结成对子，由于不具有可确定性，只能抽象谈论二者关系，不便于我们把握它们具体属性和功能。其二，它把主分型关系转变为表里型关系。传统二分法基本属于主分型分类法，似乎普遍规律（一般规律、总体规律、永恒规律）包容、支配着特殊规律（具体规律、阶段规律、个别规律），但用来解释具体事物时，却往往把例外现象仅仅当作特殊规律来解释，从而在逻辑上把二者并列起来，这就出现自相矛盾现象。若理解为表里型关系，现实层面上的历史过程从各种实践规律中获得解释，而内在逻辑层面上的历史运动轨迹从历史规律中获得解释，就不会出现自相矛盾现象。其三，它把历史规律从一般社会规律中区分出来，便于我们把握历史规律的特殊性。传统二分法显然把社会规律与历史规律视为等同概念，把社会规律存在的层次性误解为历史规律存在层次性，使得历史规律与经济学意义上的社会规律关系混乱不清。其四，它具有更大的囊括性、包容性。社会规律是个集合概念，若把经济学意义上的规律，如市场规律排除在外，或简单归结为特殊规律，是很难说明问题的。因为从社会规律中引申出实践规律也是一个集合概念，完全可以包括经济学意义上的所有规律，而历史规律也是一个相对的概念，既可以是贯穿整个历史始终的绝对意义上的历史规律，也可以是在某一个特定历史时期贯穿始终的相对意义上的历史规律，即阶段性的历史规律。

关于历史规律的并列二分法，例如，单值因果规律和统计因果规律之分，我们可以这样解释：所谓的单值因果规律即是历史规律属性，也是一部分实践规律属性的表现；而统计因果规律则是某种实践规律的特征。另外，从生成角度看，所谓的自然生成论和创造论之争，究其原因，是由于实践规律是在人们实践活动过程中"创造的"（严格地说，是创造了规律所需要的基本要素），便有创造论之说；而历史规律则隐藏在实践规律之后，是在人们的实践活动与实践规律交互作用推进历史进程中"自然而然"就存在的，便有自然生成论之说。

我们认为，从认识论角度对历史规律所作的解释，与从实际运行角度（客观自在的角度）的阐释具有内在统一性。把历史规律理解为：历史学家对历史发展的规律性的描述和归纳，对导致这些现象和过程出现的内在因素与外部联系的归纳总结，一般说来，这是史学视域下的探索、认知，是客观自在的历史规律为人们所认识的基本路径、方法；而把历史规律理解为：贯穿社会历史发展各个环节之间的内在、本质、稳定的联系，一般说来，这是哲学视域下的定义，是对客观自在的历史规律的把握。后者是认识对象，前者是认识过程，二者辩证统一。把历史规律分为经验规律和科学规律两类，体现出认识上的深浅、内外关系。经验规律的认识往往来自于直观的、现实的社会实践层面，一般是对实践规律的浅层把握；而科学规律是在经验规律之上的深层次把握，既是对实践规律的本质把握，也是对历史规律的认识——从经验层面上直接把握历史规律是困难的，因为历史规律是在社会发展现象层面背后存在，只有透过现象看本质，才能揭开历史规律真面目。

前文已经谈到，把规律区分为客观存在的规律和在观念中表达的规律，就会出现这样一个矛盾问题：既然人们认识历史规律的活动也是人们创造历史活动的一部分，它必然会对人们的实践活动产生影响，继而对历史规律产生影响。但反过来看，既然人们认识历史规律的活动只是人们创造历史活动的一部分，即便是人们完全掌握并有效利用历史规律，也不过是人的能动性表现之一，没有超出人们创造历史活动的范围，那么不该对自在性的历史规律产生任何额外的影响。这实际上就是波普尔的"俄狄浦斯效应"的内在逻辑悖论。从历史规律在场方式看，历史规律只规定了整个历史进程的内在逻辑必然性，至于历史运动轨迹具体如何把这一历史必然性贯彻下来，即整个历史进程面貌如何，不在其规定之列。这就意味着，不管观念中表达的规律在实践中如何影响历史的实际进程，都不会影响到客观存在的历史规律贯彻其必然性的抽象的逻辑规定，因此，上面的矛盾现象是不存在的。

（二）历史规律与人的能动作用关系问题

历史规律与人的能动作用关系问题是哲学中最为根本而又最为困难的问题之一，为什么迄今为止的理论上的解决极难令人满意呢？

历史规律不是历史运动的原因，而是历史运动的属性，它不是在历史绽放时刻作为前提性的构成条件之一存在，而是在历史绽放后表现出来的那种必然贯彻下去的属性。相反，人的能动性是历史运动的原因，是促使历史绽放的活的要素，因此，与历史规律不在同一层面上，按照王南湜教授的观点，二者属于两个世界，若放到同一个世界看问题，"历史规律与人的能动作用关系"问题是一个假命题，这是对的。

但是，历史规律与人的能动作用不是不存在联系，只是不具有直接联系性，因为历史规律并非仅仅囿于纯粹的理论世界，在现实世界中，虽然历史规律以一种抽象的逻辑方式存在，但它是真实存在并发挥客观制约作用的客观现象。首先，人的能动性实践活动是历史运动的唯一动因，是历史活起来并不断绽放的理由，必然也是历史规律存在的理由。其次，历史规律对历史进程的制约作用最终只能从人的能动作用那里得到解释。就是说，人的能动作用既是社会发展新异性、曲折性的原因，也是社会发展规律性、必然性的根据。总之，虽然历史规律与人的能动作用不在同一层次上，但二者存在复杂的关联性。

要合理谈论历史规律与人的能动作用关系问题，不是要把二者视为两个并列式因素谈论如何支配、推动历史进程的问题，而是探讨人的能动作用如何孕育出历史规律的问题。

人的能动作用怎样孕育出历史规律呢？

首先，人的能动性实践活动生成实践规律，在各种实践规律直接制约下人的实践活动创造出历史面貌，成为历史规律贯彻下去的现实根据。

人是在直接面对实践规律的实质性制约作用下从事创造历史的实践活动的，尽管从逻辑上讲，人是在实践规律的引导或者惩罚下创造历史的——如果人的实践活动遵循实践规律所规定的那种逻辑必然性，他所追求的目标就容易实现，否则，目标追求就会遭遇曲折、甚至失败，但人的实践活动在实践规律面前不是被动的，而是主动的顺应、遵守，甚至偏离、违背，因为人的能动性实践活动是实践规律存在并发挥制约作用的理由，而不是相反。所以，在各种各样的实践规律制约下，通过人们实践活动创造出来的历史面貌不可避免地要留下人的主观烙印。不管如何，一旦付诸实践，历史结果就出现了，这里没有彩排，是悲剧还是喜剧，是辉煌还是暗淡，都是正剧，历史不能再来一次或者并列来一次。官渡之战，曹操抓住了袁绍粮草方面的软肋，一举取得胜利；而赤壁之战自己却被抓住了不善水战的软肋而功亏一篑，这其中具有戏剧性的胜负转化就是历史的真实。

历史规律与人的能动作用关系问题之所以一直是一个悬案，根本原因就在于把原本属于人的能动作用与实践规律关系直接理解为人的能动作用与历史规律关系，试图在历史实际进程这一层面上直接获得解释理由，必然无法摆脱逻辑悖论困扰。在历史实际进程这一层面上是不能直接谈论历史必然性的，因为历史必然性所具有的唯一性、确定性不可避免地会使历史实际进程带上机械决定论或历史宿命论或历史庸俗进化论色彩。实践规律是实践活动过程中的规律，它对实践活动不具有超越性，不管是违背它还是遵循它，只要付诸实践活动就会生成历史，因而历史面貌总的来说还是偶然性起作用，因此，我们可以在历史实际进程这一层面上直接谈论人的能动作用与实践规律关系问题。

既然人在实践规律直接制约下创造历史不会想当然地以必然性的方式表现出来，那么历史规律如何生成并发挥制约作用呢？

在各种各样的实践必然性作用下，人在各方面追求着各自目的的实践活动汇聚起来构成了历史合力，形成了整个民族的历史运动演化轨迹，就在其背后贯穿着历史必然性逻辑规定，它源于该民族共同的、本质的求生存谋发展目的诉求，需要通过各种各样的实践活动所塑造的现实的历史运动贯彻下来，这就是历史规律。

历史规律不直接规定历史发生什么、怎样发生、什么时候发生，但它"不允许"历史运动偏离正常轨道后无限地走下去。在重大历史曲折性或是十字路口面前，如果该民族不愿意自我毁灭、自我窒息，就会发挥创造精神，积极探索新的发展路径，最终纠正历史错误，恢复正常发展状态，这个过程就是历史规律发挥制约作用的过程。当然，从现实角度看，这个具体的历史转折过程仍然是人的能动性实践活动与实践规律相互作用的结果，只是在历史长河视角下，才表现为历史规律"出场"发挥制约作用。

这样看来，历史规律的客观制约作用恰恰缘于人们的实践活动过程中存在能动选择。人的能动作用、历史发展的规律性和历史发展的新异性三者是"一体两面"辩证关系：正因为人的实践活动存在能动性，所以历史发展才会推陈出新或者跌宕起伏，表现出新异性来；也是因为人的实践活动存在能动性，所以历史发展才不会不可捉摸，而是有章可循，具有规律性。可以说，人的能动作用是历史运动曲折性的始作俑者，而纠正历史运动曲折性使之沿着符合逻辑的线路延伸下去的那种客观制约力，也应归因于人的能动作用，"神圣的创造力的火星，乃是我们内在的本能，如果我们有幸将它点燃成火焰，那'按部就班运行的星辰'就不能阻挡我们去努力实现人类的目标"。① 唯有如此，才充分体现出"社会生活本质上是实践的"。

总之，虽然实践规律对人的能动性产生直接制约作用，但却不能凌驾于人的能动性之上；虽然历史规律制约作用凌驾于人的能动性之上，但却不具体规定人的能动性如何在实践中表现出来。历史规律是通过人的能动性实践活动和实践规律相互作用所创造出来的历史面貌为表现形式，只有当具体的历史进程偏离出历史规律要贯彻下去的逻辑必然性所允许的范围之后，历史规律制约性才表现出来，宣布自己神圣不可侵犯，但这个具体"纠偏"过程仍然要由人与实践规律相互作用来实现。在这一点上，历史规律与人的能动作用关系问题是一个可以讨论的真命题。

与该问题相关的一些疑难问题，在此一一做解答。

第一，历史规律不以人的意志为转移与违背历史规律将遭到惩罚的悖论。

既然客观规律是不能违背的，但为什么还说违背了就要受到客观规律的惩罚呢？

对这个问题，按传统理论，我们很难给出合理解释，因为它自身就存在逻辑悖论：既然受到规律惩罚就说明已经违背了客观规律，既然违背了客观规律就说明我们创造历史可以不遵守客观规律，既然可以不遵守客观规律而创造历史就说明历史运动可以不受规律制约，既然历史运动可以不受规律制约就说明历史运动无规律性。这个最终结论是我们反对的，但这个逻辑推导却是成立的，问题出在哪里呢？

实际上，我们违背的不过是实践规律，给我们带来惩罚的也是实践规律，而历史规律是永远不能违背的，也不可能惩罚我们，除非历史自身失去了存在性，而那时候谈论规律惩罚已经没有任何意义，正如谈论一个死掉的孩子的学习成绩一样。

历史规律不会轨道般事先决定历史绽放的具体面貌，出现袁世凯复辟、张勋复辟这类倒行逆施的历史事变不在历史规律直接制约范围之中，因而历史遭遇曲折性与实现历史顺畅发展一样都没有违反历史规律。然而，虽然历史规律不会阻止错误的事变发生，但决不会容忍错误

---

① 〔英〕汤因比：《历史研究》，刘北成、郭小凌等译，上海人民出版社 2000 年版，第134 页。

的事变最终成为其必然性贯彻下去的阻碍，就是说，历史规律的不可移易性，不在于阻止错误发生，而在于会纠正已经发生的错误。袁世凯、张勋之流试图沿着自己的主观意愿把扭曲的历史进程贯彻下去是不可能的，人民是不能接受的，终究会阻止这一历史波动性，恰恰就是这时候历史规律制约性表现出来，"宣布"自己是不能违背的。但为什么戊戌变法、辛亥革命这类符合历史进步要求、贯彻历史规律必然性的历史事变也会失败呢？因为它们违背了实践规律——没有沿着或围绕它们那个时代主客观条件与它们所追求的目标之间客观存在最佳的逻辑必然性前进，结果失败了，遭到规律惩罚。但这不会改写历史必然性贯彻下去的线路，中国革命接连发生了，直到新民主主义革命胜利使中国社会发展恢复到正常状态为止。

认识这个问题有何现实意义呢？历史规律不会为我们保驾护航，历史有规律，恰恰是因为我们在实践中能够与错误作斗争，避免沿着错误道路走到底，因此，认识并遵循实践规律才是最重要的。

第二，历史是人创造的，而历史中的规律为什么反过来制约人的实践活动呢？

一般认为，客观规律（当然包括自然规律和社会规律）是不以人的意志为转移的；不管人们是否愿意或喜欢，规律总是客观存在的；人们不能创造、改变和消灭规律，只能认识和利用规律。但历史是人创造的，为什么就不能创造、改变和消灭社会规律？当前有两种解释理由：一是认为，社会规律既包含着不以人的意志为转移的客观限定性，同时又包含着主体的实践活动的能动的选择。问题是"不以人的意志为转移的客观限定性"如何体现在"主体的实践活动的能动的选择"之中？二是认为，我们能够"创造"社会规律，即通过创造条件促使规律存在并起作用。正如在土地上播下种子，种子就会按照自然规律成长一样。

第一个解释理由相当于未解释，因为"不以人的意志为转移的客观限定性"与"主体的实践活动的能动的选择"之间的逻辑关系是断裂的，单纯地强调这两点"辩证统一"是说明不了问题的。第二个解释理由虽然强调人是社会规律的创造者，但把社会规律生成单纯理解为通过创造条件来实现的，没有认识到社会规律既需要构成条件，也需要运转条件，正如河流既需要源头也需要河床一样，结果难免在逻辑上仍然把规律对人的实践活动看成是外在性的制约，是条件制约，这是不对的。

其实，如果我们真正理解了社会规律的基本属性，这个问题是无须讨论的。从客观存在意义上看，所有的社会规律都没有任何实在性和独立性，它不过是人根据现有条件追求某种目的的实践过程中自然而然存在的一种逻辑规定，因此它自身实际上只是一种抽象的规定、一种自然属性，当然它"不以人的意志为转移"，正如有生命体就会有生命力一样，生命力是否存在决定于生命体是否正常，这是一种客观属性，自然不会以人的主观臆断为转移。而我们谈论是否创造、改变和消灭社会规律问题，从客观视角看，不过是谈论社会规律所依赖的两个因素——条件和有目的的实践活动是否具备、改变和消除的问题，与社会规律本身属性是两码事。人没有也不可能创造"规律"，正如人可以生养孩子但不能生养孩子的生命力一样，规律也不是作为被创造出来的独立要素反过来制约人的实践活动。进言之，"人创造了反过来制约人自身的社会规律"的说法是不准确的，社会规律是人实践活动过程中自然存在的客观属性，它对人的制约实际上是人自身通过积极顺从或者通过纠偏顺从它以便实现特定实践目的的反映，对实践规律来说是如此，对历史规律来说也是如此，只不过实践规律是直接的、现实的，而历史规律是间接的、内在的。总之，历史规律对人的实践活动的制约，只不过是人的实践活动自身所具有的一种客观属性的自然反映，在实践活动之外没有生成任何外在的东西反过来成为实践活动的干预因素。

第三，既然历史规律不以人的意志为转移，为什么它制约下的历史进程还需要人的能动作用呢？

何兆武曾指出："既然历史的进程不以人的意志为转移，那么人的意志的努力对于历史的进程便无能为力，也无所作为；努力也罢，不努力也罢，都是毫无意义的和不起作用的。但事实却又大谬不然。"①

首先需要我们弄清一种说法——"历史的进程不以人的意志为转移"，实际上应该是历史规律不以人的意志为转移，历史实际进程受到人的主观意志影响是不争的事实。历史必然性虽然需要历史实际进程贯彻下去，却不在历史实际进程这一层面上直接贯彻，虽然我们努力不努力关涉到现实的历史进程好坏，但与历史规律本身的逻辑规定无关，只与其具体实现过程有关。正如一个学习好的学生考研究生，具体到某一次考试发挥好坏与他终究必然考上研究生这一逻辑规定无关，但与这一逻辑实际贯彻过程有关。是今年考上还是明年考上不在其必然考上研究

① 何兆武：《社会形态与历史规律》，《历史研究》2000 年第 2 期。

生这一逻辑规定之中，但显然今年考上要比明年考上缩短了这一逻辑规定的实现过程。正是在这一点上，虽然历史规律不以人的意志为转移，但它制约下的历史进程还需要人的能动作用，一方面这是历史规律在实际中贯彻下去的必要条件；另一方面它对历史规律实际贯彻进程的好坏产生决定性影响。

第四，通过多层次交错运动展开的历史如何受到历史规律线式制约？

历史实际进程是非线式的，它是通过一个庞大系统向前滚进，进步与落后、左倾与右斜、前进与退步、生机与衰退、新生与消亡，每一天都在这个大系统中发生，它是如何受到历史规律线式制约呢？

站在现实的历史列车上，我们不可能感受到历史规律对于社会生活各个方面的制约作用，我们只能领会到各个方面的、具体的实践规律的身影，它们在各个领域、各个层面上发挥制约作用。我们只有站在高高的上空鸟瞰历史列车，略去一切具有时空属性的历史现象、历史事件，抽取其内在逻辑运动轨迹，才会发现复杂的历史运动系统实际上不过是该民族求生存谋发展的现实写照，正是这一基本的逻辑规定通过各种方式曲折地反映到人民生活中来。岳飞抗金为什么会得到后人敬仰？抗日运动为什么会得到人民的支持？改革开放为什么能够得到推行？如果这一切都不会引起中华民族的共鸣，不会融入中华民族的精神之中，中华民族也就不会有五千年传承下来的文明史，反过来看，中华民族文明史之所以源远流长，虽然需要在特定历史时期有英雄人物的振臂一呼，但归根结底还是整个民族的觉醒和奋斗，整个民族因何而觉醒？为什么要奋斗？民族的生存和发展是其最根本的体现！这一基本的逻辑规定就是历史规律存在的理由，历史规律线式制约就是这一基本的逻辑规定的表达。

第五，当人的理性成为造成非理性结果的原因时，人的理性如何演化为历史规律？

乐观主义者认为人可以通过理性使人类最终走向光明未来，悲观主义者却认为当人的理性也演变成导致非理性后果的原因时，人类社会将面临无可救药的境地。历史唯物主义相信共产主义一定能够实现，因此本质上属于乐观主义者，但这不意味着可以忽略、避开悲观主义者的忧虑——不是所有人类历史悲剧都是非理性的产物，理性在特定的历史环境下也扮演魔鬼角色，关于这一点，越靠近现代文明就越明显。当前很多西方哲学思想家对现代化持批判立场，原因就在于在现代化条件下，理性很容易成为理性对立面。如此说来，当作为历史规律源头的人的理性演化为非理性的帮凶的时候，那么，历史规律的客观必然性在哪里呢？

有人认为只有理性借助自我反思才能克服其自身的弱点，但问题是人何以会自我反思？这是一种主观提倡的东西还是一种客观效应的反映？笔者认为，所谓的理性自我反思表面看来似乎是有识之士主动倡导的东西，但本质上是人自身理性固有的属性的客观反映，只不过有识之士首先看到这一深度上罢了。从普遍的本性上看，人不会坐以待毙，生存和发展中的问题终究会唤醒人的理性进行自我反思，探讨新的发展出路，有识之士的振臂呼声恰恰就是这一客观效应的积极反映，而历史规律的客观必然性恰恰就在对这一客观效应的反映之中。当然，我们看到这一点，不是说便可高枕无忧了，人最终是否能够逃脱坐以待毙的风险只能归因于人自身会不会坐以待毙，我们绝不能说人的普遍本性一定会在关键时刻挽救自己，毁灭的风险一直与我们同在，那就是说，历史必然性只有当我们反思失误、创新探索的时候才能贯彻下去，它不会成为救世主，为我们设定安全的前进的轨道。

第六，一旦人们进入到自由王国，完全掌握了社会规律，到那时如何理解历史规律不以人的意志为转移这一特性呢？

恩格斯曾说过，人类一旦实现从必然王国进入自由王国的飞跃，"至今一直统治着历史的客观的异己的力量，现在处于人们自己的控制之下了。只是从这时起，人们才完全自觉地自己创造自己的历史；只是从这时起，由人们使之起作用的社会原因才大部分并且越来越多地达到他们所预期的结果"。① 到了这时候，是不是说，社会规律开始"以人的意志为转移"了？或者说，"不以人的意志为转移"的程度和领域必将越来越小呢？这个看法是值得商榷的。历史规律只是一种抽象的规定、一种自然属性，不以人的意志为转移这一特性是不会改变的，它不会因为人们主观上掌握历史规律的程度大小而有所改变。即便是我们已经彻底掌握并科学运用所有的历史规律，都不过是进入到我们的观念中来并成为我们实践活动的一部分（思想指导的那部分），从而使得历史规律实现方式更接近于社会规律逻辑规定的理性运行状态，但历史规律本身那种贯彻下去的必然性是不受任何影响的，既不能跳过也不能用法令取消自然的发展阶段。

---

① 《马克思恩格斯选集》（第3卷），人民出版社1995年版，第634页。

二　关于历史观中的几个论断解析

马克思主义历史观中有很多著名论断值得讨论，例如，马克思关于英国殖民侵略充当"历史的不自觉工具"论断、马克思恩格斯关于跨越"卡夫丁峡谷"问题论断、恩格斯关于"恶是历史发展的杠杆"的评价等等，但与历史规律问题关联度最密切、最值得讨论的是马克思提出来的"两个必然"与"两个决不会"辩证关系问题，因为它是面向未来提出来的论断，是研究历史规律必须应对的问题。这两个论断之间的逻辑关系与"前途是光明的，道路是曲折的"只是内在逻辑具有可对应性，回答前者就等于解释了后者。在西方历史学中，有两个著名论断也值得我们反思——"一切历史都是当代史"与"一切历史都是思想史"，虽然不能认为两个论断是完全正确的，但它们都包含科学成分，挖掘出来，可用于增强历史唯物主义的解释力。

（一）"两个必然"（前途光明）与"两个决不会"（道路曲折）

"两个必然"与"两个决不会"辩证关系问题是马克思主义历史观中重要论题之一。一般认为："两个决不会"是"两个必然"的补充（或是补充、深化、发展）。这种解释从逻辑上看，似乎意味着"两个必然"理论内涵有些空泛、缺欠，需要"两个决不会"来填补其不足之处。但问题是，"两个决不会"在哪些方面填补"两个必然"所谓不足之处呢？对此，有人指出，"两个决不会"从生产力发展的角度对"两个必然"作了重要的补充，"两个必然"是从客观的角度揭示了资本主义灭亡和社会主义胜利的客观规律，而"两个决不会"则是从人的主观方面强调了对客观规律认识的重要性。这里的问题是："两个必然"自身不具备生产力根据吗？"两个必然"没有强调革命（人的能动性）作用吗？如果"两个必然"没有体现生产力根据，没有强调革命作用，那么它还算是一个科学论断吗？我们只要读一读"两个必然"出处《共产党宣言》全文，就很容易发现，"两个必然"完全建立在对资本主义生产方式的历史局限性阐释和对无产阶级革命斗争的强烈支持基础之上的，本不需要由"两个决不会"来补充。马克思、恩格斯在《共产党宣言》中指出："资产阶级无意中造成而又无力抵抗的工业进步，使工人通过结社而达到的革命联合代替了他们由于竞争而造成的分散状态。于是，随着大工业的发展，资产阶级赖以生产和占有产品的基础本身也就从它的脚下被挖掉了。它首先生产的是它自己的掘墓人。资产阶级的灭亡和无产阶级的胜利是同样不可避免的。"① "共产党人的最近目的是和其他一切无产阶级政党的最近目的一样的：使无产阶级形成为阶级，推翻资产阶级的统治，由无产阶级夺取政权。"② 我们认为，"两个必然"不需要"两个决不会"补充，它本身应该具有完整的科学性。如果从马克思、恩格斯认识问题的先后过程看，认为提出"两个决不会"论断要比"两个必然"论断更深刻一些，是对"两个必然"论断的丰富和发展，这是可以理解的。毕竟提出"两个必然"论断的时候，马克思、恩格斯还很年轻，对唯物主义历史观理论认识还比较浅显，而提出"两个决不会"论断的时候，他们都已亲身参与过多次革命实践，对唯物主义历史观理论认识也日臻成熟。

为了证明"两个决不会"不是"两个必然"的补充，让我们考察一下马克思、恩格斯阐释"两个必然"的心路历程。

马克思、恩格斯在1848年发表的《共产党宣言》中提到了"两个必然"，这是马克思、恩格斯运用科学的世界观和方法论考察人类社会发展的一般规律和资本主义社会发展的特殊规律得出的基本结论。在19世纪中叶，由于机器工业的发展，资本主义社会基本矛盾日益暴露出来，工人阶级作为独立的政治力量登上了历史舞台。马克思和恩格斯正是在这样的历史条件下，认识到资本主义制度不是一个理想的社会制度，"只有在伟大的社会革命支配了资产阶级时代的成果，支配了世界市场和现代生产力，并且使这一切都服从于最先进的民族的共同监督的时候，人类的进步才会不再像可怕的异教神怪那样，只有用被杀害者的头颅做酒杯才能喝下甜美的酒浆"。③ 由此提出了"两个必然"论断。

实际上，早在发表《共产党宣言》之前，马克思、恩格斯已经认识到阶级斗争需要必要的阶级条件和社会条件。马克思在《哲学的贫困》中指出："在无产阶级尚未发展到足以确立为一个阶级，因而无产阶级同资产阶级的斗争尚未带政治性以前，在生产力在资产阶级本身的怀抱里尚未发展到足以使人看到解放无产阶级和建立新社会必备的物质条件以前，这些理论家不过是一些空想主义者，他们为了满足被压迫阶级的

---

① 《马克思恩格斯选集》（第1卷），人民出版社1995年版，第284页。
② 同上书，第285页。
③ 同上书，第773页。

需要，想出各种各样的体系并且力求探寻一种革新的科学。"① 这说明，马克思、恩格斯并不是在提出"两个决不会"论断的时候才意识到创造社会条件对于实现"两个必然"的不可或缺性，而是在提出"两个必然"论断的时候已经认识到这一点，它不需要"两个决不会"论断给予理论上的补充。

那么，马克思为什么还要提出"两个决不会"呢？我们认为，"两个必然"论断与"两个决不会"论断不是在同一视角下看问题。"两个必然"是从抽象的理论逻辑中推导出来的论断，是一种指向未来的逻辑推定，而"两个决不会"是从历史经验中总结出来的论断，是一种面向过去实践经验获得的科学结论。因此，前者是一个理论结论，后者是一个实践结论。让我们考察一下马克思、恩格斯阐释"两个决不会"的心路历程。

1848 年正当《共产党宣言》发表之际，欧洲大陆爆发了一场有工人阶级积极参加的、大规模的革命运动，尽管这场革命的性质总的说来仍然是反封建主义的资产阶级民主革命，但又具有不同于以前纯粹的资产阶级革命特点，无产阶级已经成为独立的政治力量，并在革命中发挥了突出作用，因此，这场革命交织着无产阶级反对资产阶级的战斗。马克思、恩格斯亲身经历了 1848 年的革命，并对革命的发展寄予很大希望。在他们看来，当时欧洲的革命形势已经发展到这样的程度：一旦资产阶级民主革命获得成功，必将成为无产阶级革命的直接序幕。但 1848 年革命在欧洲许多国家爆发后不久就被重新抬头的反动势力扑灭了，而且新的革命高潮并没有到来。基于这样的社会现实，马克思、恩格斯敏锐地意识到他们对革命的预测显然有些过于乐观，资本主义新的工业繁荣已经到来，特别是在英国和美国，它们的工业繁荣很快影响到欧洲大陆，使德国和法国的工业也呈现出繁荣景象，"在这种普遍繁荣的情况下，即在资产阶级社会的生产力正以在整个资产阶级关系范围内所能达到的速度蓬勃发展的时候，也就谈不到什么真正的革命。只有在现代生产力和资产阶级生产方式这两个要素互相矛盾的时候，这种革命才有可能"。② 正是经历这一革命实践过程之后，马克思提出了"两个决不会"论断。

马克思于 1859 年写成了《政治经济学批判》一书，在序言中，马

---

① 《马克思恩格斯选集》（第 1 卷），人民出版社 1995 年版，第 155 页。
② 同上书，第 470—471 页。

克思明确提出了"两个决不会"思想："无论哪一个社会形态，在它所能容纳的全部生产力发挥出来以前，是决不会灭亡的；而新的更高的生产关系，在它的物质存在条件在旧社会的胎胞里成熟以前，是决不会出现的"。① 在此，马克思特别强调生产力条件是一个社会形态取代另一个社会形态的根据，也就是只有当资本主义生产关系无法容纳社会生产力的发展的时候，社会主义代替资本主义才能够最终成为现实。可以说，马克思从内容上揭示历史规律的时候，提出"两个决不会"思想，是对革命实现具体过程的预期的经验教训总结，认识到一场宏大的引起社会形态变更性质的革命不是一件简单的事情。40 多年后，恩格斯回顾当年他们对欧洲新的革命高潮的预测时，指出："历史表明，我们以及所有和我们有同样想法的人，都是不对的。历史清楚地表明，当时欧洲大陆经济发展的状况还远没有成熟到可以铲除资本主义生产的程度；历史用经济革命证明了这一点，从 1848 年起经济革命席卷了整个欧洲大陆，在法国、奥地利、匈牙利、波兰以及最近在俄国刚刚真正确立了大工业，而德国简直就成了一个头等工业国——这一切都是以资本主义为基础的，可见这个基础在 1848 年还具有很大的扩展能力。……在1848 年要以一次简单的突然袭击来实现社会改造，是多么不可能的事情"。②

这说明，"两个决不会"完全是马克思从历史实践经验中总结出来的论断，反映的是一种实践结论，那么，如何理解"两个必然"与"两个决不会"的辩证关系呢？我们认为，"两个必然"与"两个决不会"的辩证统一性在于："两个必然"是从历史规律推导出来的逻辑规定，是对历史必然性的现实反映；而"两个决不会"是从实践规律推导出来的条件规定，是对实践必然性的现实反映，前者是不可移易的，但需要后者才能现实性体现出来，而后者则需要具备必要的社会条件，才能成为前者实现的根据。"两个必然"是绝对的，是历史必然，但其实现方式不是固定不变的，"两个决不会"恰恰反映社会具体发展过程是由现实条件决定的，是"两个必然"的具体实现方式的非必然性的体现。"两个必然"的要点在于社会主义必然胜利，"两个决不会"要点在于生产力不能超越，一个是逻辑推导出来的科学结论，一个是实践层面上的现实要求。

---

① 《马克思恩格斯选集》（第 2 卷），人民出版社 1995 年版，第 33 页。
② 《马克思恩格斯选集》（第 4 卷），人民出版社 1995 年版，第 512—513 页。

"两个必然"与"两个决不会"的辩证关系正是"前途光明"与"道路曲折"的辩证关系的写照，二者是一致的。在一般情况下，我们往往从政治的角度解读前途与道路关系问题，把二者放在同一逻辑层面上来理解，在论证过程中不可避免地会把前途的光明性作为克服道路的曲折性的精神力量，结果形成了一个循环因果论证——因为前途光明，所以不惧道路曲折，因为不惧道路曲折，自然前途光明。这样解释会使该论断丧失科学根基，变成了彻头彻尾的道德说教。"前途光明"与"道路曲折"两个论断确实会起到双重教育效果：一方面告诉我们应该坚信社会主义未来，坚定社会主义信念，这是一个光明的前途；另一方面告诉我们不要盲目乐观，应该勇于面对现实发展中的困难，积极应对各种挑战，只有克服道路的曲折性，战胜苦难，才能迎来前途的光明性。但是，这种教育效果需要一个充足的理由才有说服力，因为其中包含着一个逻辑悖论：既然道路是曲折的，如何说前途是光明的？既然前途是光明的，为什么说实现过程是曲折的呢？

在同一逻辑层面上这是回答不了的问题，我们只能从两个层面上看问题。

"两个必然"是从历史规律中逻辑推导出来的论断，因此，它只是在逻辑上规定了一种因果必然性，没有关涉到具体的实现道路、实现过程问题。就是说，"两个必然"赋予我们的是前途的光明性，而不是道路的曲折性，不要试图从"两个必然"中直接感悟到资本主义灭亡的现实气息。虽然从逻辑上资本主义必然灭亡，但资本主义到底以什么方式灭亡，什么时候灭亡，纯粹是一个实践问题，这不是历史规律规定的。

"两个决不会"则是在社会实践层面上强调了在具体实现过程中的条件限制性，强调了生产力因素对于社会进步的决定性作用，赋予我们对道路曲折性的客观认识。我们必须看到，在现实的历史运动过程中，没有哪一个实践规律能够达到历史规律所具有的那种不以人的意志为转移的根本决定性，在人的能动性面前具有不可逾越的绝对规定性，因此社会主义胜利的具体实现路径不会是一帆风顺的，不会因为逻辑上的必然性而想当然地把"两个必然"顺畅地贯彻到底，遭遇曲折性是在所难免的。虽然"两个必然"作为人类社会发展根本方向是不能更改的，人类发展前途光明无限，但在具体实现方式上，没有什么神秘力量划定统一实现路径，一切归结为具体实践活动过程本身，"两个决不会"恰恰折射出"两个必然"在实践过程中的曲折性。

但前途的光明性虽然没有包含具体实践过程如何，但有其重要的实践意义。一旦作为一种理论认识为人们接受，变成一种精神力量引导人们的社会实践活动，就会影响"两个必然"实现过程，从而成为克服道路曲折性的重要精神动力。而我们勇于承认道路曲折性，敢于面对曲折的道路，也是前途光明性的实践保障。

总之，"两个必然"是从历史必然性角度看问题，展示的是"前途光明性"；"两个决不会"是从实践必然性角度看问题，折射出具体实现过程的曲折性、复杂性，反映出"道路曲折性"，"两个必然"与"两个决不会"的辩证统一，正是"前途光明性"与"道路曲折性"辩证统一的写照，让我们看到历史发展中的二重必然性辩证统一。

（二）"一切历史都是当代史"与"一切历史都是思想史"

克罗齐的一句名言"一切历史都是当代史"，尽管不是历史唯物主义所认可的，但辩证地看，有很多地方值得我们学习、借鉴，更重要的是，我们能否科学解释这个论断的合理之处和不合理之处，以此增强历史唯物主义解释力。

克罗齐区分出活历史与死历史的差异，强调历史研究要在心灵之中有批判、有解释、有复活过去的经验。"历史包容的事实引起历史学家精神的震颤，或（用职业历史学家的话说）他们面前都有可理解的文献。"①在他看来，没有包含任何思想的编年史不是真正的历史。"历史是活的历史，编年史是死的历史；历史是当代史，编年史是过去史；历史主要是思想行动，编年史主要是意志行动。一切历史当它不再被思考，而只是用抽象词语记录，就变成了编年史，尽管那些词语曾经是具体的和富有表现力的。"②除此之外，他还指出语文性历史、诗性历史和实用性历史等都是死历史、伪历史，不是真正的历史。真正的历史要有思考、有思想、有现实价值诉求、有内在的活性。"正如人们所说死历史通过生活的活动而复苏，过去的通过当代的而成为当代的。"③

克罗齐认为，历史应该是活着的历史，都是我们从现实有感而发进行研究的历史，如果对我们的现实丝毫没有意义，不能让我们产生兴趣的历史，那都是死的历史。在克罗齐看来，历史能成为当代史，是因为

---

① 〔意〕B. 克罗齐：《一切历史都是当代史》，田时纲译，《世界哲学》2002 年第 6 期（本小节以下引文，除非特别注明，全引用于此）。

② 同上。

③ 同上。

它自身的客观属性与现实价值诉求具有内在统一性。之所以历史自身的客观属性与现实价值诉求具有内在统一性，是因为已经过去的历史也曾经历过现实的绽放时刻，曾经"活着过"。他把当代价值诉求作为历史研究的理由，把当代社会实践需要作为历史活性的根据，虽然强调了历史研究的当代意义，深刻揭示出历史研究热点的内在根源，但把当代意义直接作为历史研究的前提、根据、理由，显然有些过了。因为历史研究一旦成为追求特定目的的手段，难免会扼杀、遮蔽历史自身的客观连续性、系统规律性，尽管克罗齐反对"为推动实施一定实际部署或道德方案而形成的教育性历史"，但"一切历史都是当代史"命题本身是不可能从这种片面性厘清出来的。

我们必须承认，历史研究不能完全超脱于现实社会之外，彻底陷入到历史的象牙之塔中去，而应立足于现实生活的实际利益和需要，解决当代人们所关心的现实或未来的问题，读史明智，古为今用。历史是现今的积淀，现今是在历史积淀上的绽放，二者辩证统一。研究历史问题，不管是直接还是间接，都将为现今或者未来提供服务。但历史毕竟不是现今，二者是有区别的。贯穿过去的历史的活性是已经结束的积淀，自然已经构成了其前后逻辑关联性，例如曹操轻敌导致赤壁大战失败是一个不争的史实。但贯穿现今的历史的活性正在展开，其内在逻辑关联性还没有确定下来，一切都在可能性之中，例如当前叙利亚局势将来如何演变是不能确定的。既然未来发展结果是不能事先确定的，在这种情况下提出其价值诉求不可能是系统的、客观上包含完整因果关系的诉求，只能是单向度的预期性诉求，客观结果未必会沿着预期逻辑展开。例如美国攻打伊拉克，当时美国公开声称的价值诉求是想把伊拉克改造成西方式的现代民主社会，但战争结果却导致伊拉克宗教派别分歧严重、政党派系争斗、恐怖袭击不断。基于这种单向度的、特定的、预期性的价值诉求探讨历史问题，必然要择其所需，弃之所废，从而会割裂历史自身的连贯性、整体性。正如克罗齐所说，罗马人和希腊人躺在墓穴中，直到文艺复兴欧洲精神重新成熟时，才把它们唤醒。文明的原始形式既粗陋又野蛮，它们静卧着，被忘却了，很少被人关注，或被人误解，直到称作浪漫主义和王朝复辟的欧洲精神的新阶段才获得'同情'，即是说，才承认它们是自己现在的兴趣。文艺复兴唤醒的只是罗马历史、希腊历史中与文艺复兴价值诉求相关联的那一部分，罗马历史、希腊历史中无相关的那部分则会被剔除掉，这样研究出来的历史成果虽然剑指当代，却是单面的，我们看不到一个完整的、立体的历史演化图景。

我们认为，"历史活性"不是专指赋予过去的历史以当代价值诉求，使之具有鲜活的时代气息，"历史活性"是指历史绽放时刻因其自身具有的面向未来的价值诉求，实际上就是历史主体在创造历史的实践活动展开时刻的目的追求，是人的能动性通过实践活动传递给历史进程，而使历史以活的、有创新气息的方式演化、生成，不是那种规定好的、僵化的延伸、延长，它的活性就在于它的不可定性——历史面向未来，虽然有潮流、有趋势，但不是天然可定的取向，历史的前面永远是可能的世界，不是必然的世界。因此，过去与现今的历史活性是截然不同的，二者不能混为一谈。

现今的历史活性是自在的历史规律"活着"的根据，这是我们考察自在历史规律发挥制约作用的平台。只有活着的历史才有活着的历史规律。历史之所以活着就在于人们实践活动不是按部就班，而具有目的性的创造和创造的目的性，这正是实践规律和历史规律发挥制约作用的原因。人的创造性赋予历史的开创性，而历史的开创性恰恰就是历史运动在遭遇曲折时不得不探索新的路径以把历史必然性继续贯彻下去的反映，也就是历史规律"出场"的反映。如果一个民族的历史总是在既定的发展轨道上周而复始运动，失去应有的历史活性，那么贯穿其中的历史必然性实际上已经睡着了，失去了任何实际作用力。当前非洲一些部落，其历史渊源非常久远，但几乎一直保持着原始社会发展状态，虽然不能说贯穿其中的历史必然性消失了，但可以说它"睡着了"，没有发挥作用力。这些部落融入自然的温情之中丧失了历史发展的活力，历史对它们来说，只有时间，没有内容。这就是说，历史规律往往在一个民族历史发生巨大变迁、彰显其活性的时刻才会"出场"。中东事件引起中东很多阿拉伯国家历史巨大变迁，那么，贯穿其中的历史必然性迟早会彰显其作用力来，但这个历史转折过程有多长，尚未知晓，直到今天还没有投射出最后的光芒。

现今的历史活性是自在的历史规律"活着"的根据，但却不是我们认识历史规律和历史规律实现方式的场所，因为只有历史运动出现曲折之后历史规律才会"出场"，展现出制约功能来，正如黑格尔的一句名言："只有天黑之后，密涅瓦的猫头鹰才会起飞"，在当下进行时态的社会发展运动中不会找到历史规律的踪迹。我们只有从过去的历史活性中考察历史规律及其实现方式。

过去的历史活性即不是再现历史面貌，把它与现今重叠起来，也不是直接用现今的历史活性融入到过去岁月中，使之直接为现实服务。而是走进过去的历史，从当时历史绽放角度审视历史未来演化过程，在历史朝向未来的可能性集合中探讨已经变成现实性的历史过程的因果逻辑，从而避免先入为主错误。这正是我们认识历史规律及其实现方式的正确方法。

　　如果从已经有的历史结论中考察历史规律及其实现方式，我们不可避免地会犯先入为主的错误，甚至陷入历史目的论泥潭之中。事实上，我们常常会以既定的历史结果为根据倒过来分析原因，按照这样的认识逻辑看问题就容易犯先入为主错误。辛亥革命失败了，我们便以这个既成事实的结果为前提直接给出失败的理由：敌人强大，革命力量弱小，没有动员民众支持，民族资产阶级不是先进生产力代表等等。而新民主主义革命成功了，我们便以这个既成事实的结果为前提直接给出成功的理由：科学理论指导，党领导人民坚决斗争，无产阶级是先进生产力代表等等，这在逻辑上就会制造一个假象：似乎辛亥革命注定是要失败的，成功是不可能的；而新民主主义革命成功是历史必然，谈论失败的可能性是不能接受的。表面上看，我们严格遵循了历史唯物主义基本原理，从客观的角度分析历史事件的得失成败，实际上却与机械决定论、条件决定论、历史目的论混淆起来，丧失了历史唯物主义辩证法精神。其实，辛亥革命成功的客观条件不比新民主主义革命差，新民主主义革命失败的可能性不比辛亥革命小，它们不同的结果只能从演化过程上是否遵循当时的实践必然性上看问题，也就是历史的活性中看问题，其必然性不是客观意义上的确定性，而是主观意义上的指向性。换言之，就是资产阶级局限性决定了它不可能发动广大人民进行彻底的反帝反封建革命，从而不可能把其中的实践必然性贯彻下来，在这一点上失败是必然的。这一必然性不是绝对意义上的客观必然性，如果在第一次大革命期间，国民党能够在其左派领导下与共产党精诚合作，坚决贯彻"联俄、联共、扶助农工"三大政策，就能够克服其局限性，迎来革命胜利，也许真的如"托陈取消派"所说，新民主主义革命就没有发动的必要了，只不过其实质与"托陈取消派"本意大相径庭。

　　我们认识历史规律及其实现方式，为了避免犯先入为主的错误，就应该从当时的历史活性中看问题。例如，我们考察"农村包围城市、武装夺取政权"这一革命道路规律及其实现方式，不应该直接以革命胜利的结果为根据，解释贯穿其中的历史必然性，而应该深入到那个革命年代之中，从具体革命实践的探索、选择过程中考察其如何实现对实践必然性的认知和遵循，从而最终把历史必然性贯彻下来。这个必然性践行过程贯穿着活生生的人的能动作用，因此是相对的必然，实践意义上的必然，而从历史的角度看，不可能不包含着多种可能的结果。正是在这一点上，胜利的结果才无比珍贵。

克罗齐还认为，历史研究不是为了再现历史演化的全景过程而追寻无限的"普遍史"，不是为了构筑"普遍史"的大厦，这是做不到的，也是无意义的。

同样道理，探索、研究历史规律及其实现方式，也不是为了给人类社会历史发展预定一个宏大的发展蓝图，不是为了给人类社会历史发展设定一个过山车轨道，看上去深不可测，实际上一切都在必然性之中。历史规律及其实现方式研究的目的在于，在肯定历史必然性前提下，在遵循社会实践规律基础上，人的能动性，或者说，人们的创造精神在创造历史的实践活动中能够得到充分的尊重和鼓励。如果把历史必然性与人的能动性对立起来，不管强调或者肯定哪一方，都是历史决定论的失败。

克罗齐的论断基于一个重要的理论前提：历史是思想史（精神史）。他认为只有进入历史学家思想的历史才是真历史，历史研究就是一个精神不断创新的过程。是什么动因能够使历史文献和叙述复活呢？克罗齐认为，就是人的精神活动，"若不从精神本身即历史这一原则出发，将根本不能理解历史思维的实际进程，实际上，精神每时每刻都是历史的创造者，也是全部以前历史的结果"。人们精神生活的发展，思想水平的提高，是推进历史的研究的内在动力，反过来，随着历史研究的深入发展，人们精神境界也会不断提升，创新能力也会获得发展，二者是互动的。但克罗齐走得太远，片面强调精神活动的自主性，使得史实本身价值显得无足轻重了。"可以说，精神复活，其历史无需通常所说的叙述和文献那些外物，就可进行生动的内在回想；而那些外物仅是它制造的工具和回想前的准备活动，在其回想进程中，叙述和文献都消融了。为了那一实践，精神肯定并审慎地保存'过去的回忆'。"①

这与柯林武德所提出来的"一切历史都是思想史"论断有明显的脉络承接性，尽管二者不是同一思想，但我们大致可以将二者置于统一视角下研究。

不管是柯林武德还是克罗齐，都强调在历史事件的行动过程背后当

---

① 〔意〕克罗齐：《历史学的理论和历史》，中国社会科学出版社 2005 年版，第 15 页。

事人的思想活动过程的重要作用，这是对的，这正是历史唯物主义所需要补充的地方。但如果说历史唯物主义偏重于客观视角考察历史，容易导致"见物不见人"的错误，那么，"一切历史都是思想史"则偏向了另一个极端，那就是过分强调人的精神活动对历史的作用，将其置于绝对优先地位，不懂得人的思想活动、精神创造不是自在自主发挥作用的，要做出有利于自身、有利于自己所在的阶级、所在的民族的理性决定就必须从实践出发，把握、遵循实践必然性，精神创造实际上是建立在坚实的社会实践基础上的。

实际上，人的思想活动（在实践活动过程中确定实践活动目的并为实现这一目的而寻求实践路径、探讨行动方案、孕育精神动力等等）对于历史展开具有创造性，处于能动地位，强调这一点，是对的，这也是历史规律存在和发挥制约作用的内在根据。但仅强调这一点是不对的，因为人的思想活动所依赖的现有社会条件（主观和客观条件）既是人的思想活动源泉，也是人的思想活动变成实践活动的基础，在逻辑上处于优先地位，这正是历史唯物主义立论的基石。柯林武德抛开客观历史事件本身演化过程，而单纯追求贯穿其中的理性思想，不仅难以做到，而且也是片面的。历史演化往往不在一种思想主导下进行，各种思想、甚至相互矛盾的思想通过实践活动博弈下进行，这种情况下的历史面貌很难说是哪一种思想孕育出来的。美国价值理念似乎主导了伊拉克的历史演化，但伊拉克历史演化直到今天也没有多少美国价值理念成功的身影。思想只是历史事件发生、演变的准备，不是现实，只有成为现实的东西才是历史，而现实是否严格按照思想展开是不确定的，如果以事变结果揣摩主要当事人思想活动过程就会犯先入为主错误——正如在人物传记中，似乎一个英雄人物在三四岁的时候就有了主宰世界的思想准备。

但不管怎么说，历史唯物主义应该充分认识到人的思想活动对于历史创造的内在重要性。在历史创造过程中，条件是死的，人的思想是活的，它是人实践活动具有能动性、创造性的内在表达。我们虽然不能说，历史直接通过人的思想（精神）来书写，但人的思想世界不单纯是客观世界的反映，还包含着追求目的过程中的创新意识，这正是实践活动能够促使历史演进的根据。历史规律之所以存在、之所以能够发挥制约作用，从主观上看，就在于人的思想是活的，包含着追求目的过程中的创新意识，能够进行自我反思，积极探讨好的、对的、科学的、有利的一面，抛弃、纠正坏的、错的、盲目的、不利的一面。

　　我们认识到这一点，不是对历史唯物主义背叛，而是纠正过去把历史唯物主义解读唯条件论、唯生产力论、唯经济发展论、唯物质生产决定论等错误。我们必须承认社会发展现有的实际状况以及由此形成的客观趋势是历史绽放的基础，不是理由，历史具体如何绽放，如何创新，是通过历史主体根据自身的目的追求而进行的实践活动实现的，这个过程必然包含着人的思想活动过程。历史唯物主义虽然体现在社会发展现有的实际状况以及由此形成的客观趋势对历史绽放的客观限定上（因为人的创造历史的实践活动的目的的确立总要以此为根据，如果某个狂人一定要天马行空式的确定实践活动的目的，他的实践活动结果必然失败，这除了给历史演化多一点内容外，不会成为历史进步的理由），但主要应该体现在人的思想活动过程本身具有纠正错误、探索创新的基本特征，正是这一特征使得历史总是能够在曲折中实现自我救赎，在大趋势中必然沿着进步方向演化。正如河流为什么会由西向东流淌，关键不在水源（尽管这也是一个重要因素），而在于地势与河岸特征。而历史发展的必然性的主要体现在由于人的能动性使之实践活动能够主动纠正历史演化中的偏差，保证大方向不会改变，而人的能动性发挥过程首先是通过思想活动来实现的，所以重视人的思想活动，不等于犯历史唯心主义错误，而忽略这一点，也不等于对历史唯物主义给予科学上的尊重。

第八章　历史规律的史学功能

历史规律史学功能是一个亟待深入研究的课题。试图用历史规律直接解释历史现象、历史事件，很容易陷入逻辑困境中：如果强调历史事变的客观必然性，历史人物的主观作用就失去了意义；如果强调历史人物的主观作用，历史规律就失去了意义。历史唯物主义长于评史短于论事，其根本原因也在于此。从历史长河看，透过抽象的历史运动轨迹，我们容易认识历史发展的客观规律性；但从具体的历史进程上看，历史现象往往通过偶然性、属人性表现出来，历史唯物主义难以直接给出合理解释，而根源就在于不能有效克服这个逻辑悖论。哲学与史学对话存在的主要障碍也缘于此。

宏观视野下考察历史规律的史学功能，存在两个向度：历时态视角下历史演化和进步逻辑；共时态视角下反映世界文明之间的历史规律。在历时态视角下，历史发展一方面通过历史具体面貌表现出曲线性运动特征，另一方面整个历史发展过程背后又含有直线式的进步逻辑，二者辩证统一。在共时态视角下，人类历史发展普遍规律不是要在所有的文明中完整贯彻下去，而是在竞争中胜利的那种文明的具体发展过程中贯彻下去，对于失败的文明则任其自生自灭。所以，人类社会发展普遍规律与文明的成长、衰落、停滞、崩溃等复杂发展形势是并行不悖的，并以后者为表现形式。

微观视角下历史规律的史学功能，主要考察历史事件中的偶然性和必然性。历史事件总的来说以偶然性表现出来，但在其背后受到二重必然性制约：历史必然性和实践必然性。在历史必然性能够被顺利贯彻下去的历史发展阶段，只有实践必然性贯穿在历史事件之中，历史必然性在场而不出场；但在历史必然性不能够被顺利贯彻下去的历史发展阶段，历史事件则通过直接贯彻实践必然性来实现历史必然性的逻辑规定。

一　宏观—历时态视角下历史规律的史学功能

宏观视野下考察历史发展，存在两个向度：历时态向度和共时态向度。按着时间顺序考察历史长河中的历史规律的实践解释力，即为宏观—历时态视角下历史规律的史学功能。我们也许想当然认为从现实的、具体的历史进程中，也就是从具有时空属性的、有鲜活的历史演化内容的历史事实运动层面上直接考察历史规律的实践解释力，是理所当然的事情，这恰恰是反历史决定论的主要论证平台。在这个平台上论战，历史决定论绝对没有胜利的可能性。历史唯物主义要成功跨越这道壕沟，必须另辟蹊径。

（一）历史演化逻辑

需要首先指出，我们从宏观角度考察历史，不是要在忽略历史发展细节基础上观察历史大略，而是在保留微观历史具体过程基础上通观历史，因此，历史长河在我们的视野中，历史河流中的水滴也在我们视野中，历史整个发展逻辑在我们考察之中，历史上鲜活的英雄人物和跌宕起伏的事变情节也在我们的考察之中，我们所要的就是二者辩证统一。

在具有丰富的演变情节、演变内容的历史事实层面上能否稀释出历史规律的因子？历史决定论者当然会给予肯定回答，如果认为历史唯物主义属于历史决定论（姑且不论这个提法的科学性与否），自然也会认为这是毋庸置疑的。反历史决定论的人必然会拿出一连串的例证进行反驳，而他们从逻辑上和实证上给出的理由，会让历史决定论者感到茫然失措，因为在历史事实层面上直接解读历史规律是行不通的。历史决定论者长期以来构筑了一个虚幻的理论城堡，坚持认为历史发展会直接而实质地沿着一个必然性线路演进，即使在具体实践中遭遇曲折也不过是在必然性给定的"可能性空间"中展开。在这里，必然性不是抽象的逻辑，而是有力的上帝，历史中的偶然性是绑缚在必然性柱子上勾勒出历史具体面貌的，因此，必然性才是历史的主人翁，偶然性不过是使之丰富表达出来的衬托。这是无法抵挡运用历史经验进行的实证性攻击的。有人解读历史唯物主义，就存在类似的问题，由于在逻辑上把历史必然性放在了不可动摇的优先地位，尽管也会用"辩证统一"来解释人的能动性、历史偶然性对历史发展的作用，但它们已经成为历史必然性的"婢女"，似乎只能起到"加快或延缓"的点缀作用，却把最重要的表现作用扔在一边。要捍卫历史唯物主义，必须绕开这一误区，敢于承认在历史事实层面上不存在历史规律直接而实质性的制约作用，因而能够从容面对反历史决定论的批判。

我们以中国历史演变历程为例说明在历史事实层面上直接总结历史规律是行不通的。

从世界角度看，中华民族五千年文明史是典型的大一统国家历史发展模式，但中间又夹杂着分裂和混乱的局面，即所谓"合久必分、分久必合"。有人把这视为中国历史演化规律，即便我们可以把它视为规律也有些过于粗浅而无多少实际意义，因为它完全是从经验上归纳的结论，除了抽象的分合交替逻辑规定外，没有包含任何其他有实际意义的、可确定的东西——多长时间算"久"？在什么样的情况下该"分"该"合"？为什么必"分"必"合"？实际上一旦涉及具体内容，就没有什么规律可循了。正如汤因比指出："中国历史具有漫长的跨度，它表现为一个大一统国家的理想不断变为现实，中间又不时被一些分裂和混乱的局面所打断。这两种局面在时间长度上有很大差别，所以二者更替的节奏是没有任何定规的周期性循环。"① 如果从周开始算，西周维持了 270 多年后陷入东周内乱时期，史称春秋战国时期，共延续了 550 年才结束。秦统一六国仅仅维持了 10 多年就灭亡了，而接下来的汉朝历经西汉东汉两个时代共维持了 420 多年大一统局面才陷入内乱，结果进入三国时期。三国先后维持了 60 年，又被统一起来，历史进入晋国时代。西晋维持了 50 多年的大一统局面后，北方陷入战乱分裂局面，史称十六国，共延续 130 多年，而南方继续维持统一局面，史称东晋，维持了 100 多年。接着出现了局部统一、南北分裂局面，史称南北朝时代，南朝的宋齐梁陈四国交替延续近 170 年，北朝则由北魏分裂为东魏、西魏，而这两国又先后被北齐、北周取代，共延续近 200 年历史，随后才由隋朝完成大一统局面，但隋朝历史很短，只维持了 37 年就被唐朝取代。唐朝是中国继汉朝之后又一个较长时期维持大一统局面的朝代，共维持了近 290 年。在此之后，中国陷入了 70 多年的五代十国的纷乱时期，直到宋朝重新实现统一，与宋朝同时代的还先后有辽、西夏、金三个国家，整个历史沿革过程大约经历了 300 多年。后来，元朝

---

① 〔英〕汤因比：《历史研究》，刘北成、郭小凌等译，上海人民出版社 2000 年版，第 37 页。

实现大一统维持了近 90 年，明朝实现大一统维持了 270 多年，清朝实现大一统维持了 250 多年，在这之后中国又经历了 30 多年的战乱才建立新中国，重新恢复统一局面。从这些数字上看，我们根本无法从时间段上找出中国历史从统一到分裂的规律性出来，所以“合久必分、分久必合”的说法从规律的角度来说没有多少实际意义。

其实，中国历史上每一个王朝的兴衰往往是多方面因素作用的结果，其中哪个因素居于主导地位是不确定的，这里只有成败经验教训可借鉴，却没有什么固定不变、放之四海而皆准的必然规律可循。秦赵长平之战，秦起用了名将白起，而赵却错用了赵括为将，如果赵国继续用廉颇为将，战事结果未可知。尽管长平之战后赵国国力大衰，但由于赵国战略得当，后来邯郸之战，还是把秦国打败了。有人认为秦统一六国是大势所趋，势不可挡，这多少有些宿命论味道，它忽略了六国推动联合抗秦的可能性，也忽略了像楚、赵这样的地方强国完成统一大业的可能性。如果说秦朝暴政、民不聊生是使其灭亡的根本原因，但问题是如果李斯能够在关键时刻把始皇帝之死真相传递给公子扶苏，使其放弃自杀，而是与蒙恬率领的边塞大军杀回咸阳，夺了帝位，那么秦朝政治将会发生什么样的变化呢？如果扶苏执政，采取轻徭薄赋策略，缓和社会矛盾（以其品质性格，这是必然的逻辑），秦朝还会如此短暂就淹没在农民起义的洪流中吗？如果项羽在鸿门宴上杀了刘邦，楚汉之争的结局也许会是另一景象，那么后来的汉朝 400 多年基业也许从来就不曾发生。西汉末年在大规模战乱中刘秀能够异军突起，重新延续了汉朝气脉，但刘备在三国争雄中虽然也想匡复汉室，却终未成功，我们如何断定刘秀的政治运气就比刘备好呢？

一般把历史唯物主义解读为从社会发展客观条件上、社会发展趋势上分析历史事件的发生与结局的缘由，这是缺乏说服力的。曹操赤壁之战前已经具备了统一长江南北的客观物质条件，但主观上的失误葬送了机会，前秦在淝水之战前在人力物力上都远胜于东晋，结果却被打败了，这说明人的因素是不能忽略的。如果有人认为前秦是少数民族居统治地位，生产力落后、民族矛盾激化，这是导致它失败的根本原因，那么，蒙古族和满族成功地占领中原地区，建立起少数民族控制大汉民族的王国，又该如何解释呢？其实，游牧民族对农耕民族的征战在很多情况下都是落后生产力对先进生产力、野蛮对文明的征服，用社会发展客观趋势来解释，也是讲不通的。历史发展演化是复杂的，正如安德烈·莫洛亚所说：“在无论多么短暂的每一刻，事件之线都像生出双枝的树干一样分着岔。"① 任何单执一面的观点都难免有解释不通的实例。那么，历史事实层面上的演化就不存在任何必然性的东西了吗？

当然有，否则我们就没有必要研究历史问题了。我们之所以研究历史，就在于发生过的历史有可重复的地方，对于当下和未来的实践活动有借鉴意义。这就是贯穿在哪些具体历史事件之中的实践规律，它虽然不能决定整个历史进程沿着某种必然性轨道上顺序展开，而仍然使整个历史进程以偶然性方式绽放出来，但是它可以赋予任何具体历史事件以逻辑上的理性规定，使我们分析其得失成败时有一个标准标尺。沿着这个尺度，我们对历史经验所进行的分析总结，才能够对当下或者未来社会实践有启示作用。

例如，秦统一六国这一历史事件，贯穿其间的实践规律可在这样两个方面之中体现出来：一是秦国治国有道，国力累进，促其有统一六国的雄心壮志，这是整个统一六国历史事件的内在起因，可以认为是统一六国实践活动的目的所在。没有实践目的就没有实践活动，尽管确定实践目的一般说来不会天马行空，而是根据现有条件提出来的，但现有条件是死的，确定实践目的则是能动性的。在春秋时期，晋国曾经先后打败楚国和秦国两大强敌，称霸整个中原，无可匹敌，但其满足于左右周天子、称霸诸侯的目标，而且除了晋文公外，又缺乏连续的圣明君主治国，内乱不止，自然不会成为统一海内的国家。秦国则历经几代君主连续治理，日益强大，并在多次战争中取胜，增长了其统一六国的雄心壮志，这是其能够倾其全力问鼎中原的内在根源。如果嫪毐政变成功，杀死嬴政，秦国也许就会失去统一六国的主观动力，至少会延缓统一进程。可以说，秦国征伐六国是一次巨大赌博，如果君王在关键时刻退缩，很容易丧失机会。长平之战就能看出秦国国君在关键时刻的决心和勇气。当然，确定实践目的也需要科学根据，根据现有条件确定理性的实践目虽然不一定会在实践过程中贯彻下来，但缺乏基本条件的实践目的注定会失败，正如三国时的袁术战略思想好高骛远，是不可能成功的。二是在实施统一征战的实践中，秦国运用了正确的战略战术，可以认为整个实践活动沿着其必然性有效贯彻下来。六国之力远大于秦国之力，但秦通过外交巧妙地分离六国合作倾向，从而达到各个击破的效果。但我们仅仅从秦国一个方面看待秦统一六国这一历史事件演化的必

---

① 转引自〔英〕尼尔·弗格森《未曾发生的历史》，丁进译，江苏人民出版社 2001 年版，第 1 页。

然性还是不全面的，因为该事件本身终究是敌我双方军事博弈的结果。秦国能够正确贯彻其统一战略的内在必然性只为其取得胜利创造了可能性，它能否变成现实性还要看六国如何应对，毕竟六国综合实力远大于秦国一家。这就使得必然性需要通过偶然性表达出来。如果秦国在长平之战中被打败（这是有可能的），赵国国力未衰；如果齐国没有坐山观虎斗，而是鼎力相助被秦国侵略的国家（这就是齐国当时应该贯彻的实践必然性）；还有其他很多"如果"，都可能使该历史事件的结局与史实大相径庭。在这里，我们得出的结论就是：如果秦国没有实现统一六国大业，其他国家追求这一目标的实现的可能性就更小了。但秦国追求统一六国大业的必然性不是百分之百，其他国家追求统一六国大业的必然性也不是百分之零，历史不会为事件中的每一方设定必然性结局。唯一可以肯定的是，长期分裂、互相攻伐的局面不符合整个中华民族的根本利益，只要各个国家都认同自己是中华民族一员，从长远看，实现统一、恢复和平是历史大趋势，这其中包含着的就是历史必然性。

通过这个例子说明直接贯穿历史事件中的实践必然性源于人们具体实践活动过程之中，它不仅本身需要实践活动的能动贯彻才有实际意义，而且在博弈状况下只能通过偶然性、可能性表现出来，所以我们不能从整个演化过程中稀释出历史规律的因子。

问题是，既然实践必然性不对历史演变的结局产生决定性作用，为什么还把它作为必然性理解呢？道理很简单，要实现实践目的，贯彻这一必然性是必需的，尽管即使正确贯彻这一必然性也未必实现实践目的。换言之，秦国要统一六国，贯彻其实践必然性是不可或缺的（否则，注定是失败的，除非对方的失误反过来弥补自身的过错），但顺利贯彻其实践必然性也未必能够统一六国，因为从综合国力上看，如果六国能够正确贯彻它们自身的实践必然性，秦的目的是不能实现的。正是存在这样的必然性，才使得历史学家有总结秦统一六国这一历史事件的经验教训的必要性。

一旦秦国完成统一大业，历史就这样绽放出来，而接下来的历史便以此为根据铺开，所以，任何一个历史事件发生的社会背景都是偶然的结果，因而注定历史事件不会在历史的必然性层面上发生和演化。正如丈夫和妻子的结合具有偶然性的时候，孩子出生除了在丈夫和妻子这一层面上是必然性外，从根本上说，只能是偶然性的产物。这样解读历史演化逻辑，似乎实践必然性没有多少历史意义，其实不然，实践必然性虽然不能先验规定下人创造历史的实践活动，人们可以违背而且是事实上经常违背它的逻辑指向，但它因为直接涉及历史事件的成败，而历史事件的成败则直接奠定了历史演进的基础，所以，它有重要历史意义，是不能被人们冷落的。

总之，在历史事实层面上，我们无法得出统一的规律出来，总的来说是以偶然性表现出来，但贯穿各种历史事件之中的实践必然性赋予人的实践理性，赋予了历史事件演变的理性倾向性，尽管这种倾向性不能在客观上为历史事件定制结局，但它所暗含的趋势不仅为我们趋势性预测提供了可能，而且是我们以史鉴今的理由，是我们总结历史经验教训的根据——以它为标尺衡量得失功过。

（二）历史进步逻辑

根据马克思主义社会形态更替说，人类社会从低级形态走向高级形态是历史的必然。任何事物都是否定之否定的发展过程，社会历史发展也应该是一个两次否定后实现回归的发展过程。如果我们把原始公社作为人类社会起点，落脚点也应该是"公社"——是对无剥削、无压迫原始社会在更高层次上的复归。恩格斯在《家庭、私有制和国家的起源》中曾引用了摩尔根的话指出："社会的瓦解，即将成为以财富为唯一的最终目的的那个历程的终结，因为这一历程包含着自我消灭的因素。管理上的民主、社会中的博爱、权利的平等、普及的教育，将揭开社会的下一个更高阶段，经验、理智和科学正在不断向这个阶段努力。这将是古代氏族的自由、平等和博爱的复活，但却是在更高形式的复活。"[1]

但真实的历史发展图景却时常以倒退、曲折、跨越的方式展现出来，二者之间如何统一起来呢？或者说，透过复杂的历史事实层面，我们如何认识历史进步逻辑？

一般说来，我们很容易把马克思主义社会形态更替说解读为线性历史进步逻辑，也就是以生产力与生产关系、经济基础与上层建筑"两对"矛盾运动为根据，以五种社会形态依次更替为逻辑线索，来说明历史发展道路是一个直线式的过程，即社会形态随着生产力的不断发展而从原始社会、奴隶社会、封建主义社会、资本主义社会、社会主义社会直至共产主义社会依次递进演变。有人认为，马克思主义历史观既然强调经济因素在社会发展中起支配作用，它必然决定历史发展有一个逻辑顺序，"生产方式作为社会历史发展的决定性基础，有一个按照历史发

①　《马克思恩格斯选集》（第4卷），人民出版社1995年版，第179页。

展的逻辑顺序依次演进的过程"。①

但是用线性历史进步逻辑直接解读历史实际发展进程，会发现是行不通的。在中国曾经有很多次引起历史大倒退的事件——姑且不论每次王朝更替引起大规模战争导致生产力巨大破坏，社会发展会出现暂时的严重倒退的历史现象，有一些引起历史倒退的重大事件是非常典型的，例如，相对秦朝的郡县制，项羽搞裂土分封制、重建六国的做法显然是一种倒退行为，如果楚汉之争以项羽取胜，中国历史就可能会出现一次明显的历史倒退事件。西晋末年少数民族在北方割据一方，互相血腥混战，北方文明遭受严重破坏，出现了一段明显倒退的历史时期。唐朝推动了中国历史发展走向辉煌，但安史之乱造成盛唐时期终结，出现了长期的历史衰退现象。有较高文明的宋朝多次被辽、金、西夏侵扰，使得南宋时期北方出现了较长时期的历史衰退现象。元朝对于宋朝来说，至少在初期是一次重大历史倒退；而清朝对于明朝来说，在政治统治初期，曾经推行过退耕还牧政策，也反映出历史倒退现象。在中国近代史中，袁世凯复辟、张勋复辟也都属于倒退的历史事件。可见，在特定时期，甚至在一个较长历史时期，都可能出现历史倒退现象。而生产力发展停滞现象也是普遍存在的。亚细亚文明到底属于封建制社会文明时代还是属于奴隶制社会文明时代不重要，关键是它没有像西方文明那样通过商品经济实现工业化发展，在这方面表现出长期的停滞状态。实际上在中国的农村，直到上个世纪 80 年代以前，还用石磨、石碾子、牲畜作为日常生活中的重要生产工具，而广大农民还在为温饱目标奋斗，可见，生产力不均衡发展现象是明显的。这些现象用线性历史进步逻辑直接解释，难有说服力。

历史发展应该存在二重逻辑性：在历史事实层面上，表现为曲线运动方式，虽然从长历史角度看，是一个螺旋上升的过程，但波动的曲线运动包含着曲折、倒退、停滞等历史现象。当然，既可以从一个角度、一个动因把历史实际进程理解为单条曲线运动过程，也可以从多个角度、多个动因把历史实际进程理解为多条曲线混合运动过程，总之，大致是一个螺旋上升的波动性运动过程。但在历史事实层面背后的历史进步逻辑则通过直线式运动方式表达出来。它纯粹是抽象的逻辑规定，没有历史事实的具体内容规定，所以也没有时间空间属性，不直接表达历史实际运动过程，因此在历史进步直线运动上，我们不能直接解释任何

---

① 顾乃忠：《历史决定论与历史发展单线论》，《社会科学战线》1997 年第 6 期。

具体历史事件、历史现象。

历史发展二重逻辑性辩证统一，一方面通过历史具体面貌表现出曲折性，另一方面整个历史发展过程背后又含有直线式的进步逻辑，二者之间之所以统一，是由于贯穿历史曲线运动背后的直线式进步逻辑是由历史必然性决定的，根源于整个民族求生谋发展的基本价值诉求，从总的逻辑上规定出历史进步方向和线路，而在历史曲线运动中（历史事实层面上）的各种实践必然性则是这一总的逻辑线路的具体表达——尽管不能说每一个实践必然性都承接这一总的逻辑线路客观要求，但从整体上看，由于整个民族求生谋发展的基本价值诉求是对该民族成员的普遍要求，必然是各个实践必然性汇聚起来的合力的体现。

马克思所强调的五形态更替说（或者三形态更替说）实际上就是在历史事实层面背后的历史进步逻辑的内容表达，它不是要直接展示历史发展的实际图景，而是一种抽象的逻辑线路规定，具体到每一个民族的实际历史发展过程，未必会严格按着其逻辑环节展开，但其基本逻辑线路规定，终究是各个民族历史都要遵循的。也就是说，历史发展道路虽然是曲折的，有时甚至是倒退的，但总的来说是朝向进步的逻辑规定运行。世界上没有哪个民族的文明史是通过不断衰退的方式发展到今天，进步是历史必然的趋势，尽管有停滞不前的历史，但它们仍然把进步作为未来的方向。把马克思的五形态更替说（或者三形态更替说）理解为线性历史进步逻辑是没有错的，但不应该直接用来解释历史事实，把它教条化、生活化，相反而是应该折射在较长时间的历史事实之中。正如费尔南·布罗代尔指出："马克思主义是一套模式。萨特以特殊化（le particulier）和个性（l'individuel）的名义来反对这种模式的僵化、简单化和不充分。我也会与他并肩造反（在重点上略有不同），但不是反对这种模式，而是反对长期以来人们对它的自以为是的作用。马克思的天才及其影响的持久性的秘密，在于他第一个在历史长时段的基础上构造了真正的社会模式。但是这些模式由于被赋予放之四海而皆准的法则效力和预先的、无意识的解释而被固定在简单的形式上。反之，假若它们被放回到生生不息的时间川流中，……它们便会不断地再现出来，但是重点会有变化。"①

由于历史进步逻辑并非直接贯穿于历史事实层面上，我们不能通过

---

① 〔法〕费尔南·布罗代尔：《论历史》，刘北成、周立红译，北京大学出版社 2008 年版，第 55 页。

那种有具体时空属性和内容情节的历史实际演化过程来揭示历史进步性，就是说，我们必须撇开历史舞台上鲜活的历史事件、历史活动的过程性，通过抽象的宏大叙事才能揭示历史长河背后的历史进步性。例如，马克思、恩格斯在《德意志意识形态》中曾这样阐述大工业化发展历程："在 17 世纪，商业和工场手工业不可阻挡地集中于一个国家——英国。这种集中逐渐地给这个国家创造了相对的世界市场，因而也造成了对这个国家的工场手工业产品的需求，这种需求是旧的工业生产力所不能满足的。这种超过了生产力的需求正是引起中世纪以来私有制发展的第三个时期的动力，它产生了大工业——把自然力用于工业目的，采用机器生产以及实行最广泛的分工。这一新阶段的其他条件——国内的自由竞争，理论力学的发展（牛顿所完成的力学在 18 世纪的法国和英国都是最普及的科学）等等——在英国都已具备了。（国内的自由竞争到处都必须通过革命的手段争得——英国 1640 年和 1688 年的革命，法国 1789 年的革命。）竞争很快就迫使每一个不愿丧失自己的历史作用的国家为保护自己的工场手工业而采取新的关税措施（旧的关税已无力抵制大工业了），并随即在保护关税之下兴办大工业。……大工业创造了交通工具和现代的世界市场，控制了商业，把所有的资本都变成为工业资本，从而使流通加速（货币制度得到发展）、资本集中。……它首次开创了世界历史……它建立了现代的大工业城市——它们的出现如雨后春笋——来代替自然形成的城市。……"① 在这里，马克思、恩格斯不是通过对具体的经济历史发展过程、具体的经济历史事件的描述来揭示大工业形成的条件和大工业造成的影响的，而是通过一种高度抽象化的叙事方式展现出大工业化的历史演进过程，显然这只有透过具体的社会经济发展情景，在其背后才能归纳总结出来。

　　费尔南·布罗代尔曾经把历史分为三个层次："在表层，事件史用短时段来计量，这是一种微观史学。再深入一点，局势历史则遵循着更广阔、更缓慢的节奏。……结构历史（即长时段历史）一举包容了所有的世纪。这种历史介于运动和静止之间。由于它具有长期稳定的价值，所以同其他转瞬即逝的和自身展现比较急速的各种历史相比，它显得缺乏变化。而那些历史归根结底是以它为重心的。"② 显然，费尔

---

　　① 《马克思恩格斯选集》（第 1 卷），人民出版社 1995 年版，第 113—114 页。
　　② 〔法〕费尔南·布罗代尔：《论历史》，刘北成、周立红译，北京大学出版社 2008 年版，第 82 页。

南·布罗代尔所指称的"长时段历史"不是我们所说的"历史长河"，它是从历史长河中抽取出来的历史发展结构，实际上就是对历史进步逻辑的抽象化描述，需要我们透过事件史和局势历史才能总结出来。它所具有的长期稳定性是因为历史进步从量的积累到质的飞跃是一个长期渐进的过程，在特定的时间范围内，如果没有超出历史进步量的积累的范围，往往表现出相对静止的特征。

在马克思语境中，中国文明属于亚细亚文明，亚细亚文明发展历程没有像西欧文明历史那样较为典型地反映出五种社会形态依次更替规律出来，一方面的进步与另一方面的迟滞交织在一起，具有明显的独特性。中华民族在奴隶社会时代没有得到较为充分发展，没有像古希腊、古罗马那样创造出一套完备的奴隶制下的民主文明，但是中国较早发明了铁器生产工具，较早进入封建主义社会，社会发展水平在封建主义时期内的大部分时间都领先于西方。中国创造了一套完整的封建主义官僚体制，在控制较为广阔的王国疆域方面和保持社会稳定性方面，它比西方典型的主从分封制的效率要高出许多，可以说，在很大程度上正是依靠这种系统化的官僚体制保证中国能够从碎片化的战乱状态中恢复大一统的传统，而且保证了很多王朝能够在较长时间内维持和平统一局面。中华文明在封建主义时代的跃进正是建立在稳定的大一统朝代之上的——尽管小农经济生产力很低，但是高度中央集权的国家却可以通过集中起来的庞大的财力营造特定的文明成果。可以说，中华文明杰作在很多方面不是个人创造出来的，而是像蚁群一样是集体劳动的结晶。相反，很多个人智慧的杰作却因为制度的僵化而失去了推动中华文明长足发展的机会。例如中国四大发明：火药、造纸、印刷术和指南针，它们对于推动世界文明进步的意义远远高于在中国造成的社会进步的影响。火药虽然在唐代和宋代广泛用于战争，但却没有推动军事武器的变革，西方却完成了这一转变，并且用于开矿、修路，使之在军事上和生产上大放异彩。指南针曾经使中国成为世界航运史上最先进的国家，宋代和明代的大海船一度处于世界领先地位，但是传统保守的陆地意识使得在明朝中后期中国航运业长期裹足不前，西方却用指南针技术首次完成了环地球航行，拉开了殖民扩张序幕。总之，封建主义制度的完备性为中华文明的发展奠定了社会基础，但是它的僵化、保守也使得传统小农经济陷入相对的停滞状态，中国文明发展最终失去了动力，被西方超越，甚至被侵略、掠夺。在饱受西方列强蹂躏下，中国已经没有机会发展自己的资本主义经济，转而直接走上社会主义道路，五种社会形态依次更替规律被颠覆了。对此，我们应该做如何解释呢？

五种社会形态依次更替规律只是从内容上对线性历史进步逻辑的表达，因为它通过西欧历史经验总结出来，具有一定的典型性，所以被广泛认可。但它不是对线性历史进步逻辑的全面概括，正如中国历史上四大美女虽然是美人典型代表，但不是美人的全部写照，我们没有必要把所有的美女都归纳为四大类型，同样，亚细亚文明特殊性决定了也没有必要一定把五种社会形态依次更替规律作为标准尺度（正统模式）来衡量自己，自认为自己走了一条特殊道路。其实，中国所谓的封建主义时代应该不应该算为"封建主义"是值得商榷的，封建主义典型特征是通过王权进行裂土分封，这在周朝是广泛运用的统治方式，但在秦朝以后通过设定郡县制而逐渐形成了官僚体制，虽然后来的一些朝代在局部上还长期存在特定的裂土分封制度，但整体上它已经不具有代表性了。这就是亚细亚文明模式的特殊性，但它并没有违反线性历史进步逻辑的基本规定——社会发展代表了它的主线，规定了它的演化大方向，虽然有停滞、有倒退，但总的说来还是以自己的方式为世界呈现出东方文明色彩，使之与西方文明交相辉映。

二　宏观—共时态视角下历史规律的史学功能

所谓宏观—共时态视角下解读历史规律的史学功能，就是以横向角度通过对比分析世界各民族的文明史来解读历史规律的史学功能。如果我们仅仅以中国为例，从历时态角度分析历史规律的史学功能是不全面的，毕竟世界上许多民族的文明史具有自身的独特性，它们有的衰落，有的解体、消亡，也有的正在成长，而中国文明史不过是其中一种比较典型的模式而已。以纵向角度揭示在历史事实背后贯穿着线性历史进步逻辑，不能回答为什么有的文明会衰落、解体，也不能回答各个文明史背后的线性历史进步逻辑之间关系如何，有没有共性，即有没有普遍的历史规律，它是如何通过世界各个文明史贯彻下去的？而通过横向对比分析，我们将对此专门探讨。

（一）世界文明的成长、衰落与解体

在世界文明史上，中国文明发展历程虽然曾经遭受许多波折，但整

体上是通过连续发展的方式一直演进到今天，应该说是一个典型的文明发展模式。但世界各个民族的文明史却是复杂多样的，有的文明处在成长阶段，有的文明处在衰落阶段，而有的文明已经解体，逐渐成为历史记载，而且，世界各地社会发展水平参差不齐，有的民族非常古老，却几乎停滞在原始社会阶段，与现代文明格格不入，天壤之别，显然，传统理论很难给出合理解释。对此，王和教授进行了深入思考，提出了如下看法。

　　人类历史上，不同地域的人类社会发展差异极大。人类社会已经存在了上百万年，而其取得巨大进步和发展变化的时期则是在最近的这一万年（亦即地质学所谓的全新世）。倘若将这最近的一万年视作一个完整的过程，我们便很容易发现：如果说在这一过程开始的时候地球上所有的人类社会都大致处于相同发展阶段的话（学者们的研究已经证明，世界几大文明发源地进入古代农耕时代的时间是大致相同的），那么在其行将结束的时候，不同地域的人类社会的发展水平已经天差地远、判若云泥了：有的已经在考虑"后工业社会"的问题，有的则仍然处于"前国家阶段"——至少在南北美洲、非洲和大洋洲，我们可以看到非常普遍地存在着一种作为极其稳定的社会组织结构而长期延续的前国家形态。所以事实证明：那种把由原始社会—奴隶社会—封建社会—资本主义社会—社会主义社会的发展序列视作依次演进、普遍适用且概莫能外、所有人类社会都要经历的一般历史规律的认识，是不符合人类历史发展实际的。

　　那么，究竟是什么原因导致出现了这种巨大的差异？按照我们所熟悉的理论，社会的进步主要取决于生产力的进步，而生产力的进步依赖知识的积累和科学技术的发展。因此一般来讲，知识积累越丰厚、科技越进步的人类社会，其得到充分发展的机会和可能便越大。那么，何以在美洲和大洋洲这些自然条件并不恶劣的地方，知识的积累和科学技术的发展如此艰难？何以一些科学技术已经相当发达的古代文明未能获得充分发展便迅速衰亡？例如，埃及和巴比伦都是知识积累与科技高度发达的古代文明。仅以数学为例，在大约相当于我国夏商之交的二里头文化时期，古埃及人对于圆周率的计算已经精确到 3.16；几乎与此同时，古巴比伦人对于圆周率的计算已经精确到 3.125。而直到距其 1500 年之后，在我国的第一部数学书《九章算术》（约为汉代）之中，圆周率仍然是极为粗略的 3。既然文明发展得如此之早又如此之高，何以那里的社会的演进并没有呈现由原始社会到奴隶社会、到封建社会、再到资本主义社会的序列过程？①

王和教授的思考揭示出世界各文明发展的复杂性，若用传统的历史决定论进行直观的、教条式的解读是不能说明问题的，而用线性历史进步逻辑来解释，也存在很多问题。

首先，对于处于成长状态的文明——这是普遍存在的文明发展状态，也是最容易体现线性历史进步逻辑的文明发展状态，但是仍然有些问题需要解释。有些民族的历史演进没有严格遵循五社会形态更替规律，而是呈现跳跃式发展，或者加速发展，例如中国没有经历资本主义发展阶段便通过社会主义道路走向现代化，美国是通过战争方式直接废除南方奴隶制种植园经济而在全国实现资本主义工业化的；而有些民族独特的历史演进历程很难用五社会形态作为衡量尺度进行比较分析，例如中亚地区的阿拉伯文明、东亚和东南亚的亚细亚文明、南美洲的拉丁文明等。对此，我们该如何用线性历史进步逻辑进行解释呢？

其次，对于处于衰退状态的文明——几乎每一个大一统帝国在经历辉煌之后，都不可避免地会陷入衰退、甚至分裂状态，这个痛苦的过程可能很长，例如古罗马帝国的衰落、中国大唐王朝的衰落、号称日不落帝国的英国的衰落等都经历过漫长的过渡之后才逐渐衰落下来；这个痛苦的过程也可能很短，古代哈里发帝国瓦解、中国元帝国的分裂等，但总之衰退是成长不可避免的另一面。如果对于一种文明的历时态考察，我们可能通过考察衰退之后的复兴过程来解释线性历史进步逻辑是通过螺旋式曲线发展方式实现的——因为衰退之后重新走向复兴是我们历时态考察某个文明史的历史进步逻辑的必然前提，否则，如果衰退之后走向解体、毁灭，就等于丧失了考察对象，恰似考察孩子的成长历程却出现孩子夭折状况一样，没有继续考察的意义了。但是考察世界各种文明史却需要面对各种复杂情况，衰退之后重新走向复兴不过是其中一种表现，衰退之后出现停滞，或者走向解体、毁灭是普遍存在的现象，线性历史进步逻辑必须解释各种文明发展遭遇的各种可能性，这就是一个难题。如果说线性历史进步逻辑没有时间—空间坐标规定，允许不同民族的文明进程有先有后，但问题是有些文明发展中断了，没有把五社会形态更替规律贯彻到底，这该如何解释呢？例如，古希腊文明、玛雅文明、古巴比伦文明、古叙利亚文明、古迦太基文明、古埃及文明、中国

---

① 王和：《再论历史规律——兼谈唯物史观的发展问题》，《清华大学学报》（哲学社会科学版）2008年第1期。

的西夏文明、匈奴文明以及苏联、南斯拉夫的解体等等。

再次，有些民族的历史演化基本上长期处于停滞状态，即使到今天，也没有因为便利的信息传递和密切的社会交往而有所改变，例如，今天非洲有很多落后地区都保留着几乎是原始状态的部落，它们差不多丧失了任何自我进取的精神，在祖先传承下来的简单的、自然的生存方式中过着循环式的生活，对此，线性历史进步逻辑还有意义吗？

另外，更重要的是在国际环境中，外在压力对于一个民族文明史的发展是不能被忽略的。像中国、美国、俄罗斯这样的大国的历史发展由于抵御外在挑战能力较强，国际环境影响所产生的作用有限（尽管影响效果是存在的，但相比小国来说往往不是致命的），可以主要通过考察其内部逻辑关系分析其历史进步性，但像叙利亚、朝鲜、菲律宾、新加坡这样的小国、弱国就不同了，它们不仅基于自身的发展，而且外在因素往往会产生致命的、决定性的影响，其历史发展就很难以自身的线性历史进步逻辑来解释了。今天的叙利亚、朝鲜、伊朗、伊拉克、阿富汗、利比亚等国的社会发展都深深打上了美国烙印，分析它们自身的线性历史进步逻辑的时候，这一因素如此重要，是不能被忽略的。而外在因素所造成的影响一旦起到决定作用，就意味着一个国家的历史发展具有非常大的不确定性。因为外在因素本身是不可确定的。今天叙利亚内战何去何从，我们仅仅看到战场上的决斗是不够的，其背后俄国与美国的战略较量带给的叙利亚内战形势往往起到扭转全局的作用。如果在考察叙利亚的线性历史进步逻辑中加上美俄外在因素，那么揭示其客观必然性就困难了。

对此，汤因比提出来的挑战—应战文明发展模式，对我们很有启示。"与因果关系不同，挑战和应战不是先定的，在所有的场合并非是一定是均衡对应的，因而它实际上是不可预测的。"[1] 也就是说，历史不可能事先注定有一个结果，"一次遭遇的结局是不能预测的和事先决定的，而是产生于遭遇本身，如同一次新的创造"。[2] 挑战既是一个文明毁灭掉的因素，也是一个民族的创造能力被激发起来的因素。如果应战不能适应挑战，或者挑战分别对于激起一种创造性的应战而言力度太弱和力度过大，都可能会导致文明的流产、停滞。"爱斯基摩人便是这

---

① 〔英〕汤因比：《历史研究》，刘北成、郭小凌等译，上海人民出版社 2000 年版，第 73 页。

② 同上书，第 87 页。

样。他们发展出一种极具特色和高度适应性的北极文化，但这使他们成了他们欲征服的艰苦环境的囚徒，因为首要的任务是生存，这耗尽了他们的全部精力。"① 相反，回应挑战的时候，创造力得以激发，文明得以成长。汤因比的历史观是需要商榷的，但他提出来的挑战—应战模式对于探讨世界文明发展的多样性问题值得借鉴、研究。

透过挑战—应战模式，我们可以总结出文明发展存在这样几个特点：第一，挑战是不确定的，挑战的后果也是不确定的。挑战可能来自社会内部，也可能来自自然界，还可能来自社会外部，这是不确定的，尤其那些来自一个社会外部的各种挑战，是社会本身不能控制出现的。挑战引起的后果也是不确定的，这不仅取决于我们自身如何应战，还取决于挑战的力度，尤其对于弱小文明实体来说，外来的挑战往往直接决定它自身的命运，而不管它们如何应战。今天的叙利亚面临的挑战既有内部因素，也有外部因素，外部因素到底起多大作用，仅仅用"外因"的单面作用力来解释是不够的。总之，这个特点告诉我们，文明发展存在意外性，也就是说，一个民族社会历史进程存在"人力不可为"的时候。

第二，文明发展的未来命运，主要掌握在人自身的手里。"历史的本质正在于不断地增添自身。"② 文明到底是成长还是停滞、衰落，关键在于如何应战，在这里没有什么命中注定的力量规定社会历史发展将会变成什么情形。"那些已经灭亡的文明并不是命中注定要灭亡，……神圣的创造力的火星，乃是我们内在的本能，如果我们有幸将它点燃成火焰，那'按部就班运行的星辰'就不能阻挡我们去努力实现人类的目标。"③ 这个特点告诉我们，历史发展必然性必须从人的能动性中得到解释。

第三，没有一个文明是永恒兴盛的，一旦"靠在自己的桨叶上歇息"，就会被新的文明超越。古埃及文明、古希腊文明、古罗马文明都曾兴盛一时，但最终都衰落了甚至灭亡了。近代从葡萄牙、西班牙到法国、英国又到美国，这些称霸世界海洋的强国像走马灯一样，变换交替，反映出历史的运动性、变化性。这个特点告诉我们，历史发展的一般规律所展示的历史发展逻辑图景不会依附在哪一个具体文明史上，它

---

① 〔英〕汤因比：《历史研究》，刘北成、郭小凌等译，上海人民出版社 2000 年版，第113 页。
② 同上书，第 3 页。
③ 同上书，第 134 页。

是一种抽象中的共识，尽管不在任何一个具体文明史中得到完整复制，但任何一个具体文明史发展都是对它逻辑规定的不完整体现。

按着汤因比的解释，虽然可以回答王和教授的困惑，对于各种文明发展状态也有较为合理的解释，但关于历史规律的史学功能问题却成了难题。挑战—应战模式突出强调人的主观能动性对一个文明成长、衰退和消亡的至关重要作用，但贯穿文明发展历程背后的历史进步逻辑该如何解释呢？挑战—应战模式不仅不能回答这个问题，而且还设定了藩篱——如果文明发展取决于人们对各种挑战的迎战方式（也包括客观挑战过分沉重而使该文明丧失应战的机会），意味着历史进步不一定是人类社会发展的必然规定，那么，线性历史进步逻辑就不具有普遍意义了。

其实，考察世界文明，不是仅仅通过关注一个一个具体文明的简单汇总，而是把众多文明之河放到整个世界文明大潮中全景考察，尽管整个大潮是由一个一个具体河流构成，但它决不会因为个别河流的中断或者蒸发、飞散而失去自己的流向。如果历时态考察历史的进步性是考察一条河流的流向及历程，那么共时态考察世界文明的历史进步性就是考察众多河流汇聚起来后的总的流向及历程，尽管个别河流出现得失偏误是需要解释的，但整个大潮在其之上能够继续汹涌澎湃向前的必然性才是解释的重点所在。对此，线性历史进步逻辑能否给出合理解释呢？如果不能，按照波普尔的证伪原则，就意味着它是有问题的解释范式。

（二）历史规律的个性与共性

如果我们考察一个具体的历史进程，贯穿其中的历史规律就只有一个，自然不涉及共性问题；但如果我们考察一系列的历史进程，贯穿其中的历史规律有很多，那就会涉及共性问题，也就是贯穿各个民族之间的历史规律有没有共同特点、有没有普遍性特征的问题。

单线论认为所有的民族都经历基本相同的道路，由一种社会经济形态向另一种社会经济形态依次更替的，也就是说，它强调了动因的一元性（以生产力为核心）、历史发展规律的普适性和社会发展道路的齐一性。

与单线论对立的观点是多线论，或者叫多元多线论。这种观点认为：虽然经济因素对历史发展起主要作用，但推动历史前进的动因不是单一的，而是多元的，除了经济因素外，其他因素，如政治、军事、文化、宗教等因素都对历史发展起到重要作用，并有可能成为历史发展的主要因素；而在社会历史领域内，只有单个的特殊的发展规律，没有普遍规律；因此，各个国家各个民族依据各自的历史环境有不同的历史发展图景，世界的发展不是单线的，而是多线多元的。多线论认为，单线论主张存在教条主义错误，它套用了古典进化论的单线演化模式，并把欧洲历史发展特点作为普适性规律用来解释亚非拉国家历史发展特点。推动历史前进的应该是多元多线的。多线论还强调，只有斯大林主张单线论，马克思、恩格斯是主张多线论的。例如，《读书》上一篇文章认为，五种生产方式公式的理论背景一是古典进化论的单线演化模式，一是欧洲中心主义。[①]有一篇文章直接指出，推动历史前进的动力不是单一的，而是多元的。20世纪世界的发展不是单线的，而是多线多元的。[②]

其实，无论是单线论还是多线论，理论本身都有局限性。如有一篇文章认为，多线论可以理解为否认不同国家和民族历史发展的共同性，而这种共同性正是我们必须坚持的马克思主义的一个基本观点。而"单线"的提法又很容易被误解为单一的模式，从而忽视了不同国家和民族历史发展的多样性。[③]还有一篇文章指出，无论单线论还是多线论，都不能正确地认识和把握历史发展规律与社会发展道路、作为整体的世界历史的发展过程与各个民族和国家的社会历史发展过程之间的区别与联系。单线论是把历史发展规律混同于社会发展道路，从而把社会发展的统一性简单化。而多线论则把历史发展规律与社会发展道路截然分开，从而把各个民族和国家的社会历史发展的特殊性绝对化。显然，这两者都是失真的。[④]

罗荣渠则主张一元多线论。他认为，根据"马克思原意"，"推动社会发展的根本力量是经济力的变革"。因此，三大生产力形态（指原始生产力、农业生产力和工业生产力）引导出的历史演进阶段，是世界不同地区的文明演进一般必经的顺序和阶段。这就是说，大生产力的性质和发展水平，构成社会发展的客观限界和共同特征。这就是"一元性"。而在同一大生产力状态下的不同社会的发展，受复杂的自然因素和社会因素的影响，具有不同的发展阶段、不同的发展模式和不同的发

---

① 何新：《古代社会史的重新认识》，《读书》1986年第11期。
② 程人乾：《关于20世纪历史巨变的几点思考》，《世界历史》1998年第3期。
③ 林甘泉：《亚细亚生产方式与中国古代社会》，《中国史研究》1981年第3期。
④ 叶险明：《马克思世界历史理论建构的方法和逻辑》，《中国社会科学》1998年第6期。

展道路，"任何一种生产方式和社会形态都不是单向度的、静态的，而是多向度的和动态的。"这就是"多线性"。"一元性是社会发展的共性，多线性是社会发展的特殊性。两者在特定的历史过程中形成共性与特殊性的统一"。①

罗荣渠把"元"作为各种文明史发展的共性所在，而把"线"、也就是具体历史发展过程作为各种文明史发展的个性表现，其创新性是显而易见的。但罗荣渠的一元多线论的最大创新价值就在于揭开了多线背后都基于生产力发展，都贯穿三大生产力形态（指原始生产力、农业生产力和工业生产力）的演进，这实际上就是多线背后的共性，普遍地贯穿各个文明背后的线性历史进步逻辑在具体内容上的表达，但问题是这一共性是如何在多线中贯穿下去的？就是说，如何理解在兴衰无常的各种具体文明过程中实现这一线性历史进步逻辑？

按着汤因比的挑战—应战文明发展模式，我们可以分为四种：一是没有挑战，自然生存，导致文明停滞。如非洲、印度、巴西中一些原始部落，在大自然的深处，少与外界交往，与世无争，在温和的大自然的庇护下，通过简单的人际关系、生产方式和繁衍手段实现与自然的和谐共存，因缺乏挑战而丧失进取精神，导致文明发展逡巡不进。二是刻意封闭国门，回避挑战，夜郎自大，拒绝交往，文明自我更新，发展迟缓。如中期的清朝，虽然面对西方列强日新月异的科技进步带来的巨大挑战，却自我封闭，狂妄自大，刻意回避挑战，结果因发展迟缓而落后，又因落后而挨打，陷入全面危机之中。三是虽然做出了积极回应，但应战失败，国破家亡。中国西夏王朝面对强大的蒙古大军侵略时，虽然进行了积极的抵抗，但无疑敌军战斗力过于强大，最终导致西夏文明彻底毁灭。而苏联面对国际和国内双重挑战，却采取错误的回应方式，以军事争霸为重点，忽略发展民生经济，导致综合国力全面失衡，最终应战失败，走向解体。四是通过积极回应，挑战胜利，国家走向富强。如日本的明治维新就是回应挑战胜利的典型例证，中国特色社会主义道路也是回应全球化挑战胜利的例证。这四种模式说明若横向看世界各种文明发展历程，起码包含两个基本逻辑规定：（1）肯定有的民族或者某个民族的特定历史时期会在回应挑战中失败，所以，停滞、衰退、解体、消亡是常见的现象；（2）肯定有民族会在回应挑战中取得成功，或者在失败后经受住考验，最终重新恢复发展，这是世界文明一直保持

① 罗荣渠：《新历史发展观与东亚的现代化进程》，《历史研究》1996 年第 5 期。

到今天繁荣景象的原因。基于这两个逻辑规定，让我们考察普遍规律，即普遍地贯穿各个文明背后的线性历史进步逻辑是如何实现的。

当一个民族或者沉迷在已有的成就，不思进取，"靠在自己的桨叶上歇息"；或者遭遇自己难以承受的外在挑战；或者不能正确应对各种挑战……不管由于哪种原因，反正导致其社会发展出现重大曲折性，这时候，意味着社会历史运动曲线就会偏离出历史规律所允许的范围，这个民族的历史发展将处在一个十字路口。一旦处在历史发展的十字路口，能够发挥人的能动性，纠正偏差，使历史重新恢复到正常发展状态的，只是那些有进取心并有能力正确回应各种挑战的民族才能做到的事情，而不是每一个民族、也不是一个民族的历史发展过程中的每一个阶段都必然出现的结果。就是说，一旦一个民族的历史运动轨迹曲线发生偏离，它就会面临多种可能的结果。在这个历史转折时期，如果人们找到了遵循实践必然性的可能路径，历史获得了新的发展动力，意味着历史规律制约性发挥了作用，这个民族的社会历史继续发展，如改革开放之后的中国；否则，要么继续探索寻找新的路径，这个民族的社会历史动荡不安，始终处在不稳定的分化状态，如当今的叙利亚；要么沿着错误道路走下去，直至崩溃灭亡，如中亚初起的景教文明在扎下根来之前，被穆斯林阿拉伯人所压垮，成为流产的文明，而东罗马由于迷恋罗马帝国的幽灵，无法应对新兴文明冲击，结果也毁灭了。

而从纵向一个民族的历史发展过程上看，处在历史发展十字路口，虽然我们所强调的那种发挥人的能动性，纠正偏差，使历史重新恢复到正常发展状态，是最终的历史演化结果，但是，在具体演化过程中存在很大的不确定性：既有可能应对失败，造成人亡政息，也有可能难以找不到应对办法，而陷入一个较长历史时期的分裂、战争状态。例如，在中国历史上，几乎所有封建社会朝代都曾遭遇过这样的挑战：汉朝末年挣扎在内忧外患之中、东晋面临前秦的强力挑战、南宋遭遇辽金蒙古的持续攻击、清朝末年遭遇西方列强的连续挑战等等，但结果如何呢？西汉时期，刘秀成功地实现了大汉复兴，但东汉末年"匡扶汉室"的努力却未能成功；东晋成功地顶住了前秦的军事压力，却未能恢复西晋时的大一统国家；南宋在极度衰微状态中逃过了辽、金的攻伐，但在蒙古军队的压力下灭亡了；清朝成功地平定三藩、打败葛尔丹叛乱，但面对西方列强的挑战却无力回天。

但从纵向整个世界文明发展史上看，人类历史发展普遍规律不是要在所有的文明中完整贯彻下去，而是在竞争中胜利的那种文明的具体发展过程中贯彻下去，对于失败的文明则任其自生自灭。所以，人类社会发展普遍规律与文明的成长、衰落、停滞、崩溃等复杂发展形势是并行不悖的，并以后者为表现形式。"世界历史发展的一般规律，不仅丝毫不排斥个别发展阶段在发展的形式或顺序上表现出特殊性，反而是以此为前提的。"① 可以说，五种社会形态依次更替规律，几乎在任何单一民族的具体文明发展史中都不能完整而典型地贯彻下来，甚至很多民族的文明发展史都不能把它们全面贯彻下来。例如，欧洲的奴隶民主制度非常典型，但中国的封建主义文明（姑且称之为封建主义制度）却很完善，西方的资本主义制度已经发展到很高的水平，中国的社会主义却已经成长为新奇葩。这就是普遍意义上的线性历史进步逻辑在世界文明中的贯彻方式。

但是，尽管没有哪一个具体文明能够典型地贯彻五种社会形态（这是历史进步逻辑在现实层面上的反映），但透过具体社会形态背后，三大生产力形态（指原始生产力、农业生产力和工业生产力，这是历史进步逻辑内在本质层面上的反映）的演进是不能随便简约的，只不过在时间上有快有慢而已。这是为什么呢？物质生产是各个民族赖以存在的基本条件，所有的民族要求得生存上的竞争优势就必须发展生产力，改善生产关系，虽然其现实层面上的表现形态——社会形态更替规律因民族发展特点或国际环境影响等因素而可以通过不拘一格的具体情形展示出来，但生产力发展是一个连续的进步的过程，由此决定历史进步逻辑是一个连续的过程。当然，因为世界存在交往，特定民族的社会形态和生产力都可以通过横向交往实现跃迁，因此生产力发展的连续性也不是绝对的意义上的（我们可以认为从世界整体意义上看，生产力发展的连续性是绝对的，因而历史进步逻辑是连续的），它只是相对社会形态更替规律来说更需要强调量变的重要性而已。事实上，马克思、恩格斯曾特别强调外在的社会交往、甚至包括征服行动对一个民族历史发展的重要作用："征服这一事实看起来好像是同整个这种历史观（唯物史观，作者注）矛盾的。到目前为止，暴力、战争、掠夺、抢劫等等被看作是历史的动力……战争本身还是一种通常的交往形式；在传统的、对该民族来说唯一可能的粗陋生产方式下，人口的增长越来越需要新的生产资料，因而这种交往形式越来越被加紧利用。……无论在什么地方，占领都是很快就会结束的，已经不再有东西可供占领时，必须开始进行生

---

① 《列宁选集》（第4卷），人民出版社1995年版，第776页。

产。从这种很快出现的生产的必要性中可以作出如下结论：定居下来的征服者所采纳的共同体〔Gemeinwesen〕形式，应当适应于他们面临的生产力发展水平，如果起初情况不是这样，那么共同体形式就应当按照生产力来改变。……封建制度决不是现成地从德国搬去的。它起源于征服者在进行征服时军队的战时组织，而且这种组织只是在征服之后，由于在被征服国家内遇到的生产力的影响才发展为真正的封建制度的。"①可以说，一个民族通过政治斗争能够在短期内实现社会形态整体跨越发展，但要实现生产力跨越发展则需要一个较长时间的量变准备阶段。如同撑竿跳高与普通跳高，前者因为有撑竿的作用而对运动员的蹬地动作环节要求不是很强烈，但普通跳高必须建立在坚实的蹬地准备上才能跳起来。所以，列宁搞了新经济政策，中国则确立了社会主义初级阶段。

正因为人类历史发展普遍规律只在竞争中胜利的那种文明的具体发展过程中贯彻下去，所以，在众多民族之间的文明发展竞赛中，哪些民族的文明能够承载人类一般文明发展基本环节，成为走向未来理想社会的代表，哪些民族的文明成为登上文明巅峰的垫脚石，这是没有必然规定性的，自己的事情只能自己负责。历史必然性只青睐不断进取的民族。

在这里，我们需要解释一种社会现象：世界几大文明发源地进入古代农耕时代的时间是大致相同的，为什么在其行将结束的时候，不同地域的人类社会的发展水平已经天差地远、判若云泥了呢？我们可以得到这样的阐释：历史规律所规定的必然性只要求贯彻下去，但并不要求如何贯彻下去，这一切取决于民族自身的能动性实践活动。有些民族的历史发展曲线虽然没有超出历史规律所允许的范围，但动力不强，螺旋式上升的"升力"不足；有些民族的历史发展曲线超出历史规律所允许的范围后，一直找不到新的发展路径，内讧不断，动荡不安，长时间无法恢复到正常历史发展状态，而有的民族的历史发展同时具备前两种可能性，结果他们的文明进程就变得落后了、甚至停滞了。"前文明社会就像是一群昏睡在山腰部的一块突出岩石上的人们，它的下面是悬崖峭壁，上面是悬崖峭壁。文明则像是这些'以弗所的昏睡者'们的伴侣，他们正拔起脚，开始攀登上面的绝壁。"②

---

① 《马克思恩格斯选集》（第1卷），人民出版社1995年版，第125—126页。
② 〔英〕汤因比：《历史研究》，刘北成、郭小凌等译，上海人民出版社2000年版，第59页。

　　总之，任何一个具体民族的历史发展历程，都不要指望从一般的、普遍的历史规律中得到任何什么必然性的承诺，历史规律只会在竞争中胜利的那种文明的具体发展过程中贯彻必然性，而对于失败的文明则任其自生自灭。所以，中华民族的历史命运必须由中华民族自身来负责，不要试图在马克思主义历史决定论中找到某种神秘的必然性力量哄骗自己。相比其他文明，中华文明能够把传统文明较为完整地传承下来，这是积极宝贵的，相信中华文明有更美好的未来。

三　微观视角下历史规律的史学功能

　　所谓微观视角下历史规律的史学功能，就是从历史发展的具体情节中、历史事件的演化过程中解析历史规律史学功能。因为越是近景考察历史面貌，被放大了的历史发展过程就越具有偶然性特征，历史事件主要当事人的主观意志所产生的影响就越大，考察历史规律史学功能就越困难。所以，哲学一般不愿意从历史发展的具体事件、具体历史人物出发谈论历史规律问题。但回避问题不等于不存在问题，要发展历史唯物主义，捍卫历史唯物主义科学性，这个问题终究需要解决的。

　　一般说来，在社会历史发展的现实层面上，起实质性作用的是实践规律，不管是日常生活、经济运行、社会发展、大小历史事件、历史人物决策等等的成功失败结果，都可以从是否遵循贯穿其中实践规律那里得到解释。而历史规律是不会直接关照社会发展过程中的这些细枝末节的。当然，历史规律不"关心"历史发展具体进程，不是说它不会对历史现象、历史事件起到制约作用，只是这种制约作用不是直接的、实质性的，而且这种制约作用本身最终还应该从人的实践活动与实践必然性相互作用中得到说明。

（一）历史事件中的偶然性

　　以微观视角考察历史，可以有两种进入方式：一是截取历史横截面，以空间掠影的方式把历史画卷静态展开，以此来解释历史现象、考察历史规律问题。这种方式要么试图找到一种万能机制使之能够适用整个历史发展过程，要么把历史发展过程简单视为同质延伸的直线，否定存在曲折变换性。这都是不科学的。二是以历史事件为考察对象，通过研究历史事件发生、演变和结局考察历史现象、历史规律问题。虽然不能说历史过程就是历史事件的集合，但历史事件作为历史发展过程重要节点起到至关重要作用是毋庸置疑的。在历史上几乎所有的重大变迁都是通过历史事件的演化出现的，如果要从情节过程上研究历史，实际上就是考察历史事件。一般说来，一个重大的、足以决定历史发展未来命运的历史事件就是一个有特定时间范围的、微观的历史演化单元，对它的发生、高潮和结局的考察就是对构成整个历史全貌的众多具有基本共性的单元的认知。所以，通过考察历史事件演化过程来研究微观视角下历史规律的史学功能，是比较科学的，它对历时态下历史运动的起伏、曲折过程给予了充分的关照。

有很多历史非决定论者喜欢用"假如"方式进行"反事实"追问——例如，美国若没有爆发独立战争，将会怎样？如果美国南部政府在战争中取得胜利又会怎样？假如没有列宁，俄国十月革命还会成功吗？若希特勒派遣海军和陆军攻击英国，二战的情形会怎样？假如日本决定与德国夹击苏联，最终选择北进而不是南进，苏联卫国战争结果又该如何？整个反法西斯战争结果又该如何？所有这些假设都没有发生，但不能说因为它们没有实际发生就肯定说历史必然不会以那种方式展开。历史在绽放时刻，任何一种可能性都有机会变成现实，而已经变成现实的历史情境不可避免地会存在偶然成分、包含运气因素，这决定了在历史事实层面上直接考察不可更改的历史必然性是不可能的。在这里如果我们一定要把具体的历史事件的发生和结局钉在历史必然性的十字架上，不是要犯先验论错误，就是要犯宿命论错误。可以说，除了人的实践活动之外，除了意外侵入的自然力之外，没有其他更神秘的力量决定历史事件的发生和结局。正如汤因比指出："如果在文明形成过程中，具有相同的种族或环境条件，却在一地表现为硕果累累，在另一地又毫无成就可言，那我们并不感到惊异。的确，看到人们在不同的场合对同一种挑战（即使这种挑战是在相同条件下的同一种族和同一环境之间的相互作用）做出多种多样、变幻莫测的应战现象，我们也并不感到奇怪……因为在这类活动中的'各个力量'乃是一个个的人。"①

如果我们从现实角度审视历史事件，会发现任何一个历史事件在历史坐标系中，都是以偶然的方式展开的。

首先，历史事件主要当事人在对事态变化的判断选择中存在主观

---

① 〔英〕汤因比：《历史研究》，刘北成、郭小凌等译，上海人民出版社 2000 年版，第 86 页。

性，在很多情况下直接决定历史事件的演变。在赤壁之战之前，东吴面临应战和议和两种选择。如果从当时军事形势和实力比较上看，无疑选择议和更符合客观逻辑，但是孙权得到以周瑜为代表的主战派的支持之后却选择应战，结果终止了曹操试图一鼓作气统一江南的战略。辽沈、淮海和平津三大战役结束以后，美苏都试图说服毛泽东划江而治，分裂中国，搞南北朝。美国叫嚣要进行武力威胁，而苏联则担心美国卷入中国内战会引起新的世界大战，希望中国共产党适可而止，保住现有革命成果。此时，毛泽东有两种选择：要么将革命进行到底，甘冒美国军事干涉风险，甚至有可能会出现功败垂成的结果；要么划江而治，不刺激美国军事介入，确保现有革命成果。显然后一种是稳妥的选择，但结果却是毛泽东决心打过长江去，统一全中国。正因为历史事件主要当事人的主观选择未必总是建立在"识时务"基础上，才使得历史事件的演化有很多不确定性。

其次，很多历史事件是通过双方或多方利益冲突者的博弈演化的，存在不确定性。在直接对抗情况下，一方的行为产生的结果往往是以对方的行为选择为条件的，因此，事件如何演变难以确定。秦在统一六国战争中即便做出了非常正确的战略选择，但是否取得胜利还要看六国如何应战；东晋在淝水之战中能取得胜利，仅仅看到晋军战争策略上的成功是不够的，还要看前秦指挥官一连串失误对于战略形势转变的深远影响；蒋介石对付地方军阀的伎俩非常有效，通过两次中原大战彻底打败了地方军阀的挑战，但用来对付毛泽东就失灵了，结果在自己占据绝对优势的情况下却被打败了。当前叙利亚局势变化也是如此，双方甚至多方博弈使得叙利亚未来局势充满变数。

再次，外在因素的渗透是难以避免的，它时常会导致事件以意外方式结束。如果我们不能杜绝外在因素的渗透，就不能把决定论在现实层面上贯彻到底，因为外在因素的干预往往是不需要条件准备的，甚至是不能预知的（即使外在因素本身是有条件的，可预知的，但它对事件的渗透往往是横截面式的，没有孕育的过程），那么它的影响是不能用逻辑推定的，常常以意外的方式表现出来。历史事件不能杜绝外在因素的渗透，自然不能防止发生意外结局。土地革命期间，国共两党殊死搏斗的时候，日本发动全面侵华战争，导致国共第二次合作，共同抗日。在朝鲜统一战争中，朝鲜军队势如破竹，胜利指日可待，但美国的军事介入完全改变了战争态势，朝鲜统一战争失败了。而中国收复台湾的军事行动如箭在弦的时候，由于朝鲜战争爆发，美国军事介入台湾海峡，使得两岸统一历史使命拖了下来。卡扎菲镇压反对势力曾经势如破竹，胜利在望，但法英的空中轰炸彻底改变了战局，卡扎菲政权几乎一夜之间崩溃了。

还有，我们不能假定历史发展变化都是在历史事件单列排序——对应演化的结果，在很多情况下，是多个历史事件交错发生彼此汇聚起来共同演绎出跌宕起伏的历史面貌，这必然使最终的历史面貌具有更大的不确定性。历史事件在时间空间上的限定是相对的，我们可以把整个第二次世界大战作为一个历史事件，也可以把其中交战国之间的战争作为历史事件，或者把众多的具体战役作为一系列历史事件。显然第二次世界大战的演化不是通过单一主线贯彻下来的，苏联战场、西欧战场、北非战场、中国战场、太平洋战场、大西洋战场、东南亚战场、南欧战场等交错展开，各个大战场既是独立的，也是联动的。如果没有中国战场通过打持久战拖住日军主力，以美国为首的联军就很难阻止日军在南太平洋的进攻，反过来，如果没有美国在太平洋战争中重创日本海军，中国战场将面临更大军事压力，抗日战争将会更加持久。如果苏联打败了，美英还会开辟第二战场吗？如果希特勒选择进攻英国而不是进攻苏联，美苏英会建立反法西斯统一战线吗？如果没有苏联的陆上军事配合，美英能打赢这场战争吗？显然，各个战场之间关联如此微妙、复杂和不确定性，在其中探讨最终胜负结局的客观必然性是困难的，不到最后大局已定是不能事先进行逻辑预测的。

最后，在历史坐标系上一旦一个足以影响历史进程的重大事件以偶然方式落幕，就意味着其后出场的历史事件都是建立在这种偶然的社会历史条件之上的，因而决定了它们的历史偶然性。虽然这是一个通过纯粹逻辑推导得出来的历史结论，但可以说明一个固定的东西建立在不固定的基础之上必然也不会绝对固定。如果汉武帝登基是通过多个方面的皇室政治力量博弈、妥协的产物，那就说明汉武帝后来的政治作为就是建立在这一偶然性之上的，也就是意味着在他领导下发生的卫青、霍去病北击匈奴的重大事件不可能在历史坐标系中以绝对必然性的方式描述出来。尽管从汉朝和匈奴两国国力对比上看，汉朝反击匈奴的军事行动势在必行，具有历史发展的客观必然性，但是何时发生、以什么方式发生、通过什么样的历史事件发生是不确定的，甚至通过其他方式，例如外交行动达到类似军事反击效果也是有可能的。如果玄武门之变被杀死的是李世民，那么大唐王朝该如何演绎下去呢？虽然不能说明李世民的兄弟就没有雄才大略，就不能造就一个类似的大唐盛世，但至少说明李世民的帝王政治生涯是通过这一事件中以某种偶然方式作为起始点展开的。如果在甘露寺之变中大臣们果敢坚定，不惜一切代价，哪怕另立君王，也要杀死当政宦官，历史可能会改写。蒙古大军从四川进攻南宋时，抵抗的宋军发出一炮炸死了蒙古军统帅蒙哥是一个偶然性的事件，但它不仅缓解了南宋的军事压力，而且彻底改写了蒙古国政治运动轨迹，忽必烈获得了建立大元王朝的机会。如果在萨尔浒之战中，明军能够协调并进，合击后金军队，正在萌生中的大清王朝也许就此胎死腹中。但明军的偶然性错误给努尔哈赤取得胜利的机会，并以此为基础走向中原开创大清王朝。

总之，历史事件在历史坐标系中不会以必然性而是以偶然性表现出来，这说明历史事件当事人应该为事件本身负责——如果历史事件的结局极大促进了历史进步，例如武昌起义、五四运动、长征胜利、粉碎"四人帮"事件等，那么当事人功不可没；如果历史事件的结局极大遏制甚至破坏了历史进步，例如袁世凯称帝、希特勒上台执政、苏联解体等，那么当事人罪不可恕。因为在历史事件背后没有客观必然性直接规定历史事件的结局，除了纯粹外在因素介入造成意外影响外，仅从事件本身看，一切都是人的实践活动的结果。如此说来，人是历史剧作者，历史是在人的脚下绽放，我们面对当下正在发生事件或者未来可能发生的事件，只能在实践中努力，而不能归因于"天命"或者"历史必然"。

承认历史事件在历史坐标系中是以偶然性表现出来，不是对历史必然性的拒斥，也不是对现实层面上存在必然性的否定。偶然性与必然性是对立统一的，必然性总是要通过偶然性表现出来，偶然性背后总是有必然性起到逻辑支配作用。关键是在历史事件中，偶然性如何表达必然性，或者说在偶然性背后必然性如何贯穿下来。

显然，直观、教条、机械的历史决定论主张在历史事件发生发展过程中，必然性具有不可动摇的支配地位，偶然性不过是唯命是从的婢女，充其量在发展程度上有所伸缩而已。实际上，它混淆了自然界中的偶然性与必然性关系和社会中的偶然性与必然性关系的不同之处。在自然条件下，必然性直接贯彻在偶然性之中，二者之间具有直接统一性，偶然性完全在必然性支配下表现出来。水往低处流属于必然性规定，而湖中的水、河中的水、水杯中的水都会直接表现出这种自然现象，除非受到外力干扰，不会有其他意外可能性。在这里，各种具体的偶然性除了表达出来的现象特征可能有差异外，对于贯彻水往低处流这一必然逻辑规定是不折不扣的。但是，在社会条件下，历史发展的偶然性是通过有能动性的人的实践活动表达出来的，这就决定了它在执行必然性的逻辑规定时有很大的主动性、选择性，可以说，不是必然性规定偶然性展开，而是偶然性承载必然性贯彻。换言之，不是必然性强制性支配偶然性运行逻辑，而是偶然性以自己的创新精神为必然性充当了开路先锋，因此偶然性的意义不仅在于现实地表达了必然性，而且还表现在"规定了"必然性贯彻下去的现实方式。正如理论上讲一个在逻辑上必然能够考上研究生的考生可以通过 N 次考试把这一必然性贯彻下来，但具体到每一次考试的实践过程中，该考生决不会把它作为纯粹的偶然事件看待，一定会以必胜的决心努力促使它就是考上研究生这一逻辑必然性的现实表达（当然客观结果是否如愿是另一码事，否则我们就不会强调 N 次考试是贯彻这一逻辑必然性的前提了）。事实上正是这种把原本偶然的东西当作必然的东西来积极争取，才使得必然能够考上研究生这一逻辑规定性有理由通过 N 次考试贯彻下来，否则，若当事人真的以为只要消极地通过 N 次考试就会借助纯粹偶然的机会考上研究生，那他就是机会主义者，考上研究生这一逻辑必然性将不存在。历史事件中的偶然性也是如此，它在承载必然性贯彻下去的过程中具有相当大的主动精神，以至于整个历史事件不可能不带上它的光环而遮蔽了客观必然性的身影。

总之，历史事件中的偶然性不是必然性的婢女，相反，偶然性所具有的主动精神正是历史事件中的必然性存在并贯彻下去的理由，而其背后的历史必然性也是借此而表达出不以人的意志为转移的客观制约性来。

（二）历史事件中的必然性

一般来说，历史决定论偏重于强调引起历史事件的客观条件，也就是"时势"对历史事件发生的作用，认为一个重大历史事件迟早会发生；而历史非决定论则偏重于强调历史人物对历史事件的作用，认为主要当事人如果在关键时刻做了正确的选择或许会避免一场流血冲突。对于两种研究视角，我们似乎都不很满意。如果只拿社会背景谈论事件发生的必然性，历史当事人的历史责任会显得微不足道，似乎希特勒或许不用承担"二战"历史责任；如果只关注事变当事人的行为细节，看不到事件背后的社会形势，似乎中国方面如果允许日本军队到宛平城搜查失踪的士兵就会避免发生七七事变，这都是不可接受的逻辑推论。

如果仅从历史事件演变的实际表现上看，我们很难看到必然性的作用效果，但绝对不能说没有任何必然性而只有偶然性导演了历史事件的演变过程。问题是，必然性躲在哪里呢？

从现象层次看，存在多方面的必然性或者说类似必然性的客观趋势。首先，一旦社会客观形势酝酿成熟，历史事件便具有发生的客观趋势。但这种必然性只是一种客观积聚起来的势能，不是不能改变的已经倾泻下来的洪流，某些杰出人物在关键时刻"扭转乾坤"，也是有可能的，尽管这是非常少见的事例。德国社会发展出现了严重问题，不能正常发展下去，这意味着必然要发生某个事件来解决这个问题，但发生怎样的历史事件来解决德国社会问题，是斗争的结果，具有很大的不确定性，希特勒上台有其社会形势上某些必然因素，但绝不能说，我们没有能力阻遏一场人类浩劫的发生。其次，事变当事人的行为选择受到他的阶级立场制约具有某种空间限定性。试想洋务派在农村搞社会革命是不敢想象的，共产党能够找到农村包围城市、武装夺取政权的革命道路，蒋介石能够找到类似的道路吗？显然是不可能的。当然，这种限定性毕竟在人的能动作用之下，在客观形势逼迫下或其他因素干预下，某种看来不可能的必然性是可以改变的。土地革命期间，国共两党水火不容，但抗战爆发时期，阶级矛盾让位给了民族矛盾，水火不容的国共两党实现了统一抗战的局面。再次，矛盾积累到一定程度，必然通过事变释放出来。有些历史事件不一定主要通过客观的社会形势导致，可能是当事人利益直接冲突的结果。在封建社会，王位争夺往往与社会大背景联系不紧密，导致事变发生的主要原因就是当事人之间的利益冲突，但事变发生结果对历史的影响还是存在的，有的甚至非常深远。

或许还能总结出很多必然性出来，但这些必然性都是实践活动现象层面上的，而不是实践活动本质层面上的，它们往往以客观趋势表现出来，不足以给整个历史事件打上必然性烙印，就是说，这些必然性本身与偶然性一样在前台演化，而不是在偶然性背后起支配作用。那么，在表现历史事件的偶然性背后起支配作用的必然性是什么呢？是实践必然性和历史必然性二重作用的结果。

在历史事件实际的发展过程中，实践必然性直接贯穿其中，发挥实质性的制约作用。可以说，任何一个历史事件都会有一个或几个贯穿其中的实践必然性，因为实践规律体现在我们日常生活各个方面，很多成语，如南辕北辙、亡羊补牢、掩耳盗铃、刻舟求剑、揠苗助长等都包含着实践必然性。

之所以在其偶然性的背后存在实践层面的必然性，是因为发动历史事件的当事人存在促使事件朝向成功演变的价值诉求，这使得当事人必然积极主动去尝试选择符合实践必然性客观要求的实践行动方案（最终展示出来的选择结果是不是符合实践必然性客观要求是另一码事，只要主观上存在这一自束性因素，就意味着存在必然性），从而在实践行动选择过程中呈现"不得不"的客观制约力出来。在三国时代，刘备被东吴招婿，得到吴主孙权盛情款待，美女佳肴，乐不思归。但赵云的提醒使得刘备断然决定冒险回国，最终挫败了周瑜设下的美人计，使得东吴以人质讨要荆州计划破产。在这一事件中，刘备摒弃享乐冒险归国就是一种不得不做出的选择，它恰恰就是贯穿这一事件中的实践必然性客观要求。但实践必然性只是对历史事件朝向成功发展的抽象的逻辑推导，历史事件最终如何演变，主动权掌握在当事人手里，历史事件的现实意义上的变化还是以某种偶然性展示出来。刘备若决议不归也是一种选择，那么意味着周瑜设下的美人计将获得成功，历史事件将会以另外一种方式收场，虽然刘备的下场难以预测，但刘备的政治抱负肯定会遭到沉重打击。这说明，历史事件当事人要推动事变朝向有利于自己的方面演变，就必须贯彻反映历史事件的实践必然性，避免做出错误选择。而历史上那些重大事件之所以失败，从根本上说就是因为没有沿着其实践必然性规定的逻辑线路做出合适的选择。

对于历史上很多革命起义的事件，我们往往强调敌强我弱是导致事件失败的根本原因，表面看来这不过是对客观形势的判断，不具有因果逻辑规定性，但实际上这里面就可能包含着这样一个逻辑关联性：在敌人非常强大的时候，暂时避免决战，积蓄革命力量才是合乎逻辑的选择，才是贯彻其中的实践必然性的客观要求。例如，戊戌变法失败不应该归咎于没有提出反帝反封政治要求（这原本是一场和平改革运动，提出如此强烈的政治主张是不敢想象的），相反，在改革阻力过大而动力不足情况下，正如日本的伊藤博文建议，改革宜缓不宜急。也就是应该采用渐进式改革，这才是贯彻其中的实践必然性的客观要求。事实上，中国红军在第五次反"围剿"中选择长征，暂时规避军事压力就是正确的选择。如果我们从某个历史事件中总结出来的历史经验中没有因果逻辑关联性，实际上是没有现实意义的，因为在现实中，能够重复发生的是贯穿历史事件之中的因果逻辑关联性，而不是事件本身。蒋介石希望大渡河像当年困住石达开一样困住长征中的红军，但结果失败了，因为大渡河之所以能够困住石达开，根本原因在于石达开因个人原因耽误了渡河时间。

但从深层次说，历史必然性躲在历史实际发展过程的背后，对历史事件产生制约作用。

历史必然性表现为一种坚定不移贯彻到底的逻辑线路，在特定的历史发展阶段中会通过特定的具体内容规定表现出来——即特定历史时期的历史任务，它随着社会基本形势变化而变化。这一历史任务虽然不能直接规定历史事件发生、演化和结局，但对所有发生在这个时期的历史事件都有一种间接的但却是不可移易的内在逻辑要求——只有顺之者才有最后成功的可能性，而逆之者肯定没有最后成功的可能性[①]，除非该民族整体失掉了历史发展的机会。因为这一历史任务发源于整个民族求生存谋发展内在的目的诉求，是其在这个时期的具体表达，顺之而发生的历史事件虽然不一定能成功，但逆之而发生的历史事件意味着是对本民族基本利益的伤害，除非彻底摧毁这个民族历史演进之道（如苏东剧变），否则必然不能成功。元清两朝能够入主中原，仅仅看到那些游牧民族彪悍的征战能力是不够的，统治者能够接纳并融入中原较为先进的文明之中才为军事征服最终取得胜利奠定了基础。正如马克思、恩格斯指出："定居下来的征服者所采纳的共同体［Gemeinwesen］形式，应当适应于他们面临的生产力发展水平，如果起初情况不是这样，那么共同体形式就应当按照生产力来改变。"[②]

需要说明的是，一个民族的根本利益是历史必然性坚定不移贯彻下去的原因，历史事件顺之者行，逆之者止，这只是一种逻辑上的阐释，不是对历史事实的直接表达。一旦着眼于某一个民族现实的具体的历史进程，人民的意志、人民的根本利益、人民的要求如何决定历史进程就不是一件简单的事情了，情况要复杂得多。因为人民的根本利益往往淹没在众多相互冲突的政治角逐、利益斗争之中，被曲折体现出来。可以说，越是在历史发展的转折时期、在社会动荡不安的时候，这种曲折性就越加明显。例如，叙利亚内战，在双方武装力量角逐日渐激烈的斗争中，有谁会认真关照老百姓的根本利益呢？使用化学武器就是很好的例

---

① 历史发展复杂性需要在这里给出特定的解释，否则容易引起歧义。有悖于反映某个时代的历史任务的客观要求的历史事件在现象层面上未必一定会失败，但在本质层面上终究会失败。清朝入关是落后文明对先进文明的进攻，从事件表层演化过程上看，没有人怀疑它最后取得成功，但走到历史的深处会发现，满族文化最终被中原文化打败了，而满族文化能够融入中原文化也是清朝能够在中原站住脚的原因。

② 《马克思恩格斯选集》（第1卷），人民出版社1995年版，第126页。

证。问题是，历史必然性在历史进程中所具有的逻辑规定是如何通过历史事实辩证地反映出来呢？

现实的历史发展过程贯彻历史必然性可分为两种状态：一是历史必然性能够被顺利贯彻下去的历史发展阶段，二是历史必然性不能被顺利贯彻下去的历史发展阶段，在两种状态下，历史事件如何受到必然性的制约？

在历史必然性能够被顺利贯彻下去的历史发展阶段，只有实践必然性贯穿在历史事件之中，而历史事件背后的历史必然性因为没有受到多大的阻碍完全被遮蔽了起来，在场而不出场，不会发挥显性的制约作用。这时候，我们只需要考察贯穿历史事件之中的实践必然性即可，它所展示出来的历史面貌就是历史必然性贯彻下去所依赖的历史发展过程。

但在历史必然性不能够被顺利贯彻下去的历史发展阶段，也就是历史发展遭遇曲折时期，历史事件一方面直接受制于实践必然性，另一方面也需要承载历史必然性要求探索新的能够使之继续贯彻下去的道路的逻辑规定，可以说，是通过直接贯彻实践必然性来实现历史必然性的逻辑规定。在这个过程中，历史必然性通过具体历史任务表达赋予历史事件特定的成败衡量标准——贯彻下那个时代的历史任务，承载了历史必然性的逻辑规定，使之能够继续贯彻下去，就是成功的历史事件，否则，就是失败的历史事件。汉朝末年，中国历史进入军阀割据的混乱状态，这时候的历史必然性就是消除割据、重新恢复和平统一发展局面。最初，曹操最有希望承载这一历史任务，但赤壁之战功败垂成，结果造成了三国鼎立局面。三国之间互相攻伐，通过多次战争试图实现统一，都没有成功，最终完成于司马氏的统一战争，建立了大一统的晋国，中国重新恢复了和平发展局面。从汉末到晋初，经历了很多重大历史事件，但是成功承载历史必然性的事件并不多，未能承载历史必然性的事件却不少，所以才有"出师未捷身先死，长使英雄泪满襟"的诗句。在这个历史转折过程中，历史必然性只表现在社会基本状况应该从割据战乱中解放出来，至于由哪位历史人物、通过什么历史事件实现这一历史转折，只能归因于具体的实践必然性。如果郭嘉尚在，曹操有足够的谨慎之心，也许赤壁之战之后曹操完成大一统的战略就已经尘埃落定。但一战改变了历史进程，又延续数十年之后才见到恢复大一统的曙光。

在这里，也许有人问，为什么要把和平统一发展局面作为历史发生转折又恢复回来的标准社会发展状态？难道战乱、割据不也是历史重要组成部分吗？因为和平统一发展局面是一个民族求生存谋发展的基本社会状态要求，战乱、分裂割据局面也许是长期的，但不能体现整个民族的根本利益，不能代表历史进步方向。正如牛皮癣也许侵占了一个人的绝大部分皮肤，而且侵占了这个人的大半辈子，但我们不能说牛皮癣化的皮肤就是这个人的正常皮肤。巴以冲突如此之长，似乎已经成为两国历史不能间断的一部分，但是绝对不能认为这是两国人民本质上认可的、可以正常化的社会状态，有谁否定回归和平发展局面不是两国人民的客观要求？

第九章　中华民族复兴之路与共产主义理想

中国梦，即中华民族复兴之路，它与中国特色社会主义道路是什么关系呢？与共产主义理想又是什么关系呢？

历史规律只为社会发展整个历程规定了一个抽象的逻辑必然性线路，没有规定社会发展现实性的、具体的运动环节、运动过程，因此从中推导出来的未来理想社会不过是一个抽象的规定，而不是那种可以作为指导实践活动的具体的行动方案。这就是说，依据历史规律逻辑推定，中华民族复兴必然能够实现，但在什么时候、以什么方式、通过什么路径实现，这纯粹是一个实践问题。而这个实践在当下就体现在创新中国特色社会主义事业之上。

同样道理，共产主义必然也能够实现，而在现实性上，就体现在追求中华民族复兴的目标上，因为历史必然性只青睐不断进取的民族，人类历史发展普遍规律只在竞争中胜利的那种文明的具体发展过程中贯彻下去。

一　中华民族复兴之路的历史逻辑

在哲学视域下解析中华民族复兴之路的历史逻辑，需要追问：既缺乏生产力发展水平上的理论支持，也缺乏社会形态依次更替规律的理论支持，中国为什么能够走上社会主义现代化发展道路？如果说"只有社会主义才能救中国"，为什么探索社会主义建设道路过程中会出现"大跃进"、"文化大革命"等历史事件呢？"文化大革命"结束以后，中国必然会实行改革开放、走上中国特色社会主义道路吗？走中国特色社会主义道路必然能够顺利承载民族复兴之路吗？

（一）新中国成立为民族复兴确定了社会主义发展方向

衰败的清王朝想通过闭关锁国方式努力维持僵化停滞的社会现状，却被不期而遇的鸦片战争带进了战乱不休的历史时期。当清朝做了几次挣扎无力摆脱愈演愈烈的内外战乱和革新风暴的时候，国家走向一个全新的和平统一局面已经成为社会发展的客观要求。恩格斯在《波斯和中国》一文中指出："过不了多少年，我们就会亲眼看到世界上最古老的帝国的垂死挣扎，看到整个亚洲新纪元的曙光。"①恩格斯在 1894 年写给左尔格的信中也写道："在中国进行的战争给古老的中国以致命的打击。闭关自守已经不可能了；即使是为了军事防御的目的，也必须敷设铁路，使用蒸汽机和电力以及创办大工业。这样一来，旧有的小农经济的经济制度……以及……整个陈旧的社会制度也都在逐渐瓦解。"②问题是，在这样伟大的历史转折期，曾经发生那么多的历史事件，谁有机会完成这一历史转折呢？

历史规律会赋予当时每一个具有进步性的历史事件贯彻历史必然性的机会，关键是哪一个历史事件当事人有能力把握住这个机会。太平天国运动、洋务运动、戊戌变法、辛亥革命等先后登场，如果用"如果"来设定这些历史事件可能发生的别样结局，在理论上没有理由说它们必然没有成功的可能性。的确，如果没有天京事变，洪仁玕的《资政新编》是不是可能把太平天国带进资本主义时代呢？在内忧外患的压力下新兴的洋务派会不会催生出一个勇于革新的清王朝呢？为什么相对较早的日本明治维新能够成功，而中国变法维新就注定会失败？辛亥革命所犯的一系列错误，难道都是不可避免的吗？

应该说，辛亥革命失败存在敌强我弱的客观原因，但这不是说明问题的关键所在，因为共产党领导的新民主主义革命也存在并曾经长期存在敌强我弱的客观形势，但共产党领导的革命经过千辛万苦怎么会成功呢？辛亥革命能够在全国范围内发动起来，就说明革命的客观条件是充分的，关键问题应该是主观能动性没有充分发挥出来。为了更深刻地理解辛亥革命客观条件的充分性，让我们了解一下这一段史实——10 月10 日，武昌起义爆发。消息传到九江，当地人不知底蕴，人心惶惶。当地报纸刊登消息诡称"武昌土匪起事，当日即可平复"。林森立即派

---

① 《马克思恩格斯选集》（第 1 卷），人民出版社 1995 年版，第 712 页。
② 《马克思恩格斯选集》（第 4 卷），人民出版社 1995 年版，第 737 页。

人将武昌的报纸贴在"浔阳阅书报社"的门口，并将革命军起义、拒满复汉、建立民主国家等消息，用红笔框出。九江民众纷纷观看，奔走相告。九江人正是通过这些报纸，才得知了武昌起义的详情。武昌起义后，江西巡抚冯汝骙接到清廷命令，立即调兵驰援武昌。当清军行至九江等候上船前往武昌时，有的官兵看到了贴在"浔阳阅书报社"门口的报纸。官兵们互相传说，竟至全军军心动摇。结果，大部分官兵拒绝登轮前往武昌。江西巡抚冯汝骙无法指挥，只好将军队开回南昌。

不管哪一个历史事件获得成功，中国近现代史都将以一种特定的方式化解社会主要矛盾，并以一种新的路径演进开来。这一切都不该以既成的事实为根据宿命论地强调它们失败是历史规律客观规定的结果，因为在逻辑上这虽然可以反证出新中国诞生是历史规律客观使然，但却由于强调这一点而把历史伟人的能动作用悬置起来。同一个时代，解决同一个主要社会问题，这就是历史规律对这些历史事件的客观规定。社会主要矛盾、社会客观条件是催生这些历史事件客观动因，但是却不能由此轨道般规定它们的运动结果。它们带有时代的命运和气息，但却会以各种各样的偶然性方式表现出来，不能不说是事件当事人主观能动作用的结果。事件当事人所有的行为选择（包括像袁世凯复辟帝制这些逆历史潮流的历史事件），都必然基于那个时代历史主要矛盾，即历史必然性，但如何贯彻那个时代的历史必然性就不是历史规律所能决定的了。正如无论从基因上还是从成长环境上，我们的孩子都会受到我们的客观影响从而不可避免地带上我们的气息，但这一切都不能作为他未来是否有出息的根据，最终还是取决于他对我们的期望的实践贯彻程度。

注定资本主义在中国没有前途吗？这里的必然性只能是相对的，是可以作为历史经验总结的那种必然性，不是那种先验的确定不变的历史必然性。设想一下，北伐战争时期，如果孙中山没有病逝，国共还会分裂吗？孙中山是国民党公认的领袖，他在世时的崇高威望，使得国民党右派不能不有所顾忌。孙中山逝世后，国民党失去了最有威望的领袖，国共矛盾加深了，最终演化为斗争。我们总不应该把孙中山在那个关键时刻逝世也作为历史注定发生的事情？

中国近代史最终把实现历史转折这一伟大使命置于以蒋介石为代表的国民党与以毛泽东为代表的共产党之间的博弈中。

胡绳曾认为：不能简单地认为五四运动以后资本主义已经没有前途了。尽管客观上受到帝国主义和封建势力的压制，资本主义仍旧是中国当时条件下社会发展的重要选择之一，并且是受到足以影响国共两党命

运的广大中间势力的欢迎的。不仅如此，五四运动以后的中国也并不是
没有走资本主义道路的机会了。比如，在第一次国共合作的条件下，
"既反帝，又反封建土地制度，资本主义发展就有了条件"。"如果一直
搞下去，有可能走上资本主义道路。"在第二次国共合作最后阶段，搞
了"双十协定"和政协五项决议，共产党是准备付诸实践的，当时在
内部就明确讲过以后要准备用选票代替子弹了。"如果协定实现了，政
权当然还是以国民党为主，只能是搞资本主义。""结果，国民党撕毁
了协定，没能走上资本主义道路。"①在胡先生看来，两党博弈，并不是
共产党先验性地注定胜利，这里存在很大变数。

　　我们往往把蒋介石失败归结为阶级局限性注定使然而把共产党的胜
利归结为阶级进步性的历史规定，这个观点需要进一步说明。因为阶级
特性确定的是处于矛盾斗争反动方从维护自身阶级利益出发不可能采取
正确的解决历史事件之道，但却不能保证处于矛盾斗争正义方定然采取
正确的解决历史事件之道。蒋介石每一个重大战略选择都打上大资产阶
级、大地主阶级利益的烙印，这必然注定他不可能看到解决广大农民土
地问题居然是中国共产党取得战争胜利之道。但是，谁又能确定中国共
产党就定然领悟到这一革命真理呢？毛泽东率先发现这一真理有其认识
上的主观能动性，而中国共产党接受并付诸实践也需要主观选择性。因
为中国共产党的阶级立场只不过为其接受这一选择提供了可行性平台，
但却不能保证注定会做出这一正确选择。事实上，我们党曾经几次陷入
到错误思想的指导困境中，其中，没有哪一次危机不是致命的，没有哪
一次转败为胜不是党和人民主观努力的结果。下面让我们列举一个例子
来说明吧。

　　中央红军被迫长征，面临生死攸关的境地。一般认为，遵义会议之
后，逐渐扭转了战略被动局面，在关键时刻，挽救了中国革命。如果我
们换一个角度考虑问题，没有召开遵义会议，长征是按照王明的意图行
进，结果如何呢？王明曾这样分析长征过程的是非问题："毛泽东在政
治上和军事上的失算还在于，遵义会议以后，他没有执行共产国际领导
上制定的正确方针。根据这一方针，中央苏区的红军应当保存有生力
量，完成西征，进入辽阔、富庶和人烟稠密的四川省，同已在那里的红
四方面军一起开辟新的、大规模的苏区根据地，并补充红军队伍。遵义

---

①　胡绳：《胡绳论从五四运动到人民共和国成立》，社会科学文献出版社 2001 年版，第
　　13—15 页。

会议后由毛泽东领导的中央苏区红一、三、五军团，无目的地时而转移到贵州，时而转移到云南，轻率地同敌人交战。其实，他们应该避免发生战斗并尽可能地保存有生力量。保存红军的有生力量是红军从江西长征到四川的重要任务。"①

王明没有经历过长征，他一直认为长征时期为保存实力的片面逃跑主义是正确的，这种主张已经被实践证明是错误的。实际上，共产国际指示没有任何长远算计，立足在四川开辟苏区只是当时形势所迫的权宜之计。后来，张国焘确实在川南地区另立中央，开辟新的根据地，但实践证明这本是行不通的道路。但直到 20 世纪 70 年代，王明写这部书时还固执地认为，这是正确的办法："谁也不可能想到，在两支部队会师以后，毛泽东会拒绝开辟四川根据地，两次制造分裂，而后又单独通过山区和沼泽地带往西北行进，从而使党和红军遭到了严重损失。"② 可见，像王明这样教条的军事主张，会置中国革命于什么样的危险境地呢？

胡绳认为：国民党之所以在大陆会失败，正是因为它与帝国主义和封建势力有着太过密切的联系，它只能在基本不触动帝国主义和封建主义的范围内搞资本主义，资本主义自然发展不起来。共产党之所以能够得到胜利，则恰恰是因为它坚持彻底反帝反封建，推倒了阻碍资本主义发展的两座大山，毛泽东又成功地解决了中国革命上篇与下篇的关系，提出了新民主主义的思想，肯定了中国革命的首要任务就是要为资本主义的发展开辟道路，因而顺应了历史发展的客观要求，也有效地争取和联合了广大的中间势力。③

总之，鸦片战争后，近代中国注定要经历一场历史大转折，使历史恢复到新的合乎逻辑的发展状态之中，这是历史规律客观制约下的历史必然要求，但是，旧时代如何结束、新时代如何产生，历史规律不会做出先验性的安排，期间发生多少历史事件、最终由哪一个历史事件来贯彻下这一必然性，不是预先注定好的。如果说袁世凯称帝、张勋复辟等违背历史发展潮流的历史事件迟早会失败，而太平天国运动、洋务运动、戊戌变法、辛亥革命等顺应或基本顺应历史发展潮流的历史事件则不是历史注定要失败的，它们最终失败是实践使然，不是历史必然。毛

①　王明：《中共 50 年》，徐晓英等译，东方出版社 2003 年版，第 22—23 页。

②　同上书，第 30—31 页。

③　胡绳：《胡绳论从五四运动到人民共和国成立》，社会科学文献出版社 2001 年版，第 13—15、45 页。

泽东曾指出："中国封建社会内的商品经济的发展，已经孕育着资本主义的萌芽，如果没有外国资本主义的影响，中国也将缓慢地发展到资本主义社会。"①

正是由于以往革命的失败，中国共产党便有了掀起新民主主义革命的历史形势。不过新民主主义革命也不是不需要努力就天然注定胜利的，从客观上讲，它也存在失败的风险性，如果这次革命失败了，中华民族复兴历史必然性还会通过其他途径继续贯彻下去，直到实现国家和平统一、恢复正常发展状态为止。但是，党和人民高举社会主义旗帜把反帝反封建革命任务胜利贯彻下来，走上社会主义道路，正如毛泽东所说："一百多年以来，中国人民的先进分子……为了推翻帝国主义和中国反动政府的压迫，领导广大的人民，进行了不断的斗争，百折不挠，再接再厉，到现在，终于达到了目的。"②正是在这个意义上讲，"只有社会主义才能救中国"。

新中国成立为实现中华民族伟大复兴创造了和平统一的社会条件，奠定了社会主义基本制度基础，指明了沿着社会主义前进的历史发展方向。

（二）走中国特色社会主义道路，开创中华民族复兴伟业

如果沿着社会主义道路前进，是中华民族复兴伟业的必然选择，为什么在社会主义建设探索过程中出现"大跃进"、"文化大革命"这样严重曲折性的历史事件呢？

沿着社会主义道路探索民族复兴之路，出现"大跃进"、"文化大革命"这样严重的曲折性历史事件，不能说明社会主义道路本身不符合历史逻辑，相反，党和人民积极纠正这些错误，最终通过改革创新，找到了适合本国国情的中国特色社会主义道路，正是社会主义道路符合中国历史发展逻辑的写照。因为历史规律的制约作用不是体现在必然会发生曲折性历史事件上，而是体现在对它们"纠正"上，它们最终以挫折告终，使得沿着社会主义方向又有机会探索新的发展路径，恰恰是历史规律制约的结果，是科学社会主义生命力的反映。

党和人民成功从社会主义曲折探索困境中走出来，是不是只有选择改革开放、走中国特色社会主义道路这一种可能性呢？"文化大革命"

---

① 《毛泽东选集》（第 2 卷），人民出版社 1991 年版，第 626 页。
② 《毛泽东文集》（第 5 卷），人民出版社 1993 年版，第 347 页。

结束以后，当时至少有三种选择：一是有限度地纠正"文革"错误，基本上维护毛泽东晚年的理论与实践，其结果是仍然回到"左"倾错误上去，走封闭僵化的老路；二是全面纠正毛泽东晚年的错误，根据中国实际，开创一条新的建设社会主义的道路，走改革开放的新路；三是党内和社会上有人以毛泽东晚年犯了严重错误为由，要否定毛泽东、毛泽东思想，否定党的领导和社会主义，走改旗易帜的邪路。从历史逻辑上讲，三种方案都有可能性，没有哪一种是历史客观注定的必然结果。若"走封闭僵化的老路"，中国发展终究会陷入更加滞缓的困境之中，等于没有从历史错误中走出来；若"走改旗易帜的邪路"，则可能会遭遇政治动荡，失去稳定的社会环境，使历史发展失去10年、20年而丧失全球化时代出现的发展机遇。这两种可能性不管其中哪一种成为现实选择，都意味着中国社会主义曲折探索历程还会持续下去。

以邓小平为代表的中国共产党从最广大人民的根本利益出发，把马克思主义基本原理同中国实际和时代特征结合起来，选择改革开放，开创和发展了中国特色社会主义道路，取得了30多年以来的巨大发展成就，从根本上改变了中国人民和中华民族的前途命运，从而成功地避免了中国在这一历史转折时期"走封闭僵化的老路"或"走改旗易帜的邪路"。从这个意义上讲，党在历史转折时期的科学抉择对中华民族复兴伟业创造了历史前提，意义深远。

一旦人们在历史的十字路口做出正确选择，历史必将一路顺畅发展下去吗？历史规律是一种需要通过实践贯彻下去的逻辑必然性，它之所以会对现实社会发展产生制约作用，是因为它实际上为一个民族求生存谋发展这一根本性目标追求划定了总的逻辑线路，一个民族要生存、要发展，不管塑造出来的历史轨迹如何跌宕曲折，终究要纠正这样或那样的偏失，使之沿着这一总的逻辑线路螺旋上升。正因为如此，历史规律不是外在的救世主，而是内在的自我救赎机制，一旦一个民族丧失了创新发展的精神，失去了自我救赎的动力，贯穿在这个民族的历史发展内部的历史必然性也就失去了现实性根据，没有任何制约作用了。所以说，历史规律只青睐不断进取的民族，世界从来不排除那些"倚在自己的桨叶上歇息"文明最终被历史淘汰的现象。进一步讲，人们在历史十字路口做出的任何抉择，其历史必然性不是即时注定的，而是通过未来实践的持续证明。

所以，选择中国特色社会主义道路是一码事，中国特色社会主义道路能否行得通是另一码事。实现民族复兴伟业这一历史必然性，基于中华民族求生存谋发展这一本质要求，一定是要贯彻下去的，但是，我们在改革开放过程中开创的中国特色社会主义道路能否承载起这一历史必然性，不是天然注定的，一旦在实践过程中遭遇挫折，就可能会失去历史进步意义。邓小平曾指出："不是因为有社会主义的名字就光荣，就好。""社会主义是一个很好的名词，但是如果搞不好，不能正确理解，不能采取正确的政策，那就体现不出社会主义的本质。"①

然而，改革开放 30 多年，我们沿着中国特色社会主义道路，不断创新发展理念，取得了令世界瞩目的发展成就。

可以说，改革开放 30 多年，发展理念实现了三次飞跃。

在改革开放第一个十年，我们党的发展理念集中体现在"量的扩张"上。在改革开放初期，重点是调动生产积极性，解决温饱问题，邓小平抓住了这一主要矛盾，提出"发展才是硬道理"。这一理念为中国改革的兴起、展开和转进画出了一条中心线，成为引领改革胜利前进的指南针。"社会主义经济政策对不对，归根到底要看生产力是否发展，人民收入是否增加。这是压倒一切的标准。空讲社会主义不行，人民不相信。"② "如果我们不发展或发展得太慢，老百姓一比较就有问题了。所以，能发展就不要阻挡，有条件的地方要尽可能搞快点。"③ 中国改革从贯彻农村家庭联产承包责任制开始，逐渐扩展到城市经济体制改革，对内搞活，对外开放，迎来第一个快速发展历史时期。

在改革开放第二个十年，我们党的发展理念转向"质的提升"。上个世纪 90 年代，中国改革开放面临新的国际形势，既有机遇也有挑战，传统的粗放型发展方式已经不适应新时代发展要求，发展质量问题已经凸显出来。江泽民曾指出："要根据我国经济发展状况，充分考虑世界科学技术加快发展和国际经济结构加速重组的趋势，着眼于全面提高国民经济整体素质和效益，增强综合国力和国际竞争力，对经济结构进行战略性调整。这是国民经济发展迫切要求和长期任务。"④ 这一时期，全面调整产业结构，走新型工业化道路，追求集约型发展方式，社会主义市场经济体制建设稳步建立起来，综合国力和国际竞争力获得巨大

---

① 《邓小平文选》（第 2 卷），人民出版社 1994 年版，第 313 页。

② 同上书，第 314 页。

③ 《邓小平文选》（第 3 卷），人民出版社 1993 年版，第 375 页。

④ 江泽民：《高举邓小平理论伟大旗帜，把建设有中国特色社会主义事业全面推向二十一世纪》，载《中共十三届四中全会以来历次全国代表大会中央全会重要文献选编》，中央文献出版社 2002 年版，第 431 页。

提升。

在改革开放第三个十年，我们党继续创新发展理念，提出科学发展观，注重发展"度的升华"。随着市场经济体制逐渐建立起来，一方面实现了经济持续高速发展，另一方面发展中积累的社会问题也曾多起来，在发展"快"与"好"的关系中，"好"的重要性越来越显现出来。胡锦涛强调："要解决中国的发展问题，实现又好又快发展，必须把科学发展观贯穿于发展的整个过程和各个方面，才能确保率先全面建成小康社会、率先基本实现现代化。"① 这一时期，我们党尤其强调发展的适度原则，注重社会公平正义，积极发展循环经济，保持发展的可持续性。

党的十八大继续推动发展理念创新，把社会建设和生态文明建设提升到战略高度，追求发展的全面性、兼顾性，努力开辟中国特色社会主义新境界，为民族复兴伟业开创了新的发展道路。

当前我们党所强调的"中国梦"，不仅作为历史必然性成为贯穿中国现代化发展进程的一条红线，而且作为一种精神凝聚力，团结全国各族人民把民族复兴伟业推向前进，从而使民族复兴伟业这一历史必然性在当代的客观反映更加有效地贯彻下去。

在唯物史观语境下，只要沿着中国特色社会主义道路前进，就必然会实现民族复兴吗？

从历史实践经验上讲，这是肯定的。30 多年以来取得的发展成就已经证明当初选择中国特色社会主义道路合乎历史发展逻辑，沿着中国特色社会主义道路前进，能够实现民族复兴伟业，正如党的十八大指出："回首近代以来中国波澜壮阔的历史，展望中华民族充满希望的未来，我们得出一个坚定的结论：全面建成小康社会，加快推进社会主义现代化，实现中华民族伟大复兴，必须坚定不移地走中国特色社会主义道路。"②

但从历史发展逻辑上讲，这是不肯定的。历史规律不是"命运女神"，它不会给中华民族的历史命运固定在必然性的十字架上，因为它并非直接贯穿于现实的历史运动过程之中。在现实上，将来具体如何才能实现中华民族复兴，不是一个历史逻辑问题，而是一个社会实践问题。就是说，面向未来，实现民族复兴的不可移易性只是一种抽象的逻

① 胡锦涛：《把科学发展观贯穿于发展的整个过程》，《求是》2005 年第 1 期。
② 《十八大报告辅导读本》，人民出版社 2012 年版，第 10 页。

辑推定，而中国特色社会主义道路能否完整地承载下这一历史使命，使之贯彻到底，最终取决于人们的实践活动，取决于中华民族的创造力和奋斗精神。"神圣的创造力的火星，乃是我们内在的本能，如果我们有幸将它点燃成火焰，那'按部就班运行的星辰'就不能阻挡我们去努力实现人类的目标。"①

言外之意，尽管历史经验已经充分证明，沿着中国特色社会主义道路前进，能够实现民族复兴伟业，但是，只有党和人民继续发挥务实与进取的精神，在实践探索中及时纠正偏离出中国特色社会主义道路正确发展方向的错误，才能够保证中国特色社会主义道路完整地承载下实现民族复兴伟业这一历史使命。否则，一旦裹足不前或者造成重大失误，都可能会使中国特色社会主义道路丧失历史必然性，而被迫探索新的能够承载民族复兴伟业的发展道路。因此，党的十八大特别强调，只要我们胸怀理想、坚定信念，不动摇、不懈怠、不折腾、顽强奋斗、艰苦奋斗、不懈奋斗，就一定能在中国共产党成立一百年时全面建成小康社会，就一定能在新中国成立一百年时建成富强民主文明和谐的社会主义现代化国家。全党要坚定这样的道路自信、理论自信、制度自信！这反映出党和人民为实现民族复兴伟业的深刻自觉。

二 民族复兴之路上的共产主义理想

共产党把实现共产主义事业作为奋斗理想，这是共产党区别于其他政党的重要标志。但在当下，党和人民把实现中华民族伟大复兴作为直接奋斗目标，这与共产主义理想是什么关系呢？或者说，中国梦与共产主义理想是什么关系呢？历史发展逻辑不是平面性的，而是有层次性的，现实只是其中一个层面，它的背后又同时存在不同性质的逻辑层面，而中国特色社会主义道路、中华民族复兴伟业与共产主义理想就是分别从不同层面解读了中华民族所承担的历史使命，它们是辩证统一的。

（一）在何种意义上可以谈论实现共产主义？

共产主义能够实现吗？否定唯物史观的人，自然不相信人类未来会

---

① 〔英〕汤因比：《历史研究》，刘北成、郭小凌等译，上海人民出版社2000年版，第134页。

实现共产主义，但是坚持唯物史观的人，对于实现共产主义这一理想也有疑问，因为从充满各种社会矛盾、社会问题的现实中面向未来推导出一个十全十美的理想社会，很难不带有空想的色彩。那么，对于尚不具备任何物质条件的未来理想社会，马克思主义依据什么理由肯定它一定能够实现？或者说，我们在何种意义上可以谈论实现共产主义呢？

历史规律只为社会发展整个历程规定了一个抽象的逻辑必然性线路，没有规定社会发展的现实性运动环节、运动过程，因此从中推导出来的未来理想社会不过是一个抽象的规定，而不是那种可以作为指导实践活动的具体的行动方案。这就是说，依据历史规律逻辑推定，共产主义必然能够实现，但在什么时候、以什么方式、通过什么路径实现共产主义，这纯粹是一个实践问题，是无法预知的，从历史规律那里是得不到任何答案的。这里面包含着一个问题需要进一步解释：在不具备任何现实物质条件情况下，为什么历史规律逻辑规定的共产主义理性必然能够实现？

如果人们在社会实践中出现重大失误，造成历史严重曲折，历史规律的那种逻辑必然性贯彻受阻，历史规律制约力就会出场，纠正历史运动轨迹偏差，保证历史必然性继续贯彻下去，因此，历史规律贯彻下去的不可移易性使之逻辑所指向的未来理想社会必然会实现。问题是，是什么力量保证历史规律的逻辑必然性能够如此坚定不移贯彻下去呢？这就是一个民族图生存谋发展的本质要求。为什么一个民族生存和发展的本质要求会产生自觉纠正历史错误、贯彻历史必然性的神奇的力量呢？道理很简单，历史进程一旦遭遇重大挫折，例如中国遭遇日本帝国主义侵略，这个民族就会面临或生死存亡或光明黑暗的历史转折性选择，这时候，民族自身所具有的那种或图生存或谋发展的内在要求就会孕育出民众觉醒奋起、积极进取、迎接挑战的"时势"，从而为"纠正"历史进程"偏差"创造了社会条件。在这个转折过程中，人民群众的历史作用始终居于主导地位，尤其当来自社会民众的"合力"产生的势能足够强大，乃至一个平庸之人也能唤起一场疾风骤雨的革命或改革潮流的时候。但历史人物在关键时刻所起的作用也是不能替代的，他们往往起到旗帜作用，使得历史性转折能够较为顺利完成，保证继续贯彻社会进步这一历史必然性。

当然，这只是逻辑推论，纯粹的逻辑论证是一码事，着眼现实的社会历史进程是另一码事，前者不可能为后者提供具体的运行轨道或者行动方案。当我们着眼现实的社会历史进程的时候，不禁要问：什么时候才能达到马克思、恩格斯所描述的共产主义社会发展情景呢？马克思、恩格斯所描述的共产主义社会发展情景是建立在对现有的阶级社会批判基础之上的。一个方面强调生产力高度发达，社会产品极大丰富。"扩大的生产在现今的社会制度下引起生产过剩……到那个时候，这种生产就会显得十分不够，还必须大大扩大。超出社会当前需要的生产过剩不但不会引起贫困，而且将保证满足所有人的需要，将引起新的需要，同时将创造出满足这种新需要的手段。"① 另一方面强调人们精神境界极大提高，社会关系高度和谐，使得"每一个社会成员都能够完全自由地发展和发挥他的全部力量和才能"②，并且"在生产者自由平等的联合体的基础上按新方式来组织生产的社会，将把全部国家机器放到它应该去的地方，即放到古物陈列馆去，同纺车和青铜斧陈列在一起"。③ 最终达到这样一种发展状态，"每一个人的自由发展是一切人的自由发展的条件"。④

显然，今天看来，要达到这样的社会发展状态，是不可能在资本主义废墟上能够直接建立起来的，需要一个长期的创造社会条件的实践过程。这个过程到底有多长？期间要经历多少环节？没有现实条件，我们是不能具体估算的，也是没必要试图去估算，因为本质上这只能在具体实践过程中才能回答的问题。一切的历史都要从现实出发，历史的一切都要从实践出发，都需要人的能动性实践活动！这就需要我们探索、发现并遵循各个领域、各个环节的实践规律，在创新发展道路上少走弯路、少遭受曲折困扰。正如邓小平指出："改革没有万无一失的方案，……不犯错误不可能，要争取犯得小一点，遇到问题就及时调整。"⑤

在实践规律直接支配下，为什么还需要我们积极探索、勇于创新的精神呢？实践规律对我们实践活动的作用具有双重性：一方面实践规律是在人的实践活动给出过程中发挥制约作用，不具有像历史规律那样超越具体实践活动的不可移易性，违背实践规律是难免的事情，另一方面实践规律起到的是实质性的制约作用，一旦违背实践规律，就会遭遇挫折，而历史从来就是单程运行的，一旦造成社会发展重大挫折，就是历

① 《马克思恩格斯选集》（第1卷），人民出版社1995年版，第242页。
② 《马克思恩格斯选集》（第2卷），人民出版社1995年版，第237页。
③ 《马克思恩格斯选集》（第4卷），人民出版社1995年版，第174页。
④ 《马克思恩格斯选集》（第1卷），人民出版社1995年版，第294页。
⑤ 《邓小平文选》（第3卷），人民出版社1993年版，第266—267页。

史一部分，接下来的历史进程就以此为起点，不会重新再来。

着眼现实世界，我们看不到共产主义实现的彼岸，但人类追求生存和发展的本质要求决定人类历史不断进步、不断完善是主旋律，沿着这一逻辑推定，共产主义必然会实现。我们只有走好脚下每一步，理想的彼岸世界才会渐近渐显，只有认真贯彻党的最低纲领，党的最高纲领才会越来越具有现实性。

不过，有人会质疑：即使生产力可以无限发展下去，但在有限的自然条件情况下，共产主义所强调的按需分配能够实现吗？

我们必须辩证地看待共产主义。它不是一种在历史某一点通过质变一夜之间就实现的社会发展状态，它永远都在与不和谐、与社会矛盾作斗争，并在不断的胜利进军中展示自己能够实现的趋势。在上个世纪下半叶，我们曾经一直幻想 2000 年后的幸福生活的情景。事实上，我们今天的生活在很多方面甚至都超过了当初的美好设想（如当时设想的美好生活就是电灯电话、楼上楼下），但是，我们并没有感到当初预想时的那种满足感，相反，我们依然工作得很累。为什么呢？就是因为在当初预想未来幸福生活的时候，只是想到享受幸福的感受，没有想到高质量的生活只有不断艰辛地劳动才能维持下去。因此，今天真正到了那种生活境界的时候，创造财富的压力并没有减轻，我们还是找不到满足感。我们何时才能找到生活上的满足感呢？我们停下脚步反思一下就会发现，其实，一般说来，本没有满足感是指向未来的，① 因为这是社会不断发展的原因，也是共产主义能够实现的根据，如果普遍出现了指向未来的满足感，人类社会发展也就丧失内在推动力，从而陷入停滞状态之中。

将来，即使我们在社会关系范围内进入自由王国，但在自然界面前，我们只能徘徊在必然王国里，因为我们永远不会超越自然界的限制。共产主义所要建立的只是人与人之间在社会关系上的自由王国，而社会与自然的紧张关系是要继续下去的，因为通过劳动创造财富是任何社会存在的前提。我们不能把实现按需分配作为进入某一社会形态的既定的前提，它是生产力发展、财富丰硕达到一定程度上和社会和谐关系发展到一定高度上的自然表现，因此，它与共产主义本身一样是通过不

---

① 我们能够找到满足感，只是不是指向未来的，不是指向比我们生活状况好的民族的，而是指向过去曾经历过的苦日子，指向正在处于饥饿、战争的民族的，这是我们珍惜现有生活、对未来发展充满憧憬和必胜信念的源泉。

断接近的运动过程来宣布实现的必然性。即使实现按需分配制度，也只有保证生产力持续发展、财富持续丰富，按需分配才能贯彻下去，所以，创造财富的压力始终是存在的。只不过将来实现共产主义之后，成功地实现了由追求个人利益最大化的动力源向追求整个社会利益最大化动力源转变，创造财富的压力所带来的痛苦消失了。但在这之前，当还处在"劳动是谋生的手段"的时候，我们摆脱不了创造财富的压力所带来的痛苦，因为若没有这种痛苦，若不用这种手段，我们就无法为社会发展动力注入新鲜的活力，美好社会发展图景就会在一夜之间崩溃，但我们可以不断探索减缓这种痛苦的发展方式，这正是共产主义得以实现的有效路径。

（二）中国梦背后的共产主义理想

如果说，通过走中国特色社会主义道路，开创中华民族复兴伟业，是我们民族承载我们自己的中华文明的未来的具体体现，那么，追求共产主义事业，则不仅是我们中华民族自身的奋斗目标，也是在世界文明之林中承载整个人类未来理想的体现。

如果有一天，全世界人民构成一个和睦的大家庭，大家一同奔向共产主义，这是再好不过的事情了。但从现实角度看，这是不可能的。那么，在尊重各个民族沿着不同的历史发展道路前进的情况下，共产主义怎样才能实现呢？

一方面，需要认识到：虽然历史规律贯彻下去的不可移易性使之逻辑所指向的未来理想社会必然会实现，但不是指每一个民族最终都能够有幸走近这一理想时代，历史规律只在那些"活着的、有生命力的"文明中贯彻自己的逻辑必然性，它不会关照自愿死去的文明。就是说，历史规律规定共产主义必然实现，是针对整个人类社会发展来说的，不是针对哪一个民族的具体历史进程来说的。如果一个民族自身不再有图生存谋发展的强烈渴望，不再有创新、进取的民族品格，而是"倚着个人的桨叶歇息"，那么，它也就失去了创造历史不断进步的实践动力，最终会在世界文明发展的竞赛中落伍、甚至丧失存在的理由。苏联曾经高举共产主义的旗帜，但最终崩溃了，失败了，这不能说明不能实现共产主义，相反，中华民族高举共产主义的旗帜依然胜利前进！当然，进一步看，中华民族高举共产主义的旗帜能否胜利前进，历史规律能否关照中华文明的未来发展，没有什么外在的神秘力量，只有我们中华民族迎接挑战、积极创新的民族精神做担保。

　　另一方面，还需要认识到：当前那些文明发展程度落后的民族一样有机会在未来走向共产主义社会。历史规律没有规定它逻辑所指向的目标的具体实现过程，起点不同、路径各异、前进有先有后，是不可避免的现象。事实上，没有哪两个民族在不借助世界交往情况下实现历史同步前进的。有的民族在这个方面发展快一点，在另一个方面慢一点，在这个时期快一点，在那个时期慢一点，是常见的现象。可以把不同民族之间的文明进程理解为爬山比赛。不同民族的起点不同、选择路径各异、进程也有差别，但只要大家向上爬、不放弃，共产主义之巅迟早会实现。发展中国家未必会沿着发达国家走过的文明发展路径前进，但是只要它们努力向前，迟早会和发达国家一样走向文明巅峰。

　　总之，共产主义必然会实现，但历史规律不会规定具体的、现实的实现过程，而且也不会关照由哪一个民族来承载这一逻辑必然性贯彻过程，一切现实性都建立在人们创造历史的实践活动过程之中，人才是历史的剧作者。没有什么救世主，也没有什么"可能性空间"，未来的理想社会就在我们图生存谋发展的实践奋斗过程中徐徐走近我们。当前，是什么事业在具体实践中承载中华民族的共产主义理想？那就是中华民族复兴伟业！当我们实现中华民族伟大复兴的时候，也正是朝向共产主义事业阔步迈进的时候。

　　共产主义理想、中华民族复兴伟业和中国特色社会主义道路三位一体，分别从不同角度反映出中华民族的社会发展在当下与未来的客观必然性。

　　中国特色社会主义道路是对中国人民选择社会主义发展方向的历史承接，是当下社会具体实践过程中的必然选择，它直接担负实现中华民族伟大复兴的历史使命，但从更广阔意义上讲，它同样担负实现共产主义理想的历史使命。所不同的是，我们可以直接把中国特色社会主义道路作为实现中华民族复兴伟业的现实路径（在具体实践过程中是否会存在其他可能性另当别论，因为中国特色社会主义道路最终能否把中华民族伟大复兴的历史使命承载下来，不是取决于历史必然性，而是取决于党和人民的实践努力），但不能想当然地认为只要沿着中国特色社会主义道路走下去，就能够实现共产主义，因为共产主义事业如此远大而艰巨，我们不可能、也不应该仅依据现实条件就做出判断。虽然中华民族复兴伟业也是一个远大的目标追求，但它更具有直接现实性，因为可以认为它是建立在对这样两点现实的参照上：一是对中华文明兴盛时期的历史参照，二是对跻身世界先进文明的时代参照。这两点都具备了现实依据和实现条件，沿着中国特色社会主义道路前进，从逻辑上讲是能够实现这一目标的，关键在于我们如何走好中国特色社会主义道路，防止出现巨大波折。但共产主义事业既需要借助具体民族的历史发展，也需要依托国际环境的支持，是一个系统工程，在现实基础上，是不能直接给出实现路径的。到目前为止，我们只能从逻辑上给定实现的历史必然性，直接把中国特色社会主义道路与共产主义理想对接起来是不现实的。但共产主义终究是要从现实出发的，共产主义不管多么远大，最终还是通过实践一步一步走出来，而中国特色社会主义道路就是实现共产主义的一个环节，在历史发展过程中承前启后，意义深远。

如果将来实现了中华民族伟大复兴，离共产主义还有多远？这个问题听起来似乎很荒唐，但涉及两个层面上的理想之间的关系问题，以及对实现共产主义理想的辩证认识问题。我们认为，实现民族复兴只是说明我们中华民族在追求共产主义奋斗目标中获得相对的有利地位，至于离实现共产主义有多远，这是不能用时间来测定的，因为共产主义本不是在此岸既定的社会发展状态，而是在彼岸，只有通过我们不断接近的方式才能宣告能够实现的目标。所以，在现实的此岸看来，它永远在彼岸向我们招手。

反过来看，不管是中华民族复兴伟业还是共产主义理想，都不是那种单向度的被实现的东西，它们本身虽然只是抽象的目标和理想，但却可以作为精神感召力、民族凝聚力来影响人们实践活动，从而对中国特色社会主义事业产生巨大作用，尤其当我们认识到中国特色社会主义道路未来发展指向的目标就是中华民族复兴伟业和共产主义理想的时候。本书探索历史规律及其实现方式，以此阐释中华民族复兴之路的历史逻辑以及证明实现共产主义的必然性，使人们能够站在历史高度看到中国特色社会主义道路之前途光明与过程艰辛辩证统一，从而坚定走中国特色社会主义道路信念和克服实际困难的勇气，其意义就在这里。

主要参考文献

一 马克思主义经典作家文献

［1］《马克思恩格斯全集》（第1、2卷），人民出版社1979年版。

［2］《马克思恩格斯全集》（第3卷），人民出版社1960年版。

［3］《马克思恩格斯全集》（第36卷），人民出版社1975年版。

［4］《马克思恩格斯全集》（第39卷），人民出版社1995年版。

［5］《马克思恩格斯选集》（第1、2、3、4卷），人民出版社1995年版。

［6］《列宁选集》（第1卷），人民出版社1995年版。

［7］《列宁选集》（第4卷），人民出版社2004年版。

［8］《斯大林全集》（第10卷），商务印书馆1985年版。

［9］托洛茨基：《俄国革命史》（第1卷），春燕出版社1948年版。

［10］《普列汉诺夫哲学著作选集》（第2卷），生活·读书·新知三联书店1961年版。

［11］《布哈林文选》（上册），人民出版社1981年版。

［12］《毛泽东选集》（第二、三、四卷），人民出版社1991年版。

［13］《邓小平文选》（第2卷），人民出版社1994年版。

［14］《邓小平文选》（第3卷），人民出版社1993年版。

二 其他重要参考文献

［1］汪子嵩等著译：《希腊哲学史》（2），人民出版社1993年版。

［2］张文杰等编译：《现代西方历史哲学译文集》，上海译文出版社
　　1984 年版。

［3］王明：《中共 50 年》，徐晓英等译，东方出版社 2003 年版。

［4］罗荣渠：《现代化新论——世界与中国的现代化进程》，北京大学出
　　版社 1993 年版。

［5］《胡绳论从五四运动到人民共和国成立》，社会科学文献出版社
　　2001 年版。

［6］庞卓恒：《唯物史观与历史科学》，高等教育出版社 1999 年版。

［7］陈先达：《走向历史的深处：马克思历史观研究》，人民出版社
　　2010 年版。

［8］段忠桥：《重释历史唯物主义》，江苏人民出版社 2009 年版。

［9］陈晏清、阎孟伟：《辩证的历史决定论》，中国社会科学出版社
　　2007 年版。

［10］商逾：《历史规律的作用机制》，山东人民出版社 2008 年版。

［11］杨耕：《为马克思辩护》，黑龙江人民出版社 2002 年版。

［12］郝立新：《马克思主义哲学研究述评》，中国人民大学出版社 2002
　　年版。

［13］陈启能：《马克思主义史学新探》，社会科学文献出版社 1999
　　年版。

［14］祝大征等：《马克思主义哲学史疑难问题研究》，东北师范大学出
　　版社 1987 年版。

［15］张一兵：《回到马克思》，江苏人民出版社 1999 年版。

［16］俞吾金：《寻找新的价值坐标——世纪之交的哲学文化反思》，复
　　旦大学出版社 1995 年版。

［17］王守昌：《西方社会哲学》，东方出版社 1996 年版。

［18］赵敦华：《现代西方哲学新编》，北京大学出版社 2000 年版。

［19］俞良早：《关于列宁学说的争论》，中共中央党校出版社 2006
　　年版。

［20］周礼全：《模态逻辑引论》，上海人民出版社 1986 年版。

［21］〔意〕维柯：《新科学》，朱光潜译，人民出版社 2008 年版。

［22］〔英〕汤因比：《历史研究》，刘北成、郭小凌等译，上海人民出
　　版社 2000 年版。

［23］〔德〕康德：《历史理性批判文集》，何兆武译，商务印书馆 1990
　　年版。

［24］〔德〕康德：《实践理性批判》，商务印书馆1999年版。

［25］〔德〕黑格尔：《历史哲学》，张作成、车仁维编译，北京出版社2008年版。

［26］〔德〕黑格尔：《逻辑学》（下卷），杨一之译，商务印书馆2004年版。

［27］〔德〕黑格尔：《哲学讲演录》（第2卷），贺麟等译，商务印书馆1997年版。

［28］〔德〕费尔巴哈：《费尔巴哈哲学著作选集》，商务印书馆1959年版。

［29］〔英〕波普尔：《开放社会及其敌人》（下卷），郑一明、李惠斌译，中国社会科学出版社1999年版。

［30］〔英〕波普尔：《历史决定论的贫困》，杜汝楫、邱仁宗译，华夏出版社1987年版。

［31］〔德〕霍克海默、〔德〕阿道尔诺：《启蒙辩证法——哲学断片》，渠敬东、曹卫东译，上海人民出版社2006年版。

［32］〔英〕泰勒主编：《劳特里奇哲学史》（十卷本），第一卷《从开端到柏拉图》，韩东晖等译，中国人民大学出版社2003年版。

［33］〔英〕卡莱尔：《论英雄、英雄崇拜和历史上的英雄业绩》，周祖达译，商务印书馆2005年版。

［34］〔德〕霍克海默：《批判理论》，李小兵译，重庆出版社1989年版。

［35］〔美〕费正清：《伟大的中国革命》，刘尊棋译，世界知识出版社1999年版。

［36］〔德〕李凯尔特：《文化科学与自然科学》，涂纪亮译，商务印书馆1986年版。

［37］〔意〕克罗齐：《历史学的理论和实际》，商务印书馆1982年版。

［38］〔英〕柯林武德：《历史的观念》，何兆武等译，北京大学出版社2010年增补版。

［39］〔美〕马尔库塞：《理性和革命：黑格尔和社会理论的兴起》，程志民译，上海人民出版社2007年版。

［40］〔法〕路易·加迪、胡建平：《文化与时间》，郑乐平译，浙江人民出版社1988年版。

［41］〔德〕尤尔根·哈贝马斯：《重建历史唯物主义》，郭官义译，社会科学文献出版社2000年版。

［42］〔德〕库诺：《马克思的历史、社会和国家学说》，袁志英译，上

海译文出版社 2006 年版。

［43］〔匈〕卢卡奇：《历史与阶级意识——关于马克思主义辩证法的研究》，杜章智、任立燕、宏远译，商务印书馆 1996 年版。

［44］〔法〕阿尔都塞、〔法〕巴里巴尔：《阅读〈资本论〉》，李其庆、冯文光译，中央编译出版社 2008 年版。

［45］〔意〕安东尼奥·葛兰西：《狱中杂记》，葆煦译，人民出版社 1983 年版。

［46］〔德〕A. 施密特：《马克思的自然概念》，欧力同、吴仲防译，商务印书馆 1988 年版。

［47］Marshall Cohen， Thomas Nagel and Thomas Scanlon eds. ， *Marx, Justice, and History*: *A Philosophy and Public Affairs Reader*，Princeton：Princeton University Press，1980.

［48］ William E. Halal， *The New Capitalism*，John Wiley ＆ Son，Inc. ，1998.

［49］ C. Behan McCullagh， *The Logic of History*，London：Routledge，2004.

［50］ Arnold Toynbee， *A Study of History*，Thames and Hudson，1988.

［51］ Hook，S. ， *The Hero in History*，Redwood City，Calif. ：Stanford Univ. ，1978.

后　记

回想起来很惭愧，我读博士的时候，我的导师山东大学徐艳玲教授曾认为我将来有可能大器晚成，结果毕业工作了七年，除了年龄渐长、头发渐稀外，我没有显示出任何"大器"的气息，这部专著只能算是对徐老师殷切期望的一点点回馈吧。

黏上"历史规律"，八年磨一剑！如果按着科研成果产出量来评价，这是一个不明智的选择。由于问题本身的"老旧"，创新成果得到社会承认是非常难的事情；但若按着问题本身的重要性来看，想一想在远离科研闹市的寂静角落里进行对捍卫唯物史观来说如此关键的问题研究，便拥有了一种激情与豪迈。我甘愿迎着风雪裹衣夜行！

从我父亲去世时，我就一直盘算着写点纪念性的东西聊表孝心，一晃八年过去了，因为黏上了"历史规律"，终究未能写出片言只句。看着父亲在朝鲜战争时用过的军包和皮带静静地守在我身旁，心里很冷！父亲晚年，由远在承德的大哥负责、大姐和二哥协助照顾着；父亲去世后，也由他们替我上坟烧纸祈福，我心里有愧啊！我知道对远方的亲人们来说，这本凝聚了多年心血的著作，字面晦涩，字里温暖。

非常感谢中国社会科学出版社田文老师在我申请国家社会科学基金后期资助项目期间的热情帮助！

这是我在南京信息工程大学工作期间完成的专著，我的妻子万丽华女士（南京信息工程大学社科处）在本书的资料收集、观点推敲和文字表达方面做了很多工作，谨以此书送给我的妻子万丽华和我的儿子龚家琛。作为一家人，我们共同品味过去了的美好岁月，作为一家人，我们共同感受当下的幸福时光。

本书得到 2012 年国家社会科学基金后期资助项目（12FKS004）基金资助，在此表示感谢。

龚培河
2014 年 1 月于南京信息工程大学逸夫楼